高等教育工程管理与工程造价“十三五”规划教材

刘亚臣　主编

工程项目管理

齐宝库　主编
战　松　蔚筱偲　副主编

化学工业出版社
·北京·

本书内容主要包括建设工程项目管理概论、流水施工原理、工程网络计划技术、工程项目管理组织、施工组织设计、工程项目进度控制、工程项目成本控制、工程项目质量控制、工程项目安全与环境管理、工程项目竣工验收。本教材既体现了建设工程项目管理理论知识的系统性、完整性，又兼顾了建设工程项目管理方法、手段的实际可操作性，在各章编写了大量案例、习题和思考题。

本书可作为高等院校工程管理、工程造价、土木工程等专业的教材，也可供具有一定工程类相关背景的人员进行课程自学。

图书在版编目（CIP）数据

工程项目管理/齐宝库主编．—北京：化学工业出版社，2016.5（2024.1重印）
高等教育工程管理与工程造价“十三五”规划教材
ISBN 978-7-122-26556-2

Ⅰ.①工… Ⅱ.①齐… Ⅲ.①基本建设项目-项目管理-高等学校-教材 Ⅳ.①F284

中国版本图书馆CIP数据核字（2016）第055962号

责任编辑：满悦芝　石　磊　　文字编辑：荣世芳
责任校对：边　涛　　装帧设计：刘丽华

出版发行：化学工业出版社（北京市东城区青年湖南街13号　邮政编码100011）
印　　装：北京盛通数码印刷有限公司
787mm×1092mm　1/16　印张 1¼　字数 371 千字　2024年1月北京第1版第5次印刷

购书咨询：010-64518888　　售后服务：010-64518899
网　　址：http://www.cip.com.cn
凡购买本书，如有缺损质量问题，本社销售中心负责调换。

定　　价：35.00元

序

Preface

本系列教材是在《全国高等学校工程管理专业本科教育培养目标和培养方案及主干课程教学基本要求》和《全国高等学校工程造价专业本科教育培养目标和培养方案及主干课程教学基本要求》的基础上，根据《高等学校工程管理本科指导性专业规范》和《高等学校工程造价本科指导性专业规范》，并结合工程管理和工程造价专业发展实践编制的。

当前，我国正处于新型工业化、信息化、城镇化、农业现代化快速发展进程时期，工程建设范围广、规模大、领域多，各领域的工程出现了规模大型化、技术复杂化、产业分工专业化和技术一体化的趋势。工程由传统的技术密集型向资本密集型、知识密集型领域延伸。这些发展趋势，要求工程管理和造价人才必须具备工程技术与现代管理知识深度融合的能力，同时具备技术创新和管理创新的综合能力。

根据2012年新的本科专业目录，原工程管理专业已分拆为工程管理、工程造价、房地产开发与管理三个专业，根据专业发展规律和新制定的本科指导性专业规范，工程管理专业和工程造价专业的理论体系和知识结构具有较高的重合性和相似性，本系列教材可以兼顾工程管理和工程造价专业的教学需求。

编委会在编写过程中开展了专业调查研究与专题研讨，总结了近年来国内外工程管理和工程造价专业发展的经验，吸收了新的教学研究成果，考虑了国内高校工程管理和工程造价专业建设与发展的实际情况，并征求了相关高校、企业、行业协会的意见，经反复讨论、修改、充实、完善，最后编写和审查完成本系列教材。

系列教材注重跟踪学科和行业发展的前沿，力争将新的理论、新的技能、新的方法充实到课程体系中，培养出具有创新能力，能服务于工程实践的专业管理人才，教材主要基于工程管理和工程造价的核心知识结构体系，首批设计出版了8本教材，主要包括《工程经济学》《安装工程计量与计价》《工程项目管理》《建筑与装饰工程计量》《建筑与装饰工程计价》《工程招投标与合同管理》《工程建设法》和《项目融资》，涵盖了工程管理和工程造价专业的主要的知识体系、知识领域、知识单元与知识点。系列教材贯穿工程技术、工程经济、管理和法律四大知识领域，并在内容上强调这四大知识领域的深度融合。

系列教材还兼顾了毕业生在工作岗位参加一二级建造师、造价师等执业资格考试的需求，教材知识体系涵盖了相关资格考试的命题大纲要求，确保了教材内容的先进性和可持续性，使学生能将所学知识运用于工程实际，着力培养学生的工程和管理素养，培养学生的工程管理实践能力和工程技术创新能力。

系列教材在编写过程中参考了国内外一些已出版和发表了的著作和文献，吸取和采纳了一些经典的和最新的实践及研究成果，在此一并表示衷心感谢！

由于我们水平及视野的限制，不足和疏漏之处在所难免，诚恳希望广大专家和读者提出指正和建议，以便今后更加完善和提高。

刘亚臣

2015年12月

前言

Forew

“建设工程项目管理”是管理科学与工程类相关专业的一门核心课程，主要阐述工程建设全过程项目管理的基本理论、方法与手段。课程的教学目的是使学生全面熟悉和掌握建设工程项目组织与管理的基本原理，工程项目质量、成本、进度目标控制、生产安全环境管理、信息管理技术方法；了解国内外现行建设工程项目管理模式、我国现行建设工程项目管理体制、制度和规定；使学生受到建设工程项目管理基本技能的全面、系统训练，具备解决工程项目管理实际问题的初步能力。

长期以来，沈阳建筑大学建设工程项目管理教学团队不断深化教育教学改革，在实践中不断更新教学体系，将专业知识传授、工程技能训练和综合素质教育全面结合，成效显著。本课程被评为省级精品课程（2006年）和省级精品资源共享课程（2014年）。

本教材的编写，结合了教学团队多年来的教学、科研和工程实践经验，既体现了建设工程项目管理理论知识的系统性、完整性，又兼顾了建设工程项目管理方法、手段的实际可操作性，在各章节内编写了大量案例、习题和思考题。本教材既适用于管理科学与工程类相关专业教学使用，也可作为具有一定工程类相关背景的人员进行课程自学。

本书由齐宝库担任主编，战松、蔚筱偲担任副主编。参与编写的人员有齐宝库（编写第1章、第3章，合编第6章）、战松（编写第2章，合编第4章）、蔚筱偲（编写第8章，合编第9章）、李丽红（编写第7章）、白庶（合编第9章）、李微（合编第10章）、黄昌铁（合编第6章）、姚瑞（合编第5章）、薛红（合编第9章）、王慧玲（合编第4章）、张阳（合编第5章）、朱娅（合编第5章）、马博（合编第9章）、刘帅（合编第4章）、王丹（合编第5章）、靳林超（合编第6章）、张铎（合编第10章）。全书由齐宝库统稿和定稿。

在本教材编写和出版过程中，得到了沈阳建筑大学管理学院和化学工业出版社的领导和同事们的大力支持，并参考了许多专家、学者的研究成果，谨此表示衷心感谢。由于笔者时间和水平所限，教材中的不足之处在所难免，敬请各位读者斧正。

编者

2016年3月于沈阳

目录

Contents

第 3 章 工程网络计划技术 30

第 4 章 工程项目管理组织 69

第5章 施工组织设计 85

第 8 章 工程项目质量控制 166

第 9 章 工程项目安全与环境管理 192

第1章 建设工程项目管理概论

1.1 项目与工程项目

1.1.1 项目及其基本特征

(1) 项目的概念 项目一词被广泛应用于经济社会各个领域。究竟什么是项目，德国国家标准 DIN 69901、美国项目管理协会（PMI）、美国项目管理专家 R. J. 格雷厄姆等都对其进行过定义，但由于视角不同，目前还没有统一、权威的定义。

本书对项目的定义如下：项目是指在一定约束条件下，具有特定目标的一次性事业（或任务）。例如，一项开发、一项科研、一项设计、一幢建筑物（或构筑物）的建造等都可称为项目。

(2) 项目的基本特征 根据以上项目的定义，可以归纳出项目具有以下一些基本特征。

① 项目的一次性。项目的一次性（也称单件性），是指每个项目完成后，不会再有与其完全相同的项目出现。该特征意味着一旦项目管理工作出现较大失误，其损失具有不可挽回性。因此，为避免工作失误，人们就要研究和把握项目的内在规律，依靠科学管理保证项目的一次性成功。

② 项目的目标性和约束性。任何项目都具有特定的目标。同时，项目只有满足所需的功能要求和一定的约束条件才能获得成功。一般来说，项目的约束条件为质量、时间、投资的限制。对于项目管理者来讲，通常称这三个约束条件为项目的三大控制目标。当然，项目目标和约束条件也可能在项目实施过程中发生变化。一旦这些变化发生，项目的管理工作就要随之做出相应的调整。

③ 项目的寿命周期性。项目的一次性和完成项目的过程决定了项目的寿命周期性。任何项目都有其发生、发展和终结过程。在寿命周期的不同阶段都有特定的任务、程序和工作内容，因而管理的形式、方法也会有所不同。只有掌握了项目的生命周期，才能有效地对项目实施科学的管理和控制。

④ 项目的系统性。项目包括人力、物资、技术、时间、空间、信息、管理等各种要素，这些要素为实现项目的目标而相互制约、相互作用，构成一个相对完整的系统。在进行项目要素配置时，必须以整体效益的提高为标准，进行总体优化。同时由于内外环境的变化，各种要素的配置应该是动态的。

1.1.2 建设项目

(1) 建设项目的概念 建设项目是项目中最重要的一类。它是指按一个总体设计组织建设的固定资产投资项目，即基本建设项目。一般来说，一个建设项目建成后就形成了一个独立的企、事业单位。例如，兴建一座工厂、一所学校等。

（2）建设项目的特性　建设项目除具备一般项目的特征外，还具有以下特性。

① 投资额巨大，建设周期长。由于建设项目规模大、技术复杂、所需资金巨大，并且从项目设想到建造、投入使用，需要几年或十几年的时间。这就要求项目建设只能成功，不能失败，否则会造成极大的损失。

② 功能的整体性。建设项目是按照一个总体设计建设的，是可以形成部分生产能力或使用价值的若干单体工程（单项工程或单位工程）的总称。一个完整的建设项目全部建成后，才能全面实现预期的项目功能。

③ 地点的固定性和生产的流动性。建筑产品的生产只能在固定地点进行，不能像其他工业产品一样成批生产（建设）。由于地点的固定性就导致了建设项目生产企业及其人员和生产设备的流动性，这就给建设项目的实施带来很大难度，且受环境影响大，管理复杂。

（3）建设项目的分类　建设项目的种类繁多，可以从不同的角度对建设项目分类。

① 按建设性质不同划分

a. 新建项目，是指从无到有，新开始建设的项目。对原有项目扩建，其新增加的固定资产价值超过原有固定资产价值三倍以上的项目也属于新建项目。

b. 扩建项目，是指扩大原有产品生产能力和效益，或增加新产品的生产力和效益而进行的固定资产的增建项目。

c. 改建项目，是指为提高生产效率，改进产品质量或改变产品方向，对原有设备、工艺流程进行技术改造的项目，或为提高综合生产能力，增加一些附属和辅助生产车间或非生产性工程的项目。

d. 恢复项目，是指因自然灾害、战争或人为的灾害等原因，原有项目成果（固定资产）已全部或部分报废，而后又投资恢复建设的项目。不论是按原来规模恢复建设，还是在恢复的同时进行扩建，都属于恢复项目。

e. 迁建项目，是指由于各种原因迁到另地建设的项目。搬迁到另地建设，不论其建设规模是否维持原来规模，都属于迁建项目。

② 按投资用途不同划分

a. 生产性建设项目，指直接用于物质生产或满足物质生产需要的建设项目，包括工业、农业、建筑业、林业、气象、运输、邮电、商业或物资供应、地质勘探等建设项目。

b. 非生产性建设项目，指用于满足人民物质、文化生活需要的建设项目，包括住宅、文教卫生、科研实验、公用事业、行政办公等建设项目。

③ 按资金来源和渠道不同划分

a. 国家投资项目，指国家预算直接安排的基本建设项目。

b. 银行信用筹资项目，指通过银行信用方式供应建设资金的项目。

c. 自筹资金项目，指各地区、部门、单位按照财政制度提留、管理和自行分配用于建设投资的项目。

d. 引进外资项目，指利用国外资金建设的项目。

e. 利用资金市场项目，指利用国家债券筹资和社会集资（包括股票、国内债券、国内合资经营、国内补偿贸易等）项目。

④ 按国民经济各个行业性质和特点不同划分

a. 竞争性项目，指投资效益比较高、竞争性比较强的一般建设项目。

b. 基础性项目，指具有自然垄断、建设周期长、投资额大而收益低的基础设施和需要政府重点扶持的一部分基础工业项目，以及直接增强国力的符合经济规模的支柱产业项目。

c. 公益性项目，主要包括科技、文教、卫生、体育和环保等设施，公检法等政权机关和政府机关、社会团体办公设施、国防建设等。公益项目的投资主要通过政府的财政资金安排。

此外，按建设总规模和投资的多少，建设项目可分为大、中、小型项目。按建设阶段不同，建设项目又可分为筹建项目、在建项目、收尾项目、投产项目等。

（4）建设项目的层次分解 建设项目层次分解是项目管理中一项必需的工作内容，一个建设项目视其复杂程度，通常可以分解为单项工程、单位工程、分部工程、分项工程等层次。

① 单项工程。单项工程是指具有独立的设计文件，可以独立施工，建成后能独立发挥生产能力和效益的工程。例如工业建设项目当中，各个独立的生产车间、试验楼等；民用建设项目当中，某大学里面的图书馆、食堂等，这些都可以称为一个单项工程。单项工程由若干个单位工程组成。

② 单位工程。单位工程是指凡是具有独立设计文件，可以独立施工，但建成后不能独立发挥生产能力和效益的工程。如学校的教学楼，可以分为土建工程、管道安装工程、设备安装工程、电器安装工程等单位工程。单位工程是单项工程的组成部分，而单位工程又可以进一步分解为分部工程和分项工程。

国家住房和城乡建设部颁布的《建筑工程施工质量验收统一标准》（GB 50300—2013）将具有独立施工条件并能形成独立使用功能的建筑物及构筑物定义为单位工程。对于规模较大的单位工程，可将其具有独立验收条件的部分划分为子单位工程。

③ 分部工程。分部工程是单位工程的组成部分，是指按照工程部位、设备种类和型号或主要工种工程不同所作的分类。例如学校教学楼的土建单位工程，按工程部位划分，可以分为地基与基础、主体结构、屋面、装饰装修工程等分部工程。按专业性质可以划分为土石方工程、地基工程、混凝土工程、砌筑工程、防水工程、抹灰工程等分部工程。当分部工程较大、较复杂时，可按材料种类、施工特点、施工程序、专业系统及类别等划分为若干子分部工程。

④ 分项工程。分项工程是分部工程的组成部分。它是通过较为简单的施工过程（其工程材料、使用机械设备和生产工艺均不变）就能生产出来，而且可以用某种单位进行计量的基本工程内容。例如教学楼的基础分部工程可以划分为基坑（槽）挖土、混凝土垫层、砌筑基础、回填土等分项工程。

1.1.3 工程项目

（1）工程项目的概念 工程项目又称建设工程项目，是指通过投资建设活动获得满足某种产品生产或人民生活需要的建筑物（或构筑物）的一次性事业。

（2）工程项目建设程序 一项工程项目的建成往往需要经过立项、设计、实施和终结等几个阶段。在建设行业，通常将工程项目建设的各个阶段和各项工作的先后顺序称为工程项目建设程序。我国工程项目建设程序参见图 1-1。国外工程项目建设程序参见图 1-2。

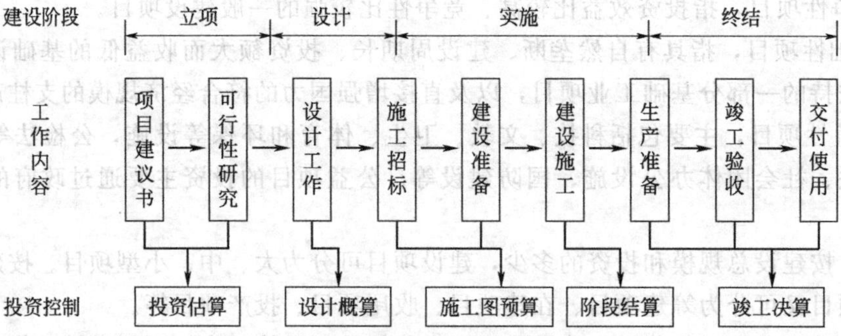

图 1-1　我国工程项目建设程序示意图

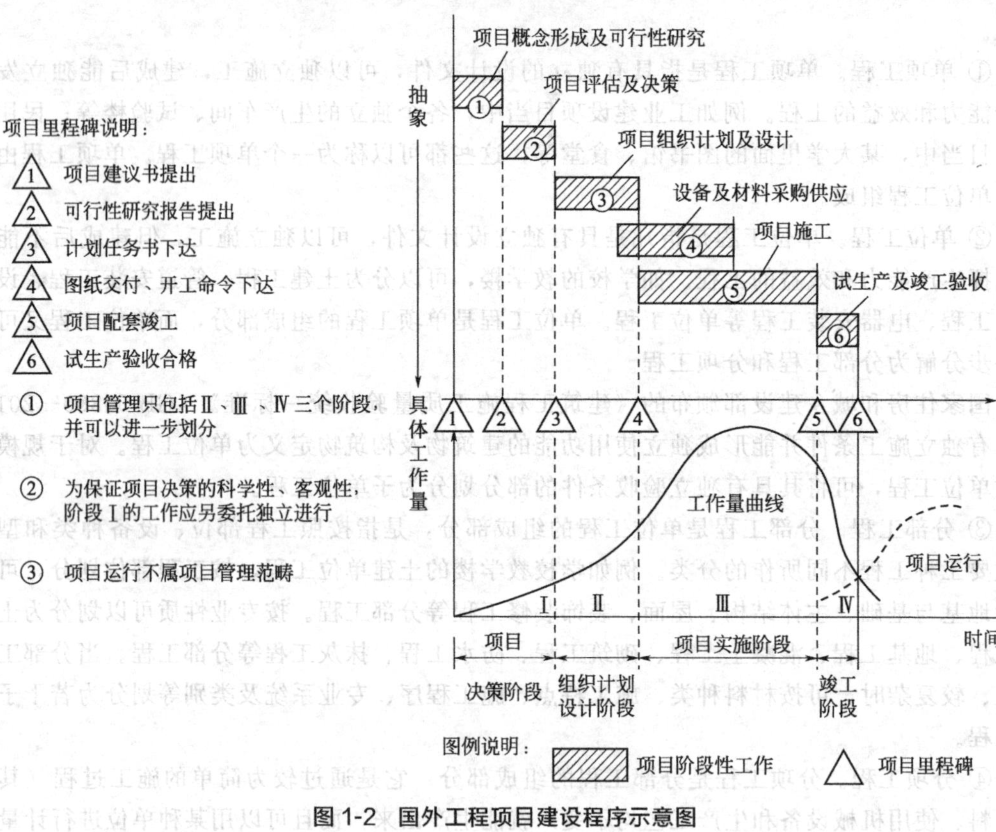

图 1-2　国外工程项目建设程序示意图

1.1.4　施工项目

(1) 施工项目的概念　施工项目是指施工单位承包工程项目施工的一次性事业。它是一个建设项目或单项（单位）工程的施工任务及产品成果。

(2) 施工项目的特征　施工项目具有以下特征。

① 是一个建设项目或单项（单位）工程的施工任务。

② 以施工承包单位为管理主体。

③ 其范围由工程承包合同界定。

1.2　工程项目管理的基本概念与内容

1.2.1　工程项目管理的基本概念

工程项目管理是以工程项目为管理对象，在既定的约束条件下，为最优地实现项目目标，根据项目的内在规律，用系统工程的理论、观点和方法，对项目寿命周期全过程进行有效地计划、组织、指挥、控制和协调的系统管理活动。

根据管理主体、管理对象、管理范围的不同，工程项目管理可分为建设项目管理、设计项目管理、施工项目管理、咨询项目管理、监理项目管理等。

1.2.2　工程项目管理主体及工作内容

一个工程项目从策划到建成投产，通常有众多的参与方，他们在项目管理中扮演不同的角色，发挥不同的作用。图 1-3 为工程项目管理各相关主体的角色和作用示意图。

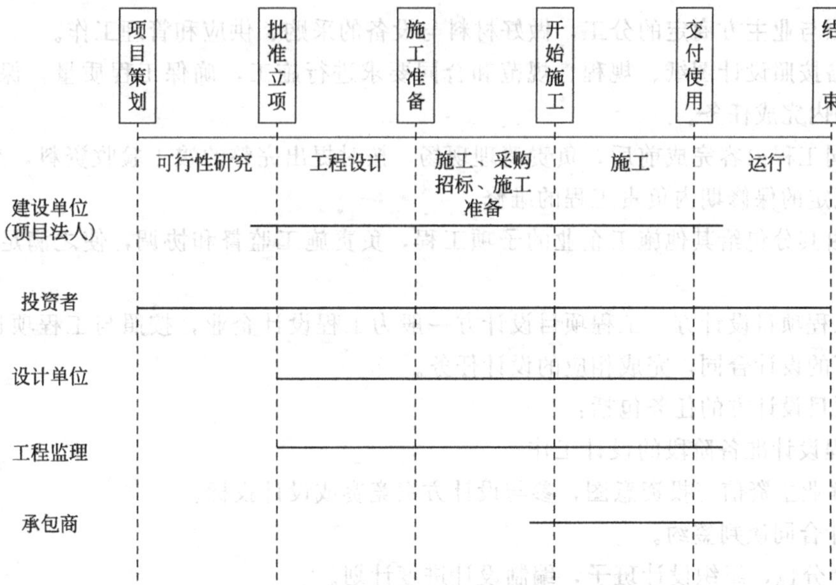

图 1-3　工程项目管理主体角色、作用示意图

(1) 工程项目投资方　工程项目投资方通过直接投资、认购股票等各种方式向工程项目经营者提供建设资金。工程项目投资者可以是政府、组织、个人、银行财团或众多的股东，他们关心项目能否成功，能否收回本息并盈利。尽管他们的主要责任在投资决策上，其管理的重点在项目的立项阶段，采用的主要手段是项目评估和可行性研究，但是投资者要真正取得期望的投资收益仍需对项目的整个生命周期进行全过程的监控和管理。

(2) 工程项目业主/项目法人　除了自己投资、自己开发、自己经营的项目外，一般情况下工程项目业主/项目法人是指项目最终成果的接收者和经营者。

工程项目业主/项目法人在工程项目全过程起主导作用，其主要责任包括以下几个方面。

① 进行项目可行性研究，或审查受委托的咨询公司提交的可行性研究报告，以确立

项目。

② 筹集项目资金，包括自有资金和借贷资金（如果需要的话），满足投资方的各种要求，以落实资金来源。

③ 组织项目规划和实施，在多数情况下要采购外部资源，进行合同管理。业主通过其项目班子主要承担协调、监督和控制的职责，包括工期控制、质量控制和投资控制。

④ 接受和配合投资方对项目规划和实施阶段的监控。

⑤ 进行项目的验收、移交和其他收尾工作，并将项目的最终成果投入运行和经营。

⑥ 与项目的各干系人进行沟通和协调。

必要时，工程项目业主/项目法人可以聘请项目管理公司作为其代理人对工程项目进行管理。

(3) 工程项目施工方　工程项目施工方一般为承担工程施工的建筑施工企业，他们按工程承发包合同的约定完成相应的建设任务。

工程项目施工方具体任务包括：

① 通过投标或协商，承揽工程建筑、安装或修缮任务。

② 按照承包合同的要求，编制施工组织设计和施工计划，做好人力与物质的准备工作，准备开工。

③ 按照与业主方商定的分工，做好材料与设备的采购、供应和管理工作。

④ 严格按照设计图纸、规程、规范和合同要求进行施工，确保工程质量，保证在合同规定的工期内完成任务。

⑤ 合同工程内容完成前后，负责清理现场，按时提出完整的竣工验收资料，交工验收，并在合同规定的保修期内负责工程的维修。

⑥ 对由其分包给其他施工企业的子项工程，负责施工监督和协调，使之满足合同规定的要求。

(4) 工程项目设计方　工程项目设计方一般为工程设计企业，按照与工程项目业主/项目法人签订的设计合同，完成相应的设计任务。

工程项目设计方的任务包括：

① 工程设计准备阶段的设计工作

a. 了解业主资信与投资意图，参与设计方案竞赛或设计投标。

b. 设计合同谈判签约。

c. 设计分包，组织设计班子，编制设计进度计划。

d. 收集设计资料，研究设计思路，提出勘察任务。

② 工程初步设计阶段的设计工作

a. 总体设计，明确项目规模和设计范围、主要技术经济指标等。

b. 方案设计，明确设计要求，草拟方案，进行方案比选。

c. 编制初步设计文件，完善选定的方案，分专业设计并汇总，编制说明与概算。

③ 工程技术设计阶段的设计工作

a. 提出设计计划，包括工艺流程试验研究、特殊设备的研制、特殊技术的研究等。

b. 编制技术设计文件。

c. 参加初审，并作必要的修正。

④ 工程施工图设计阶段的设计工作

a. 建筑、结构、设备等专业施工图设计。

b. 专业设计的协调。

c. 编制设计文件，包括汇总设计图表，编制施工图预算，编写设计说明。

d. 校审会签，按审核意见作必要修改。

⑤ 工程施工阶段的设计工作

a. 在图纸会审、技术交底会上介绍设计意图，向承包人进行技术交底，并答疑。

b. 必要时修正设计文件，监督按图施工。

c. 参加隐蔽工程的验收。

d. 解决施工中的设计问题，参加工程竣工验收。

(5) 工程项目监理方/咨询方　工程项目监理方/咨询方一般为工程项目建设监理公司或咨询公司，按与业主方签订的监理或咨询合同提供监理或咨询服务。

工程建设监理是我国20世纪80年代末出现的一种建设工程项目管理形式。工程建设监理公司是指具有工程建设监理资格等级证书、具有法人资格、从事工程建设监理的业务单位。监理公司受业主委托后一般都用合同约定的方式与业主签订工程建设监理委托合同，在监理委托合同中明确规定监理的范围、双方的权利和义务、监理合同争议的解决方式和监理酬金等。

工程项目咨询比工程监理有更广泛的概念，工程咨询公司一般属于智力密集、管理型的工程建设企业，凭借其技术和管理方面的能力、经验为业主提供服务，并按合同的约定获取相应的报酬。工程咨询公司提供的服务较为广泛，如工程项目的可行性研究、招标代理、合同策划、工程造价管理、重大技术或管理问题分析决策等。

(6) 工程项目相关的其他主体　工程项目相关的其他主体包括政府的计划管理部门、建设管理部门、环境管理部门、审计部门等。他们分别对工程项目立项、工程建设质量、工程建设对环境的影响和工程建设资金的使用等方面进行管理。此外，还有建筑材料的供应商、工程招标代理公司、工程机械设备租赁公司、保险公司、银行等，均与工程项目业主方签订合同，提供服务或产品等。

1.3 工程项目质量、投资（成本）、进度控制之间的关系

工程项目控制的行为主体是建设单位，控制的行为对象目标是在立项时确定的项目总投资限额和在建设周期内完成符合预期的使用功能要求和工程实体质量标准的工程项目。工程项目的控制目标有质量目标、投资目标和工期目标。

一般来说，工程项目质量、投资（成本）、进度三者的关系如图1-4所示。

质量、投资（成本）、进度三大目标控制构成了工程项目的控制目标系统。这三项控制目标存在着既对立又统一的关系。

1.3.1 三项控制目标之间的对立关系

工程项目三项控制目标之间首先存在着矛盾和对立的关系。例如，通常情况下，如果业主对工程项目的使用功能、安全、美观等质量方面有较高的要求，那么就要投入较多的资金和较长的建设时间；如果要在尽可能短的时间内完成工程项目，把工期目标定得很高，那么

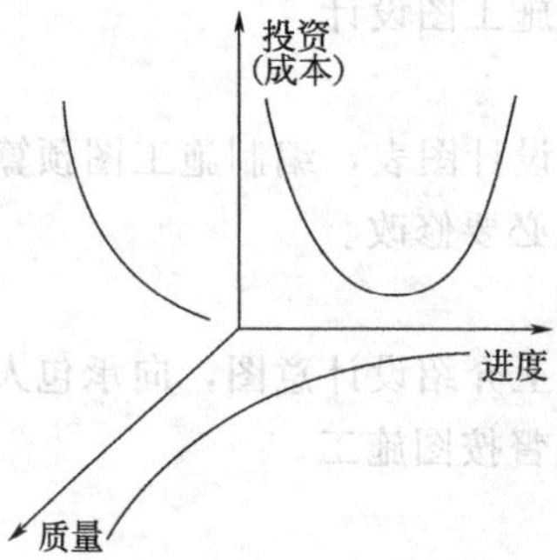

图 1-4　质量、投资（成本）、进度的关系

投资就要提高，质量有可能降低；如果要减少投资、势必要考虑降低对工程质量和工期的要求。

1.3.2　三项控制目标之间的统一关系

工程项目三项控制目标之间还存在着统一的关系。例如，适当增加投资，为采取加快进度措施和严格项目质量控制提供经济条件，就可以加快项目建设速度，缩短工期，早日建成质量有保证的项目，提前投入使用，尽早发挥投资效益，工程项目的全寿命经济效益得到提高；适当提高项目使用功能要求和质量标准，虽然会造成一次性投资的提高和工期的延长，但能够节约项目投入使用后的运行和维修费，降低产品成本，从而获得更好的投资效益；如果项目进度计划制定得既可行又优化，使工程进度具有连续性、均衡性，则不但可以使工期得以缩短，而且有可能获得较好的质量和较低的费用。

明确了项目质量、投资（成本)、进度三项控制目标之间的相互关系，就能正确地进行工程项目和施工项目的目标控制工作。

1.4　工程项目管理的发展趋势

随着经济全球化、项目管理国际化的发展，工程项目日益复杂，建设速度日益加快，我国建设工程项目管理已呈现出多样化的发展趋势，主要体现在以下几方面。

（1）由传统项目管理向信息技术化管理升级　20 世纪 80 年代，我国工程项目管理主要运用传统项目管理方式进行施工生产组织，进入 20 世纪 90 年代后开始向现代项目管理转变，比较重视横向广度方面的发展。进入 21 世纪后，工程项目管理又在纵向深度方面发展，项目管理趋向大业主、多投资、高科技，在项目控制方面形成了系统的理论和方法。随着计算机、因特网的快速发展，为工程项目管理提供了先进、高效的科学工具。工程项目管理信息系统软件的开发和互联网的使用使得工程项目投资控制、进度控制、质量控制等均实现了可视化的零距离管理，为工程项目实现集成高效管理提供了快捷方便、准确的技术支持。

（2）从相对单一的施工现场管理向项目全寿命周期管理转变　长期以来，我国工程建设管理体制专业分散、职能分割，工程建设全过程管理和咨询服务被分割在不同的职能机构，造成各职能机构缺乏整体观念，前后信息链断裂，浪费人力资源，影响了决策的正确性、设计的合理性、监控的有效性、施工的科学性和建设单位管理的完整性。

原建设部出台了《建设工程项目管理办法》，允许具有设计、监理、造价、招投标代理资质的企业在自己资质允许的范围内进行建设工程项目全过程管理，一大批综合性、多职能的工程项目管理企业应运而生，标志着我国工程项目管理进入一个全新的历史发展阶段。

（3）从不同主体的施工承包转向以工程总承包管理为主　随着项目管理日趋完善，作为买方的建设单位对建筑业的要求和期望越来越高，以往对工程某个环节的单一承包方式被越来越多的综合总承包所取代。建设单位更多地希望设计、施工和物资采购乃至项目试运行一体化。

基于国际发包方式的演变和发展态势，原建设部颁发了《关于培育发展工程总承包和工程项目管理企业的指导意见》和《建设工程总承包管理规范》，阐述了推行工程总承包的重要性和必要性，并参照国际惯例新版 FIDIC 合同文本，明确了工程总承包管理的具体意见。这对深化和调整我国勘察、设计、施工、监理企业的经营体制，加快我国建设工程项目管理与国际接轨产生了重要而深远的意义。

（4）从“三位一体”的文明工地管理上升到创新项目文化的绿色管理　项目文化是企业文化建设在项目上的具体落实，是对项目主体和客体的全面要求。项目文化建设是以“过程精品、标价分离、CI 形象”的三位一体管理模式为内容，由创建“文明工地”活动，提升到项目文化建设这一更高层次。

创新项目文化主要体现在场容整洁、行为规范、群体高效和环境优美等方面，更加重视以人为本，着力营造和谐融洽的项目环境，强调安全、舒适和绿色施工。一方面重视项目运营效率，另一方面强化环境保护和资源节约，将绿色理念渗透到管理、设计和施工工艺中，充分体现建筑业低碳生产和运营的社会责任。

思考题

1. 何谓项目？ 项目具有哪些基本特征？
2. 何谓建设项目？ 建设项目如何分类？
3. 为什么要对项目进行分解？ 何谓单项工程、单位工程、分部工程、分项工程？
4. 参与工程项目建设的管理主体有哪些？ 他们各自在工程建设中的主要任务有哪些？
5. 简述建设工程质量、投资（成本）、进度控制目标的关系。

第 2 章　流水施工原理

2.1　流水施工基本概念

在所有的生产领域中，流水作业法是组织生产的理想方法。流水施工也是项目施工的最有效的科学组织方法。但是由于建筑产品及其生产的特点不同，流水施工的概念、特点和效果与其他产品的流水作业也有所不同。

2.1.1　工程施工组织方式

在组织同类项目或将一个项目分成若干个施工区段进行时，可以采用不同的施工组织方式，如依次施工、平行施工、流水施工等组织方式。

2.1.1.1　依次施工

依次施工组织方式是将拟建工程项目的整个建造过程分解成若干个施工过程，按照一定的施工顺序，前一个施工过程完成后，后一个施工过程开始施工；或前一个工程完成后，后一个工程开始施工。它是一种最基本、最原始的施工组织方式。

【例 2-1】 拟兴建四幢相同的建筑物，其编号分别为Ⅰ、Ⅱ、Ⅲ、Ⅳ。它们的基础工程量都相等。而且均由挖土方、做垫层、砌基础和回填四个施工过程组成，每个施工过程在每个建筑物中的施工天数均为 5 天。其中，挖土方时，工作队由 8 人组成；做垫层时，工作队由 6 人组成；砌基础时，工作队由 14 人组成；回填土时，工作队由 5 人组成。按照依次施工组织方式，其施工进度计划如表 2-1 中“依次施工”所示。

由表 2-1 可以看出，依次施工组织方式具有以下特点。

① 由于没有充分地利用工作面，所以工期长。

② 工作队不能实现专业化施工，不利于提高工程质量和劳动生产率。

③ 专业工作队及其生产工人不能连续作业。

④ 单位时间内投入的资源数量比较少，有利于资源供应的组织工作。

⑤ 施工现场的组织、管理比较简单。

2.1.1.2　平行施工

在拟建工程项目任务十分紧迫、工作面允许以及资源能够保证供应的条件下，可以组织几个相同的工作队，在同一时间、不同的空间上进行施工，这样的施工组织方式称为平行施工组织方式。在例 2-1 中，如果采用平行施工组织方式，其施工进度计划如表 2-1 中“平行施工”栏所示。

表 2-1　流水施工进度表

工程编号	分项工程名称	工作队人数	施工天数	施工进度/天		
				80	20	35
				5 10 15 20 25 30 35 40 45 50 55 60 65 70 75 80	5 10 15 20	5 10 15 20 25 30 35
Ⅰ	挖土方	8	5			
	垫　层	6	5			
	砌基础	14	5			
	回填土	5	5			
Ⅱ	挖土方	8	5			
	垫　层	6	5			
	砌基础	14	5			
	回填土	5	5			
Ⅲ	挖土方	8	5			
	垫　层	6	5			
	砌基础	14	5			
	回填土	5	5			
Ⅳ	挖土方	8	5			
	垫　层	6	5			
	砌基础	14	5			
	回填土	5	5			
劳动力动态图						
施工组织方式				依次施工	平行施工	流水施工

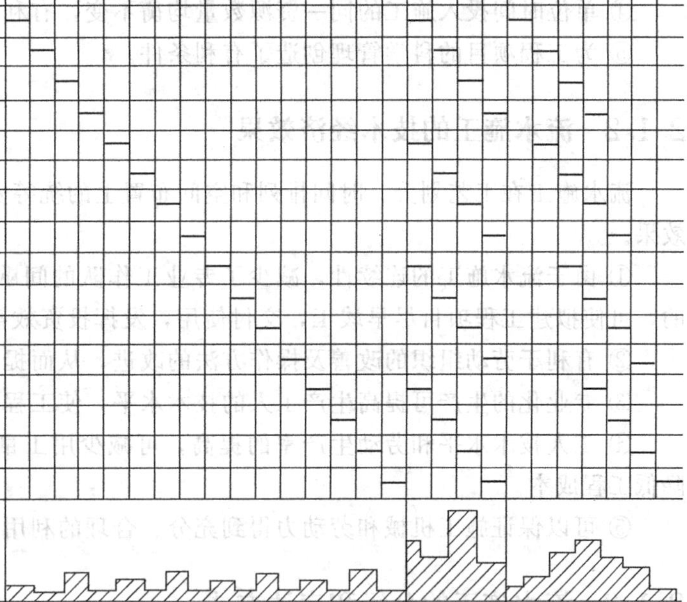

由表 2-1 可以看出，平行施工组织方式具有以下特点：

① 充分利用了工作面，争取了时间、缩短了工期。

② 工作队不能实现专业化生产，不利于提高工程质量和劳动生产率。

③ 专业工作队及其生产工人不能连续作业。

④ 单位时间内投入施工的资源数量多，现场临时设施需相应增加。

⑤ 施工现场组织、管理复杂。

2.1.1.3　流水施工

流水施工组织方式是将拟建工程项目的整个建造过程分解成若干个施工过程，也就是划分成若干个工作性质相同的分部、分项工程或工序；同时将拟建工程项目在平面上划分成若干个劳动量大致相等的施工段；在竖向上划分成若干个施工层，按照施工过程分别建立相应的专业工作队；各专业工作队按照一定的施工顺序投入施工，完成第一个施工段上的施工任务后，在专业工作队的人数、使用机具和材料不变的情况下，依次地、连续地投到第二、第三……一直到最后一个施工段的施工，在规定的时间内，完成同样的施工任务；不同的专业工作队在工作时间上最大限度地、合理地搭接起来；当第一个施工层各个施工段上的相应施工任务全部完成后，专业工作队依次地、连续地投入到第二、第三……施工层，保证拟建工程项目的施工全过程在时间上、空间上，有节奏地连续、均衡地进行生产，直到完成全部施工任务。

在例 2-1 中，如果采用流水施工组织方式，其施工进度计划如表 2-1 中“流水施工”栏所示。

由表 2-1 可以看出，与依次施工、平行施工相比较，流水施工具有以下特点：

① 科学地利用了工作面，争取了时间，工期比较短。

② 工作队及其生产工人实现了专业化施工，可使工人的操作技术熟练，更好地保证工程质量，提高劳动生产率。

③ 专业工作队及其生产工人能够连续作业。

④ 单位时间投入施工的同一资源数量均衡不变，有利于资源供应组织工作。

⑤ 为工程项目的科学管理创造了有利条件。

2.1.2 流水施工的技术经济效果

流水施工在工艺划分、时间排列和空间布置上的统筹安排，必然会带来相应的技术经济效果。

① 由于流水施工的连续性，减少了专业工作队的间歇作业时间，达到了缩短工期的目的，可使拟建工程项目尽早竣工，交付使用，发挥投资效益。

② 有利于劳动组织的改善及操作方法的改进，从而提高了劳动生产率。

③ 专业化的生产可提高生产工人的技术水平，使工程质量相应提高。

④ 工人技术水平和劳动生产率的提高，可减少用工量和施工临时设施的建造量，从而降低工程成本。

⑤ 可以保证施工机械和劳动力得到充分、合理的利用。

2.1.3 流水施工的分级和表达方式

2.1.3.1 流水施工的分级

根据流水施工组织的范围不同，流水施工通常可划分为以下几项。

(1) 分项工程流水施工　分项工程流水施工，也称为细部流水施工，是在一个专业工种内组织起来的流水施工。

(2) 分部工程流水施工　分部工程流水施工，是在一个分部工程内部，各分项工程之间组织起来的流水施工。

(3) 单位工程流水施工　单位工程流水施工，也称为综合流水施工，是在一个单位工程内部，各分部工程之间组织起来的流水施工。

(4) 群体工程流水施工　群体工程流水施工，也称为大流水施工，是在若干单位工程之间组织起来的流水施工。

上述四种流水施工之间的关系如图 2-1 所示。

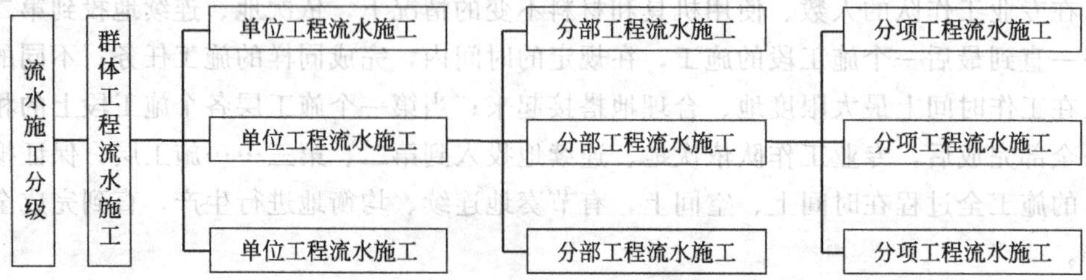

图 2-1　流水施工分级示意图

2.1.3.2 流水施工的表达方式

流水施工的表达方式，主要有横道图和网络图两种，如图 2-2 所示。

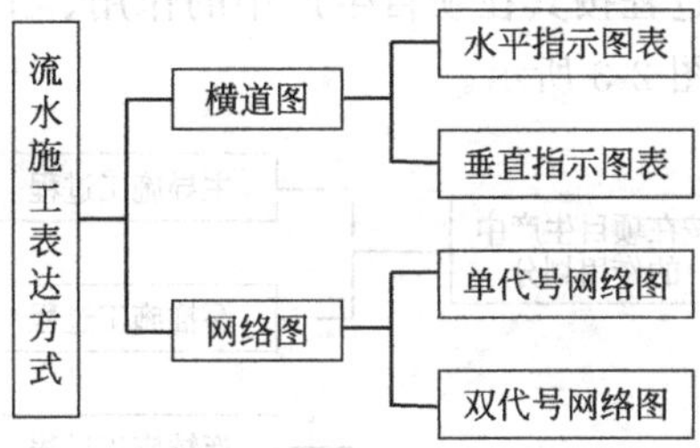

图 2-2　流水施工表达方式示意图

2.2　流水施工的主要参数

在组织拟建工程项目流水施工时，用以表达流水施工在工艺流程、空间布置和时间安排等方面开展状态的参数，称为流水参数，它主要包括工艺参数、空间参数和时间参数三类。

2.2.1　工艺参数

2.2.1.1　工艺参数的概念

在组织流水施工时，用以表达流水施工在施工工艺上的开展顺序及其特征的参数称工艺参数。具体地说，工艺参数是指在组织流水施工时，将拟建工程项目的整个建造过程分解为施工过程的种类、性质和数目的总称。

2.2.1.2　工艺参数的类型

工艺参数包括施工过程和流水强度。

(1) 施工过程　在工程项目施工中，施工过程所包括的范围可大可小，既可以是分部工程、分项工程，又可以是单位工程、单项工程。它是流水施工的基本参数之一。根据工艺性质不同，它分为制备类施工过程、运输类施工过程和砌筑安装类施工过程三种。施工过程数一般用 n 来表示。

① 制备类施工过程。它是指为了提高建筑产品的装配化、工厂化、机械化和生产能力而形成的施工过程。如混凝土、砂浆、构配件、制品和门窗等的制备过程。它一般不占有施工对象的空间，不影响项目总工期，因此一般在项目施工进度表上不表示；只有当其占有施工对象的空间而要影响项目总工期时，在项目施工进度表上才列入，如在拟建车间、实验室等场地内预制或组装的大型构件等。

② 运输类施工过程。它是指将建筑材料、构配件、(半) 成品、制品和设备等运到项目工地仓库或现场操作使用地点形成的施工过程。它一般不占有施工对象空间，不影响项目总工期，通常也不列入项目施工进度计划中；只有当其占有项目施工的空间要影响项目总工期时，才列入项目施工进度计划中，如结构安装工程中，采取随运随吊方案的运输过程。

③ 砌筑安装类施工过程。它是指在施工对象的空间上直接进行加工，最终形成建筑产品的过程，如地下工程主体工程、结构安装工程、屋面工程和装饰工程等施工过程。它占有施工对象的空间，影响工期的长短，因此必须列入项目施工的进度表中，而且是项目施工进

度表的主要内容。砌筑安装类施工过程按其在项目生产中的作用、工艺性质和复杂程度等不同可以划分为不同的施工过程，如图 2-3 所示。

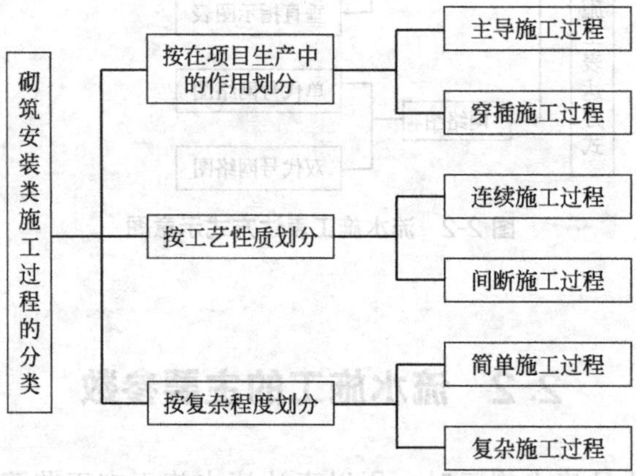

图 2-3　砌筑安装类施工过程分类示意图

(2) 流水强度　某施工过程在单位时间内所完成的工程量，称为该施工过程的流水强度，可分为机械操作流水强度和人工操作流水强度。

① 机械操作流水强度

$$V_i=\sum_{j=1}^{x}R_{ij}S_{ij} \tag{2-1}$$

式中 V_i——i 施工过程的机械操作流水强度；

R_{ij}——投入 i 施工过程的 j 种施工机械台数；

S_{ij}——投入 i 施工过程的 j 种施工机械产量定额；

j——投入 i 施工过程的施工机械类数。

② 人工操作流水强度

$$V_i=R_iS_i \tag{2-2}$$

式中 V_i——i 施工过程的人工操作流水强度；

R_i——投入 i 施工过程的专业工作队工人数；

S_i——投入 i 施工过程的专业工作队平均产量定额。

2.2.2　空间参数

2.2.2.1　空间参数的概念

在组织流水施工时，用以表达流水施工在空间布置上所处状态的参数，称为空间参数。

2.2.2.2　空间参数的类型

空间参数主要有工作面、施工段和施工层三种。

(1) 工作面　某专业工种的工人在从事建筑产品生产加工过程中，必须具备一定的活动空间，这个活动空间称为工作面。它的大小，是根据相应工种单位时间内的产量定额、建筑安装操作规程和安全规程等的要求确定的。工作面确定的合理与否，直接影响专业工种工人的劳动生产率。因此，必须认真加以对待，合理确定。

主要工种专业的工作面参考数据见表 2-2。

表 2-2　主要工种专业的工作面参考数据

工作项目	每个技工的工作面	说明
砖基础	7.6m/人	以 $1\frac{1}{2}$ 砖计 2 砖乘以 0.8 3 砖乘以 0.55
砌砖墙	8.5m/人	以 1 砖计 $1\frac{1}{2}$ 砖乘以 0.71 2 砖乘以 0.57
毛石墙基	3m/人	以 60cm 计
毛石墙	3.3m/人	以 40cm 计
混凝土柱、墙基础	$8m^2$/人	机拌、机捣
混凝土设备基础	$7m^2$/人	机拌、机捣
现浇钢筋混凝土柱	$2.45m^2$/人	机拌、机捣
现浇钢筋混凝土梁	$3.20m^2$/人	机拌、机捣
现浇钢筋混凝土墙	$5m^2$/人	机拌、机捣
现浇钢筋混凝土楼板	$5.3m^2$/人	机拌、机捣
预制钢筋混凝土柱	$3.6m^2$/人	机拌、机捣
预制钢筋混凝土梁	$3.6m^2$/人	机拌、机捣
预制钢筋混凝土屋架	$2.7m^2$/人	机拌、机捣
预制钢筋混凝土平板、空心板	$1.91m^2$/人	机拌、机捣
预制钢筋混凝土大型屋面板	$2.62m^2$/人	机拌、机捣
混凝土地坪及面层	$40m^2$/人	机拌、机捣
外墙抹灰	$16m^2$/人	
内墙抹灰	$18.5m^2$/人	
卷材屋面	$18.5m^2$/人	
防水水泥砂浆屋面	$16m^2$/人	
门窗安装	$11m^2$/人	

(2) 施工段　为了有效地组织流水施工，通常把拟建工程项目在平面上划分成若干个劳动量大致相等的施工段落，这些施工段落称为施工段。施工段的数目通常用 m 表示，它是流水施工的基本参数之一。

① 划分施工段的目的和原则。划分施工段是组织流水施工的基础，建筑产品体形庞大的固有特征，又为组织流水施工提供了空间条件。可以把一个体形庞大的“单件产品”划分成具有若干个施工段、施工层的“批量产品”，使其满足流水施工的基本要求；在保证工程质量的前提下，为专业工作队确定合理的空间活动范围，使其按流水施工的原理，集中人力和物力，依次地、连续地完成各施工段的任务，为后续专业工作队尽早地提供工作面，达到缩短工期的目的。在不同的分部工程中，施工段的划分可以采用相同或不同的划分办法。同一分部工程中最好采用统一的段数，但也不排除特殊情况，如在单层工业厂房的预制工程中，柱和屋架的施工段划分就不一定相同。

施工段数要适当，段数过多，势必要减少工人数而延长工期；段数过少，又会造成资源供应过分集中，不利于组织流水施工。因此，为了使施工段划分得更科学、更合理，通常应遵循以下原则：

a. 专业工作队在各个施工段上的劳动量要大致相等。

b. 对多层或高层建筑物，施工段的数目要满足合理流水施工组织的要求。

c. 为了充分发挥工人、主导施工机械的生产效率，每个施工段要有足够的工作面，使其所容纳的劳动力人数和机械台数，能满足合理劳动组织的要求。

d. 为了保证拟建工程项目结构整体的完整性，施工段的分界线应尽可能与结构的自然界线（如沉降缝、伸缩缝等）相一致；如果必须将分界线设在墙体中间时，应将其设在对结构整体性影响较小的门窗洞口等部位，以减少留槎，便于修复。

e. 对于多层的拟建工程项目，既要划分施工段，又要划分施工层，以保证相应的专业工作队在施工段与施工层之间，组织有节奏、连续、均衡地流水施工。

② 施工段数（m）与施工过程数（n）之间的关系。

当 $m=n$ 时，各专业工作队可以连续施工，施工段上始终有专业工作队工作，直至全部工作完成。施工段上无停歇时间，是比较理想的流水施工组织方案。

当 $m>n$ 时，各专业工作队仍是连续施工，但在施工段上有停歇，可以组织流水施工。

当 $m<n$ 时，对多层建筑物组织流水施工是不适用的，因专业工作队不能连续施工，有窝工现象。

从上述三种情况我们可以看出，要保证专业工作队能够连续作业，施工段数（m）与施工过程数目（n）之间的关系必须满足 $m \geqslant n$ 的要求。

应该指出，当无层间关系或无施工层（如某些单层建筑物、基础工程等）时，则施工段数不受 $m \geqslant n$ 的限制，可按前述划分施工段的原则进行确定。

(3) 施工层　在组织流水施工时，为了满足专业工作队对操作高度和施工工艺的要求，将拟建工程项目在竖向上划分为若干个操作层，这些操作层称为施工层。施工层一般用 r 来表示。施工层的划分，要根据工程项目的具体情况，如建筑物的高度、楼层等来确定。

2.2.3 时间参数

2.2.3.1 时间参数的概念

在组织流水施工时，用以表达流水施工在时间排序上的参数，称为时间参数。

2.2.3.2 时间参数的类型

时间参数通常包括流水节拍、流水步距、平行搭接时间、技术间歇时间和组织间歇时间五种。

(1) 流水节拍　在组织流水施工时，每个专业工作队在各个施工段上完成相应的施工任务所需的工作延续时间，称为流水节拍，通常用 t_i 来表示。它是流水施工的基本参数之一。

流水节拍的大小，可以反映出流水施工速度的快慢、节奏感的强弱和单位时间内资源消耗量的多少。影响流水节拍数值大小的因素主要有：工程项目施工时所采取的施工方案，各施工段投入的劳动力人数或施工机械台数、工作班次，以及该施工段工程量的多少。为避免专业工作队转移时浪费工时，流水节拍在数值上最好是一个（或半个）台班的整数倍。其数值的确定，可按以下方法进行。

① 定额计算法　这是根据各施工段的工程量、能够投入的资源量（工人数、机械台数和材料量等），按下式进行计算：

$$t_i=\frac{Q_i}{S_iR_iN_i}=\frac{P_i}{R_iN_i} \tag{2-3}$$

或

$$t_i=\frac{Q_iH_i}{R_iN_i}=\frac{P_i}{R_iN_i} \tag{2-4}$$

式中 t_i——某专业工作队在第 i 施工段的流水节拍；

Q_i——某专业工队在第 i 施工段要完成的工程量；

S_i——某专业工作队的计划产量定额；

H_i——某专业工作队的计划时间定额；

R_i——某专业工作队投入的工作人数或机械台数；

N_i——某专业工作队的工作班次；

P_i——某专业工作队在第 i 施工队段需要的劳动量或机械台班数量。

$$P_i = \frac{Q_i}{S_i}(\text{或}\ P = Q_i H_i) \tag{2-5}$$

② 经验估算法　它是依据以往的施工经验进行估算流水节拍的方法。一般为了提高其准确程度，往往先后估算出该流水节拍的最长、最短和正常（即最可能）三种时间，然后据此求出期望时间作为某专业工作队在某施工段上的流水节拍。所以，本法也称为三种时间估算法，其计算公式如下：

$$t_i = \frac{a_i + 4c_i + b_i}{6} \tag{2-6}$$

式中 t_i——某施工过程 i 在某施工段上的流水节拍；

a_i——某施工过程 i 在某施工段上的最短估算时间；

b_i——某施工过程 i 在某施工段上的最长估算时间；

c_i——某施工过程 i 在某施工段上的正常估算时间。

这种方法多用于采用新工艺、新方法和新材料等没有定额可循的工程。

③ 工期计算法　对在规定时间内必须完成的施工项目，往往采用按工期倒排进度法。具体步骤如下：

a. 根据工期倒排进度，确定某施工过程的工作延续时间。

b. 确定某施工过程在某施工段上的流水节拍。若同一施工过程流水节拍不等，则用估算法。

若流水节拍相等，则用下式计算：

$$t_i = \frac{T_i}{m} \tag{2-7}$$

式中 t_i——流水节拍；

T_i——某施工过程 i 的工作持续时间；

m——划分的施工段数。

当施工段数确定后，流水节拍大，则工期相应就长。因此，从理论上讲，总是希望流水节拍越小越好。但实际上由于受工作面的限制，每一施工过程在各施工段上都有最小的流水节拍，其数值可按下式计算：

$$t_{\min} = \frac{A_{\min}\mu}{s} \tag{2-8}$$

式中 $t_{\min}$——某施工过程在某施工段上的最小流水节拍；

$A_{\min}$——每个工人或每台机械所需最小工作面；

μ——单位工作面上的工程量；

s——产量定额。

通过公式算出的最小流水节拍数值，应取整数（或半个工日）的整倍数；根据工期计算的流水节拍，应大于最小流水节拍。

（2）流水步距　在组织流水施工时，相邻两个专业工作队在保证施工顺序、满足连续施工、最大限度地搭接和保证工程质量要求的条件下，相继投入施工的最小时间间隔，称为流水步距。流水步距用 $K_{j,j+1}$ 来表示，它是流水施工的基本参数之一。

如表 2-3 所示的某基础工程，挖土与垫层相继投入第一施工段开始施工的时间间隔为 2 天，即流水步距（本表），其他相邻两个施工过程的流水步距均为 2 天。

表 2-3　流水步距与工期的关系

施工过程名称	施工进度/天									
	1	2	3	4	5	6	7	8	9	10
挖土		①		②						
垫层		K		①		②				
砌基础				K		①		②		
回填土						K		①	②	
	$\sum K=(n-1)K$						$T_1=\sum mt_i$			
	工期 $T=\sum K+T_1$									

从表 2-3 可知，当施工段确定后，流水步距的大小直接影响着工期的长短。如果施工段不变，流水步距越大，则工期越长，反之工期就越短。

表 2-4 和表 2-5 表示流水步距与流水节拍的关系。表 2-4 表示 A、B 两个施工过程分两段施工，流水节拍均为 2 天的情况，此时 $K=2$；表 2-5 表示在工作面允许条件下，各增加一倍的工人，使流水节拍缩小，流水步距的变化情况。

表 2-4　流水步距与流水节拍的关系（a）

施工过程编号	施工进度/天					
	1	2	3	4	5	6
A	①			②		
B		K	①			②

表 2-5　流水步距与流水节拍的关系（b）

施工过程编号	施工进度/天		
	1	2	3
A	①	②	
B	K	①	②

从表 2-4 和表 2-5 可知：当施工段不变时，流水步距随流水节拍的增大而增大，随流水节拍的缩小而缩小。如果人数不变，增加施工段，使每段人数达到饱和，而该段施工持续时间总和不变，则流水节拍和流水步距都相应地会缩小，但工期拖长了，如表 2-6 所示。

从上述几种情况的分析，可以得出确定流水步距应遵循如下几项原则：

① 流水步距要满足相邻两个专业工作队在施工顺序上的相互制约关系。

② 流水步距要保证各专业工作队连续作业。

表 2-6 流水步距、节拍和施工段关系

施工过程编号	施工进度/天				
	1	2	3	4	5
A	①	②	③	④	
B		①	②	③	④

③ 流水步距要保证相邻两个专业工作队在作业时间上最大限度地、合理地搭接。

④ 流水步距的确定要保证工程质量，满足安全生产。

(3) 平行搭接时间　在组织流水施工时，有时为了缩短工期，在工作面允许的条件下，如果前一个专业工作队完成部分施工任务后，能够提前为后一个专业工作队提供工作面，后者提前进入前一个施工段，两个专业工作队在同一施工段上平行搭接施工。这个搭接时间称为平行搭接时间，通常用 $C_{j,j+1}$ 来表示。

(4) 技术间歇时间　在组织流水施工时，除要考虑相邻专业工作队之间的流水步距外，有时根据建筑材料或现浇构件等的工艺性质，还要考虑合理的工艺等待时间，这个等待时间称为技术间歇时间，常用 $Z_{j,j+1}$ 来表示。

(5) 组织间歇时间　在组织流水施工中由于施工组织的原因造成的间歇时间称为组织间歇时间。如墙体砌筑前的墙体位置弹线，施工人员、机械设备转移，回填土前地下管道检查验收等，组织间歇时间用 $G_{j,j+1}$ 来表示。

2.3 流水施工的基本方式

流水施工根据各施工过程时间参数的不同特点，可以分为等节拍专业流水、异节拍专业流水和无节奏专业流水等几种基本方式。

2.3.1 等节拍专业流水

等节拍专业流水是指在组织流水施工时，如果所有的施工过程在各个施工段上的流水节拍彼此相等，这种流水施工组织方式称为等节拍专业流水，也称固定节拍流水或全等节拍流水或同步距流水。它是一种最理想的流水施工组织方式。

2.3.1.1 基本特点

① 流水节拍彼此相等　如果有 n 个施工过程，流水节拍为 t，则：

$$t_1=t_2=\cdots=t_{n-1}=t_n=t(\text{常数}) \tag{2-9}$$

② 流水步距彼此相等，而且等于流水节拍，即：

$$K_{1,2}=K_{2,3}=\cdots=K_{n-1,n}=\cdots=K=t(\text{常数}) \tag{2-10}$$

③ 每个专业工作队都能够连续施工，施工段没有空闲。

④ 专业工作队数（n_1）等于施工过程数（n）。

2.3.1.2 组织步骤

(1) 定施工顺序，分解施工过程。

(2) 确定施工起点流向，划分施工段。

划分施工段时，其数目 m 的确定如下：

① 无层间关系或无施工层时，可取 $m=n$。

② 有层间关系或施工层时，施工段数目以两种情况确定：

a. 无技术和组织间歇时，取 $m=n$。

b. 有技术和组织间歇时，为了保证专业工作队能够连续施工，应取 $m>n$。此时，每层施工段空闲数为 $m-n$，一个空闲施工段的时间为 t，则每层的空闲时间为

$$(m-n)t=(m-n)K \tag{2-11}$$

设一个楼层内各施工过程间的技术、组织间歇时间之和为 $\sum Z_1$；楼层间技术、组织间歇时间为 Z_2，如果每层的 $\sum Z_1$ 均相等，Z_2 也相等，而且为了保证连续施工，施工段上除 $\sum Z_1$ 和 Z_2 外无空闲，则

$$(m-n)K=\sum Z_1+Z_2 \tag{2-12}$$

所以每层的施工段数 m 可按下式确定：

$$m=n+\frac{\sum Z_1}{K}+\frac{Z_2}{K} \tag{2-13}$$

如果每层的 $\sum Z_1$ 不完全相等，Z_2 也不完全相等，应取各层中最大的 $\sum Z_1$ 和 Z_2，并按下式确定施工段数：

$$m=n+\frac{\max\sum Z_1}{K}+\frac{\max Z_2}{K} \tag{2-14}$$

(3) 根据等节拍专业流水要求，确定流水节拍 t 的数值。

(4) 确定流水步距 $K=t$。

(5) 计算流水施工的工期。

① 不分施工层时，工期的计算公式为

$$T=(m+n-1)K+\sum Z_{j,j+1}+\sum G_{j,j+1}-\sum C_{j,j+1} \tag{2-15}$$

式中 T——流水施工总工期；

m——施工段数；

n——施工过程数；

K——流水步距；

j——施工过程编号，$1\leqslant j\leqslant n$；

$Z_{j,j+1}$——j 与 $j+1$ 两个施工过程间的技术间歇时间；

$G_{j,j+1}$——j 与 $j+1$ 两个施工过程间的组织间歇时间；

$C_{j,j+1}$——j 与 $j+1$ 两个施工过程间的平行搭接时间。

② 分施工层时，工期的计算公式为

$$T=(mr+n-1)K+\sum Z_{j,j+1}^1+\sum G_{j,j+1}^1-\sum C_{j,j+1} \tag{2-16}$$

式中 r——施工层数；

$\sum Z_{j,j+1}^1$——第一个施工层内各施工过程之间的技术间歇时间之和；

$\sum G_{j,j+1}^1$——第一个施工层内各施工过程之间的组织间歇时间之和；

其他符号的含义同前。

在公式中，没有二层及二层以上的 $\sum Z_1$ 和 Z_2，是因为它们均已包括在式中的 m、r、t 项内，如表 2-7 所示。

表 2-7 分层并有技术、组织间歇时间的等节拍专业流水进度表

施工层	施工过程编号	1	2	3	4	5	6	7	8	9	10	11	12	13	14	15	16
1	Ⅰ	①	②	③	④	⑤	⑥										
	Ⅱ		①	②	③	④	⑤	⑥									
	Ⅲ			①	②	③	④	⑤	⑥								
	Ⅳ				Z_1	①	②	③	④	⑤	⑥						
2	Ⅰ						Z_2	①	②	③	④	⑤	⑥				
	Ⅱ								①	②	③	④	⑤	⑥			
	Ⅲ									Z_1	①	②	③	④	⑤	⑥	
	Ⅳ											①	②	③	④	⑤	⑥
		$(n-1)K+Z_1$				mrt											

(6) 绘制流水施工指示图表。

2.3.1.3 应用举例

【例 2-2】 某分部工程由四个分项工程所组成，流水节拍均为 2 天，无技术、组织间歇时间。试确定流水步距，计算工期并绘流水施工进度表。

解 由已知条件 $t_1=t=2$ 天，本分部工程宜组织等节拍专业流水。

(1) 确定流水步距 由等节拍专业流水特点知：

$$K=t=2(\text{天})$$

(2) 确定施工段数 根据题意：$m=n=4$

(3) 计算工期

$$T=(m+n-1)\cdot K+\sum Z_{j,j+1}+\sum G_{j,j+1}-\sum C_{j,j+1}$$

$$T=(4+4-1)\times 2+0+0-0=14\ (\text{天})$$

(4) 绘制流水施工进度表（如表 2-8 所示）。

表 2-8 等节拍专业流水施工进度计划

分项工程编号	2	4	6	8	10	12	14
A	①	②	③	④			
B	K	①	②	③	④		
C		K	①	②	③	④	
D			K	①	②	③	④
	$T=(4+4-1)\times 2=14$						

【例 2-3】 某项目由Ⅰ、Ⅱ、Ⅲ、Ⅳ四个施工过程所组成。划分两个施工层组织流水施工。施工过程Ⅱ完成后需养护1天，下一个施工过程才能施工，层间技术间歇为1天，流水节拍均为1天。为了保证工作队连续作业，试确定施工段数，计算工期，绘制流水施工进度表。

解 由已知条件 $t_1=t=1$ 天，本项目宜组织等节拍专业流水。

(1) 确定流水步距 由等节拍专业流水特点知：

$$K=t=1(\text{天})$$

(2) 确定施工段数 因该项目分两层施工，其施工段数确定公式为

$$m=n+\frac{\sum Z_1}{K}+\frac{Z_2}{K}=4+\frac{1}{1}+\frac{1}{1}=6$$

(3) 计算工期

$$T=(mr+n-1)K+\sum Z_{j,j+1}^{1}+\sum G_{j,j+1}^{1}-\sum C_{j,j+1}$$

$$T=(6\times2+4-1)\times1+1-0=16(\text{天})$$

(4) 绘制流水施工进度表（表 2-9）

表 2-9 分层并有技术、组织间歇时间的等节拍专业流水进度表

施工层	施工过程编号	施工进度/天															
		1	2	3	4	5	6	7	8	9	10	11	12	13	14	15	16
1	Ⅰ	①	②	③	④	⑤	⑥										
	Ⅱ		①	②	③	④	⑤	⑥									
	Ⅲ				①	②	③	④	⑤	⑥							
	Ⅳ					①	②	③	④	⑤	⑥						
2	Ⅰ							①	②	③	④	⑤	⑥				
	Ⅱ								①	②	③	④	⑤	⑥			
	Ⅲ										①	②	③	④	⑤	⑥	
	Ⅳ											①	②	③	④	⑤	⑥

2.3.2 异节拍专业流水

异节拍专业流水是指在组织流水施工时，如果同一施工过程在各施工段上的流水节拍彼此相等，不同施工过程在同一施工段上的流水节拍彼此不等而且均为某一常数的整数倍的流水施工组织方式，称为异节拍专业流水，也称为成倍节拍专业流水。有时，为了加快流水施工速度，在资源供应满足的前提下，对流水节拍长的施工过程，组织几个同工种的专业工作队来完成同一施工过程在不同施工段上的作业任务，从而就形成了一个工期最短的、类似于等节拍专业流水的等步距的异节拍专业流水施工方案。这里主要讨论等步距的异节拍专业流水。

2.3.2.1 基本特点

① 同一施工过程在各施工段上的流水节拍彼此相等，不同的施工过程在同一施工段上的流水节拍彼此不等，但均为某一常数的整数倍。

② 流水步距彼此相等，且等于流水节拍的最大公约数。

③ 各专业工作队能够保证连续施工，施工段没有空闲。

④ 专业工作队数大于施工过程数，即 $n_1>n$。

2.3.2.2 组织步骤

① 确定施工顺序，分解施工过程。

② 确定施工起点、流向，划分施工段。

划分施工段时，其数目 m 的确定如下：

a. 不分施工层时，可按划分施工段的原则确定施工段数目。

b. 分施工层时，每层的施工段数可按下式确定

$$m=n_1+\frac{\max\sum Z_1}{K_b}+\frac{\max\sum Z_2}{K_b} \tag{2-17}$$

式中 n_1——专业工作队总数；

K_b——等步距异节拍专业流水的流水步距；

其他符号含义同前。

③ 按异节拍专业流水确定流水节拍。

④ 确定流水步距，按下式计算：

$$K_b=\text{最大公约数}\{t_1,t_2,\cdots,t_n\} \tag{2-18}$$

⑤ 确定专业工作队数

$$b_j=\frac{t_j}{K_b} \tag{2-19}$$

$$n_1=\sum_{j=1}^{n}b_j \tag{2-20}$$

式中 t_j——施工过程 j 在各施工段上的流水节拍；

b_j——施工过程 j 所要组织的专业工作队数；

j——施工过程编号，$1\leqslant j\leqslant n$。

⑥ 计算总工期

$$T=(mr+n-1)K_b+\sum Z_1-\sum C_{j,j+1} \tag{2-21}$$

式中 r——施工层数；不分层时，$r=1$；分层时，r=实际施工层数。

其他符号含义同前。

⑦ 绘制施工进度表。

2.3.2.3 应用举例

【例 2-4】 某项目由Ⅰ、Ⅱ、Ⅲ三个施工过程组成，流水节拍分别为 2 天、6 天、4 天，试组织等步距的异节拍专业流水施工。

解 (1) 确定流水步距

K_b=最大公约数{2,4,6}=2(天)

(2) 确定专业工作队数

$$b_1=\frac{t_1}{K_b}=\frac{2}{2}\text{ 队}=1\text{ 队}$$

$$b_2=\frac{t_2}{K_b}=\frac{6}{2}\text{ 队}=3\text{ 队}$$

$$b_3=\frac{t_3}{K_b}=\frac{4}{2}\text{ 队}=2\text{ 队}$$

$$n_1=\sum_{j=1}^{3}b_j=(1+3+2)\text{ 队}=6\text{ 队}$$

(3) 确定施工段数　为了使各专业工作队连续施工，取

$m=n_1=6$ (段)

(4) 计算工期

$$T(mr+n-1)K_b+\sum Z_1-\sum C_{j,j+1}$$
$$=(6\times1+6-1)\times2+0-0$$
$$=22\text{ (天)}$$

(5) 编制流水施工进度图，如表 2-10 所示。

表 2-10　等步距异节拍专业流水施工进度表

施工过程编号	工作队	施工进度/天										
		2	4	6	8	10	12	14	16	18	20	22
Ⅰ	Ⅰ	①	②	③	④	⑤	⑥					
Ⅱ	Ⅱa			①			④					
	Ⅱb				②			⑤				
	Ⅱc					③			⑥			
Ⅲ	Ⅲa						①		③		⑤	
	Ⅲb							②		④		⑥

$(n-1)K_b$　　mt　　$T=22$

【例 2-5】 某两层现浇钢筋混凝土工程，施工过程分为安装模板、绑扎钢筋和浇注混凝土。已知每段每层各施工过程流水节拍分别为 $t_{模}=2$ 天，$t_{扎}=2$ 天，$t_{混}=1$ 天。当安装模板专业工作队转移到第二结构层的第一施工段时，需待第一层第一段的混凝土养护 1 天后才能进行。在保证各专业工作队连续施工的条件下，求该工程每层最少的施工段数，并给出流水施工进度图表。

解　根据题意，本工程宜采用等步距异节拍专业流水。

(1) 确定流水步距

$$K_b=\text{最大公约数}\{2,2,1\}=1(\text{天})$$

(2) 确定专业工作队数

$$b_{模}=\frac{t_{模}}{K_b}=\frac{2}{1}\text{队}=2(\text{队})$$

$$b_{扎}=\frac{t_{扎}}{K_b}=\frac{2}{1}\text{队}=2(\text{队})$$

$$b_{混}=\frac{t_{混}}{K_b}=\frac{1}{1}\text{队}=1(\text{队})$$

$$n_1=\sum_{j=1}^{3}b_j=2+2+1\text{队}=5(\text{队})$$

(3) 确定每层的施工段数　为保证专业工作队连续施工，其施工段数可按下式确定

$$m=n_1+\frac{Z_2}{K_b}=5+\frac{1}{1}=6(\text{段})$$

(4) 计算工期

$$T=(mr+n_1-1)K_b+\sum Z_1-\sum C_{j,j+1}$$
$$=(6\times2+5-1)\times1+0-0=16(\text{天})$$

(5) 编制流水施工进度表，如表 2-11 所示。

表 2-11　有两个施工层的流水施工进度表

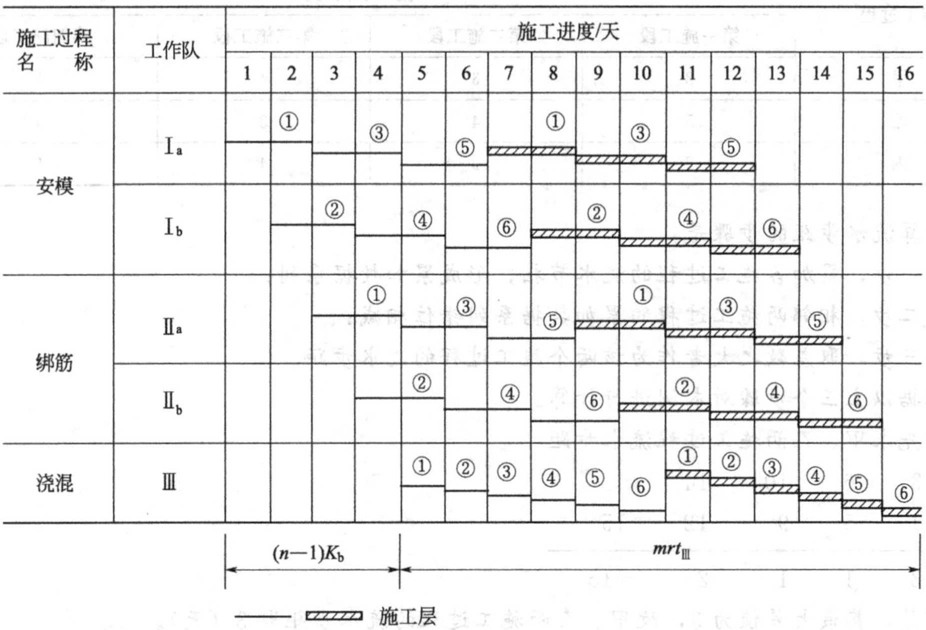

2.3.3　无节奏专业流水

在实际施工中，通常每个施工过程在各个施工段上的工程量彼此不等，各专业工作的生产效率相差较大，导致大多数的流水节拍也彼此不相等，不可能组织等节拍专业流水或异节拍专业流水。在这种情况下，往往利用流水施工的基本概念，在保证施工工艺、满足施工顺序要求的前提下，按照一定的计算方法，确定相邻专业工作队之间的流水步距，使其在开工时间上最大限度地、合理地搭接起来，形成每个专业工作队都能够连续作业的流水施工方式，称为无节奏专业流水，也称分别流水，它是流水施工的普遍形式。

2.3.3.1 基本特点

① 每个施工过程在各个施工段上的流水节拍不尽相等。

② 在多数情况下，流水步距彼此不相等，而且流水步距与流水节拍二者之间存在着某种函数关系。

③ 各专业工作队都能够连续施工，个别施工段可能有空闲。

④ 专业工作队数等于施工过程数，即 $n_1=m$。

2.3.3.2 组织步骤

① 确定施工顺序，分解施工过程。

② 确定施工起点、流向，划分施工段。

③ 确定各施工过程在各个施工段上的流水节拍。

④ 确定相邻两个专业工作队的流水步距。

计算流水步距可用“累加数列错位相减取大差法”。由于它是前苏联专家潘特考夫斯基提出的，所以又称潘氏方法，现举例如下。

【例 2-6】 某工程的流水节拍见表 2-12。

表 2-12 某工程施工的流水节拍

施工过程	流水节拍/天			
	第一施工段	第二施工段	第三施工段	第四施工段
甲	3	3	4	4
乙	5	4	3	3
丙	2	5	4	4

计算流水步距的步骤是：

第一步，累加各施工过程的流水节拍，形成累加数据系列；

第二步，相邻两施工过程的累加数据系列错位相减；

第三步，取差数之大者作为该两个施工过程的流水步距。

根据以上三个步骤对本例进行计算。

首先求甲、乙两施工过程流水步距

```
  3    6    10    14
—)     5    9     12    15
─────────────────────────────
  3    1    1     2     —15
```

可见，其最大差值为 3，故甲、乙两施工过程的流水步距取 3（天）。

同理可求乙、丙两个施工过程的流水步距

```
  5    9    12    15
—)     2    7     11    15
─────────────────────────────
  5    7    5     4     —15
```

故乙、丙两施工过程的流水步距取 7 天。

⑤ 计算流水施工的计划工期

$$T=\sum_{j=1}^{n-1}K_{j,j+1}+\sum_{i=1}^{m}t_i^{Zh}+\Sigma Z+\Sigma G-\Sigma C_{j,j+1} \qquad (2\text{-}22)$$

式中 T——流水施工计划工期；

$K_{j,j+1}$——j 与 $j+1$ 两专业工作队之间的流水步距；

t_i^{Zh}——最后一个施工过程在第 i 个施工段上的流水节拍；

$\sum Z$——技术间歇时间总和，$\sum Z=\sum Z_{j,j+1}+\sum Z_{k,k+1}$；

$\sum Z_{j,j+1}$——相邻两专业工作队 j 与 $j+1$ 之间的技术间歇时间之和（$1\leqslant j\leqslant n-1$）；

$\sum Z_{k,k+1}$——相邻两施工层间的技术间歇时间之和（$1\leqslant k\leqslant r-1$）；

$\sum G$——组织间歇时间之和，$\sum G=\sum G_{j,j+1}+\sum G_{k,k+1}$；

$\sum G_{j,j+1}$——相邻两专业工作队 j 与 $j+1$ 之间的组织间歇时间之和（$1\leqslant j\leqslant n-1$）；

$\sum G_{k,k+1}$——相邻两施工层间的组织间歇时间之和（$1\leqslant k\leqslant r-1$）；

$\sum C_{j,j+1}$——相邻两专业工作队 j 与 $j+1$ 之间的平行搭接时间之和（$1\leqslant j\leqslant n-1$）。

⑥ 绘制流水施工进度表。

2.3.3.3 应用举例

【例 2-7】 某项目经理部拟承建一工程，该工程包括Ⅰ、Ⅱ、Ⅲ、Ⅳ、Ⅴ五个施工过程。施工时在平面上划分成四个施工段，每个施工过程在各个施工段上的流水节拍见表 2-13。规定施工过程Ⅱ完成后，其相应施工段至少要养护 2 天；施工过程Ⅳ完成后，其相应施工段要留有 1 天的准备时间。为了尽早完成，允许施工过程Ⅰ与Ⅱ之间搭接施工 1 天，试编制流水施工方案。

表 2-13 施工过程流水节拍参数表

施工过程 / 流水节拍/天 / 施工段	Ⅰ	Ⅱ	Ⅲ	Ⅳ	Ⅴ
①	3	1	2	4	3
②	2	3	1	2	4
③	2	5	3	3	2
④	4	3	5	3	1

解 根据题设条件，该工程宜组织无节奏专业流水。

(1) 流水节拍累加数列

Ⅰ：3　5　7　11

Ⅱ：1　4　9　12

Ⅲ：2　3　6　11

Ⅳ：4　6　9　12

Ⅴ：3　7　9　10

(2) 确定流水步距

① $K_{\text{Ⅰ},\text{Ⅱ}}$

	3	5	7	11	
−)	1	4	9	12	
	3	4	3	2	−12

所以 $K_{\text{Ⅰ},\text{Ⅱ}}=\max\{3,4,3,2,-12\}=4$（天）

② $K_{\text{Ⅱ},\text{Ⅲ}}$

1　4　9　12

－）　2　3　6　11

1　2　6　6　－11

所以 $K_{\text{Ⅱ},\text{Ⅲ}}=\max\{1,2,6,6,-11\}=6$（天）

③ $K_{\text{Ⅲ},\text{Ⅳ}}$

2　3　6　11

－）　4　6　9　12

2　－1　0　2　－12

所以 $K_{\text{Ⅲ},\text{Ⅳ}}=\max\{2,-1,0,2,-12\}=2$（天）

④ $K_{\text{Ⅳ},\text{Ⅴ}}$

4　6　9　12

－）　3　7　9　10

4　3　2　3　－10

所以 $K_{\text{Ⅳ},\text{Ⅴ}}=\max\{4,3,2,3,-10\}=4$（天）

（3）计算计划工期

$$T=\sum_{j=1}^{n-1}K_{j,j+1}+\sum_{i=1}^{m}t_i^n+\sum Z+\sum G-\sum C_{j,j+1}$$

$$=(4+6+2+4)+(3+4+2+1)+2+1-1=28(\text{天})$$

绘制流水施工进度计划表，如表 2-14 所示。

表 2-14　流水施工进度计划表

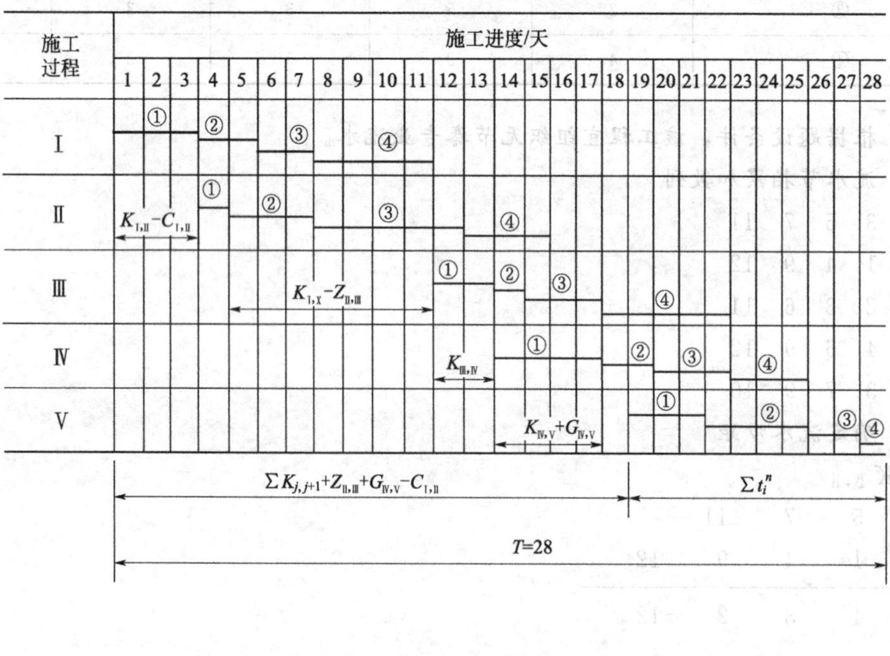

思考题

1. 简述流水施工的概念与特点。
2. 简述流水施工效果。
3. 简述流水施工主要参数的种类。
4. 何谓施工段？ 划分施工段有哪些原则？
5. 何谓流水节拍？ 其数值如何确定？
6. 何谓流水步距？ 其数值的确定应遵循哪些原则？
7. 流水施工的基本方式有哪些？ 分别具有哪些基本特点？
8. 如何组织等节拍专业流水、异节拍专业流水、无节奏专业流水？

习题

1. 某工程包括四项施工过程，各施工过程按最合理的流水施工组织确定的流水节拍为：

（1）$t_1=t_2=t_3=t_4=2$天，并有$Z_{2,3}=1$天，$C_{3,4}=1$天；

（2）$t_1=4$天，$t_2=2$天，$t_3=4$天，$t_4=2$天，并有$Z_{2,3}=2$天。

试分别组织流水施工,绘制出施工进度表。

2. 某工程由 A、B、C 三个分项工程组成，在平面上划分为 6 个施工段。 每个分项工程在各个施工段上的流水节拍均为 4 天。 试编制工期最短的流水施工方案。

3. 某工程由 A、B、C 三个分项工程组成，在平面上划分为 4 个施工段。 每个分项工程在各个施工段上的流水节拍均为 3 天。 施工过程 B 完成后，其相应施工段至少应有技术间歇时间 2 天。 试编制流水施工方案。

4. 某工程项目由三个分项工程组成，划分六个施工段。 各分项工程在各个施工段上的持续时间依次为 6 天、2 天和 4 天。试编制成倍节拍流水施工方案。

5. 试组织某两层框架结构工程的流水施工，并绘制施工进度表。已知：该工程平面尺寸为 17. 40m×144. 14m，沿长度方向每隔 48m 留设伸缩缝一道（缝宽 70mm），已确定的流水节拍分别为：$t_{模}=4$天，$t_{扎}=2$天，$t_{混}=2$天。 第一层混凝土浇筑后要求养护 2 天，才允许在其上支设模板。

6. 某工程包括四项施工过程，根据工程具体情况，可分为四个施工段组织流水施工，每一施工过程在各施工段上的作业时间见表 2-15，若施工过程 Ⅰ、Ⅱ 之间需 1 天技术间歇时间，施工过程 Ⅲ、Ⅳ 之间允许搭接施工 2 天，试组织流水施工，绘制出施工进度表。

表 2-15 流水施工参数表

施工段 施工过程	①	②	③	④
Ⅰ	3	4	3	5
Ⅱ	2	2	4	2
Ⅲ	3	4	2	4
Ⅳ	4	2	2	3

第 3 章　工程网络计划技术

3.1 概　　述

3.1.1　工程网络计划技术的产生和发展

19 世纪中叶，美国人甘特（Gantt）发明了用横道图（也称甘特图）的形式编排进度计划的方法。由于这种方法具有简单、直观、容易理解和掌握等优点，因此很快在建筑界推广，直到目前仍广泛采用。但它在表现内容上存在许多缺点和不足，例如，不能直接地反映各施工过程之间相互联系、相互制约的逻辑关系；不能明确指出任务中的关键工作、关键线路；不适宜采用电子计算机计算手段等。尤其对于规模庞大、工作关系复杂的工程项目，横道图计划法很难“尽如人意”。于是，从 20 世纪 50 年代中期开始，人们着手研究新的计划方法。

1956 年，美国杜邦公司在国家通用电子计算机研究中心的协助下，研究出一种新的计划方法——CPM（Critical Path Method）法，经试用取得了很好的效果。1958 年，美国海军部武器局在编制“北极星导弹”研制计划时，又创造了另一种新的计划方法——PERT（Program Evaluation and Review Technique）法。由于使用了这种计划方法，使该项研制项目进展十分顺利，最后提前 3 年完成，并节约了大量资金。CPM 法和 PERT 法都是采用由箭线、节点组成的网络图形表达进度计划的方法，因此称为网络计划法。

网络计划法产生以后，由于效果极为显著，故而引起了世界性的轰动，各国广泛应用。许多国家制定有推行和应用网络计划技术的政策法规。在 CPM 法和 PERT 法之后，又出现了许多其他网络计划方法，见表 3-1。

表 3-1　网络计划技术类型及发明时间

逻辑关系＼持续时间	肯定型	非肯定型
肯定型	关键线路法(CPM)(1956 年) 搭接网络法(1960 年) 流水网络法(1980 年)	计划评审技术(PERT)(1958 年)
非肯定型	决策树型网络法(1960 年) 决策关键线路法(DCPM)(1960 年)	图示评审技术(GERT)(1966 年) 随机网络技术(QERT)(1979 年) 风险型随机网络(VERT)(1981 年)

20 世纪 60 年代中期，首先由华罗庚教授将网络计划法引入我国。由于网络计划法具有统筹兼顾、合理安排的思想，所以华教授称其为统筹法。在华教授的倡导下，网络计划技术

在各行业尤其是建筑业得到广泛推广和应用。一些大型工程应用网络计划技术取得了良好的效果。20世纪80年代初，国家乃至全国各地建筑行业相继成立了研究和推广工程网络计划技术的组织机构。

我国先后于1991年、1992年颁发了国家标准《工程网络计划技术规程》（JGJ 1001—91）和《网络计划技术》（GB/T 13400.1～3—92），现行版本为《工程网络计划技术规程》（编号改为JGJ/T 121—2015）和《网络计划技术》（GB/T 13400.1～3—2012）。该规程和标准的颁发与实施，使我国进入该领域的世界先进行列。

3.1.2 工程网络计划技术的基础——网络图

工程网络计划技术是采用网络图的形式编制工程进度计划，并在计划实施过程中加以控制，以保证实现预定目标的科学的计划管理技术。

在建设工程进度控制工作中，较多地采用确定型网络计划。确定型网络计划的基本原理是：首先，利用网络图的形式表达一项工程计划方案中各项工作之间的相互关系和先后顺序关系；其次，通过计算找出影响工期的关键线路和关键工作；接着，通过不断调整网络计划，寻求最优方案并付诸实施；最后，在计划实施过程中采取有效措施对其进行控制，以合理使用资源，高效、优质、低耗地完成预定任务。由此可见，网络计划技术不仅是一种科学的计划方法，同时也是一种科学的动态控制方法。

网络图是由箭线和节点组成，用来表示工作流程的有向、有序的网状图形，根据图中箭线和节点所代表的含义不同，可将其分为双代号网络图和单代号网络图。

双代号网络图是以箭线及其两端节点的编号表示工作；同时，节点表示工作的开始或结束以及工作之间的连接状态。在网络图中每个节点都有一个编号。在某一根代表工作的箭线的两端各有一个节点，箭尾节点为工作的开始节点（i），箭头节点为工作的结束节点（j），可以用开始节点（i）和结束节点（j）的编号（$i-j$）作为工作的代号。通常将工作名称写在箭线的上边（或左侧），将工作的持续时间写在箭线的下边（或右侧），如图3-1所示。

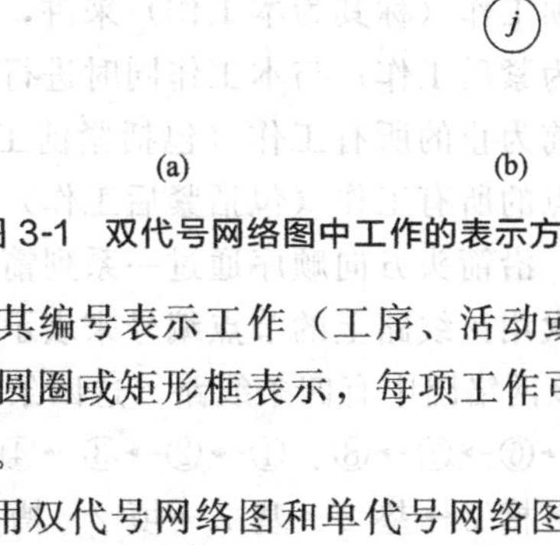

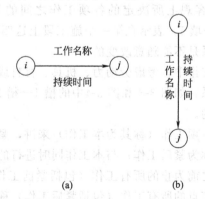

图 3-1 双代号网络图中工作的表示方法

单代号网络图是以节点及其编号表示工作（工序、活动或施工过程），箭线表示工作之间的逻辑关系。工作节点可用圆圈或矩形框表示，每项工作可以用所在节点的编号（i）作为工作的代号，如图3-2所示。

图3-3和图3-4分别为采用双代号网络图和单代号网络图绘制的同一工程局部网络进度计划。

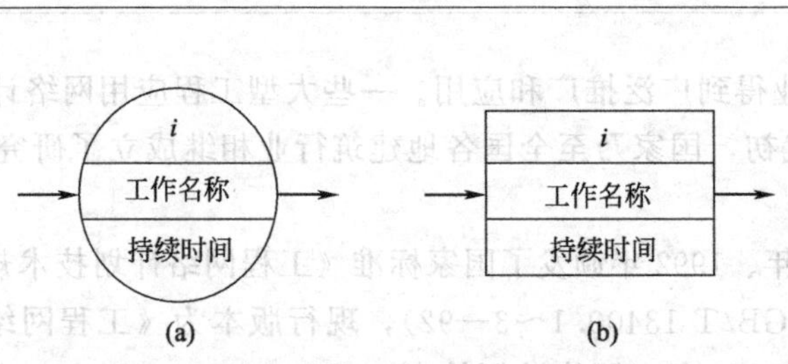

图 3-2　单代号网络图中工作的表示方法

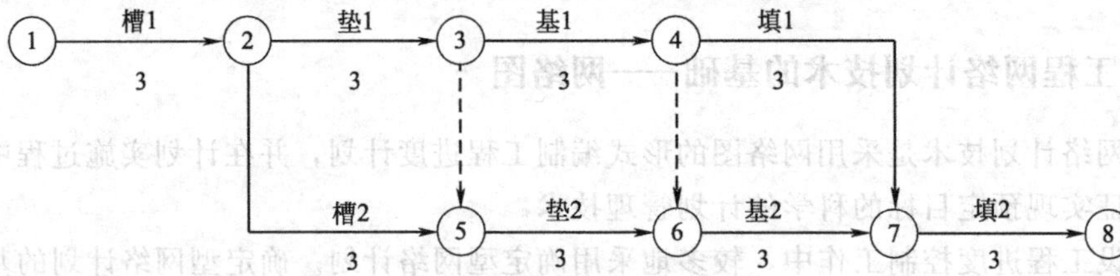

图 3-3　双代号网络进度计划

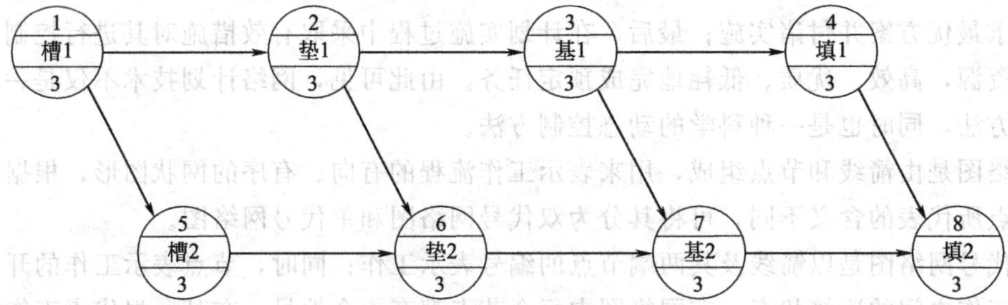

图 3-4　单代号网络进度计划

在网络计划中，各项工作之间的先后顺序关系称为逻辑关系。逻辑关系又分为工艺逻辑关系（简称工艺关系）和组织逻辑关系（简称组织关系）。

工艺关系是由生产工艺客观上所决定的各项工作之间的先后顺序关系，如图 3-3 和图 3-4中的槽 1→垫 1→基 1→填 1，表示在第一个施工段上这四项工作由生产工艺客观上决定的先后顺序关系，这种关系是不能随意改变的。

组织关系是在生产组织安排中，考虑劳动力、机具、材料或工期的影响，在各项工作之间主观上安排的先后顺序关系，如图 3-3 和图 3-4中的槽 1→槽 2、基 1→基 2 等。这种关系是人为安排的，是可以改变的。

在网络图中，相对于某一项工作（称其为本工作）来讲，紧挨在其前边的工作称为紧前工作，紧挨在其后边的工作称为紧后工作；与本工作同时进行的工作称为平行工作；从网络图起点节点开始到达本工作之前为止的所有工作（包括紧前工作）称为本工作的先行工作；从紧后工作到达网络图终点节点的所有工作（包括紧后工作）称为本工作的后续工作。

网络图中从起点节点开始，沿箭头方向顺序通过一系列箭线与节点，最后到达终点节点的通路称为线路。线路既可依次用该线路上的节点编号来表示，也可依次用该线路上的工作名称来表示。如图 3-3 所示，该网络图中有四条线路，这四条线路既可表示为①→②→⑤→⑥→⑦→⑧、①→②→③→⑤→⑥→⑦→⑧、①→②→③→④→⑥→⑦→⑧和①→②→③→④→⑦→⑧，也可表示为槽 1→槽 2→垫 2→基 2→填 2、槽 1→垫 1→垫 2→基 2→填 2、槽 1→垫 1→基 1→基 2→填 2 和槽 1→垫 1→基 1→填 1→填 2。

箭线、节点、线路是构成网络图的三个基本要素。

3.1.3　工程网络计划的分类

工程网络计划可按如下几种方法分类。

3.1.3.1　按网络计划的编制对象划分

（1）总体网络计划　总体网络计划是以整个建设项目为对象编制的网络计划，如一座新建工厂、一个建筑群的施工网络计划。

（2）单位工程网络计划　单位工程网络计划是以一个单位工程为对象编制的网络计划，如一幢办公楼、教学楼、住宅楼的施工网络计划。

（3）局部网络计划　局部网络计划是以单位工程中的某一分部工程或某一建设阶段为对象编制的网络计划，如按基础、主体、装饰等不同施工阶段编制或按不同专业编制的网络计划。

3.1.3.2　按网络计划的性质和作用划分

（1）控制性网络计划　控制性网络计划以单位工程网络计划和总体网络计划的形式编制，是上级管理机构指导工作、检查和控制进度计划的依据，也是编制实施性网络计划的依据。

（2）实施性网络计划　实施性网络计划的编制对象为分部工程或者是复杂的分项工程，以局部网络计划的形式编制。它的施工过程划分较细，是管理人员在现场具体指导施工的依据，是控制性进度计划得以实施的基本保证。

3.1.3.3　按网络计划的时间表达方式划分

（1）无时标网络计划　这种网络计划中各项工作的持续时间通常以数字的形式标注在工作箭线（或工作节点）的下边（也称标时网络计划），箭线的长短与持续时间无关。

（2）时标网络计划　这种网络计划是以横坐标为时间坐标，箭线的长度受时间坐标的限制，箭线在时间坐标上的投影长度直接反映工作的持续时间。

3.1.3.4　按工作的逻辑关系和持续时间能否肯定划分

（1）肯定型网络计划　如果网络计划中各项工作之间的逻辑关系是肯定的，各项工作的持续时间也是确定的，而且整个网络计划有确定的工期，这种类型的网络计划就称为肯定型网络计划。

（2）非肯定型网络计划　如果网络计划中各项工作之间的逻辑关系或工作的持续时间是不确定的，整个网络计划的工期也是不确定的，这种类型的网络计划就称为非肯定型网络计划。

3.1.3.5　按网络计划的目标划分

（1）单目标网络计划　只有一个最终目标的网络计划称为单目标网络计划。单目标网络计划只有一个终节点。

（2）多目标网络计划　由若干个独立的最终目标和与其相关的有关工作组成的网络计划称为多目标网络计划，多目标网络计划一般有多个终节点。

此外，按网络计划的图形表达和符号所代表的含义可划分为双代号网络计划、单代号网络计划、流水网络计划、时标网络计划等。

3.2 网络图的绘制

3.2.1 双代号网络图的绘制

3.2.1.1 双代号网络图的绘制规则

在绘制双代号网络图时，一般应遵循以下基本规则。

（1）正确表达各项工作之间的逻辑关系　由于网络图是有向、有序的网状图形，所以必须严格按照工作之间的逻辑关系绘制，这同时也是为保证工程质量和资源优化配置及合理使用所必需的。表 3-2 为网络图中常见的逻辑关系表达方法，其中第（3）栏为双代号网络表达方法，第（4）栏为单代号网络表达方法。

表 3-2　网络图中常见的逻辑关系表达方法

序号	逻辑关系	双代号网络表达方法	单代号网络表达方法
(1)	(2)	(3)	(4)
1	A 完成后进行 B B 完成后进行 C		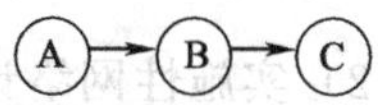
2	A 完成后同时进行 B 和 C	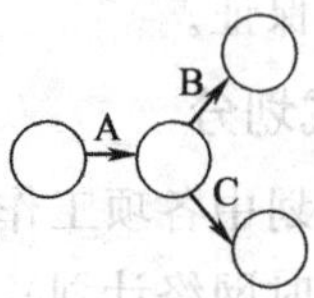	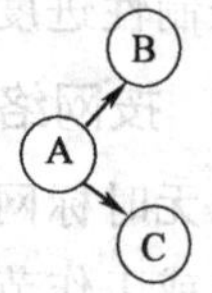
3	A 和 B 都完成后进行 C	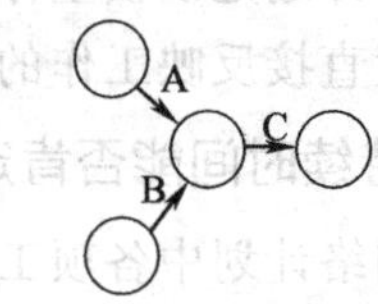	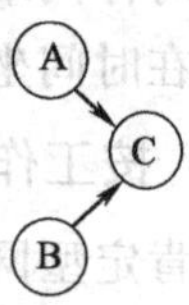
4	A 和 B 都完成后同时进行 C 和 D	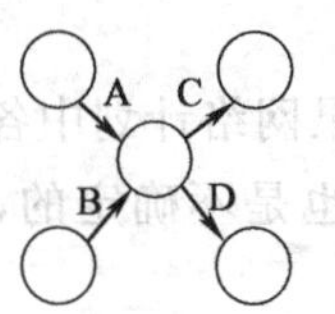	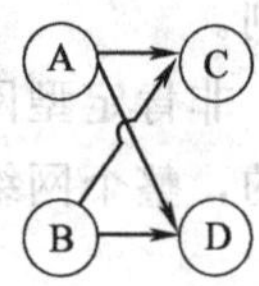
5	A 完成后进行 C A 和 B 完成后进行 D	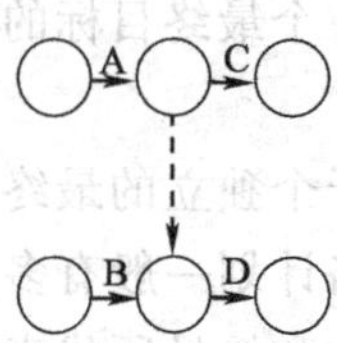	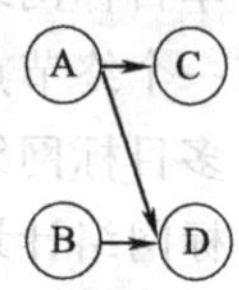

续表

序号	逻辑关系	双代号网络表达方法	单代号网络表达方法
(1)	(2)	(3)	(4)
6	H 的紧前工作为 A 和 B M 的紧前工作为 B 和 C	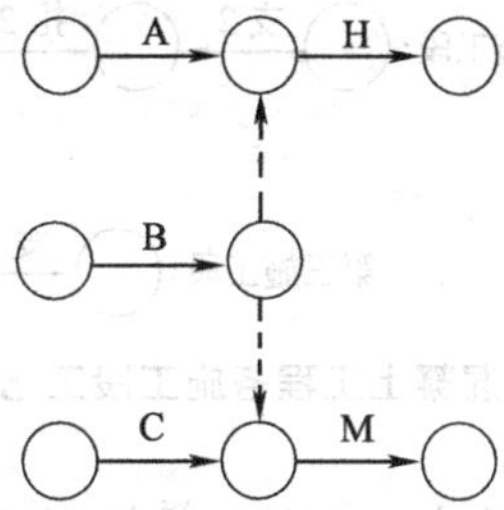	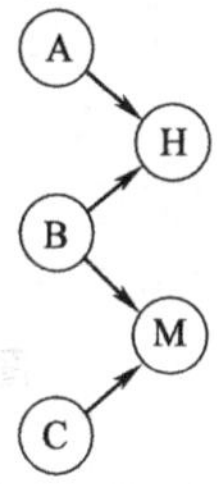
7	M 的紧后工作为 A,B 和 C N 的紧后工作为 B,C 和 D	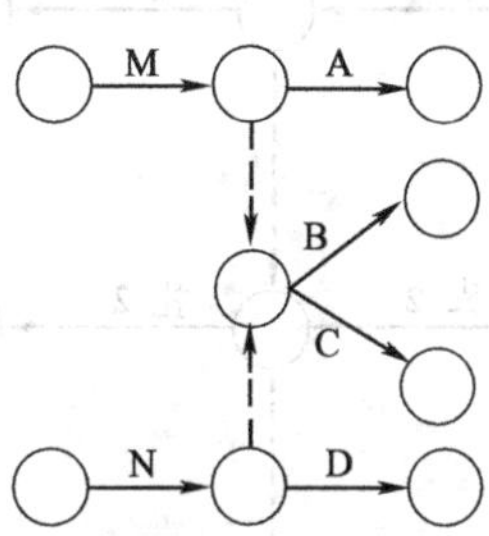	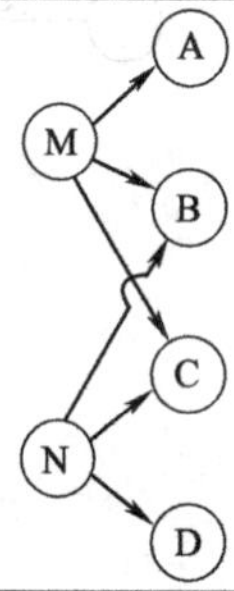

在绘制双代号网络图时，有时为了正确地表达各项工作之间的逻辑关系，可能需要合理使用虚工作。虚工作是既无工作内容，也不需要时间和资源，仅仅是为使各项工作之间的逻辑关系得到正确表达而虚设的工作。虚工作一般用虚箭线或实箭线下边标出持续时间为 0 表示（图 3-5）。在表 3-2 中第 5、第 6、第 7 组逻辑关系的双代号网络表达中就应用了虚工作。虚工作在双代号网络图中既可以将应该连接的工作连接起来，又能够将不应该连接的工作断开。如表 3-2 中第 5 组逻辑关系的双代号表达中的虚工作，既连接了工作 A 和工作 D，又断开了工作 B 和工作 C。

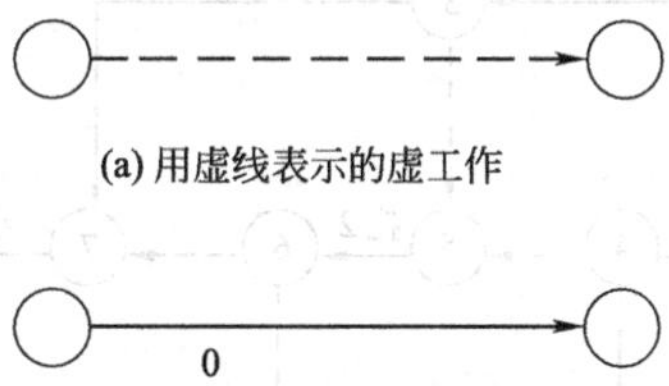

(a) 用虚线表示的虚工作

(b) 用持续时间表示的虚工作

图 3-5　虚工作的表示方法

为了说明虚工作的作用，再举一个例子：设某项钢筋混凝土工程包括支模板、绑扎钢筋和浇筑混凝土三项施工过程，根据施工方案决定分三个施工段流水作业，试绘制双代号网络进度计划。

首先考虑在每一个施工段上，支模板、绑扎钢筋和浇筑混凝土都应按工艺关系依次作业，逻辑关系表达如图 3-6 所示。

再考虑通过增加虚工作的方法，将支模板、绑扎钢筋、浇筑混凝土这三项施工过程在不同施工段上的组织关系连接起来，图 3-6 将变成如图 3-7 所示的双代号网络图。

在图 3-7 中各项工作的工艺关系、组织关系都已连接起来。但是由于扎 1 与扎 2 之间的虚工作的出现，使得支 3 也变成了扎 1 的紧后工作了；扎 3 与浇 1 的关系也是如此。事实

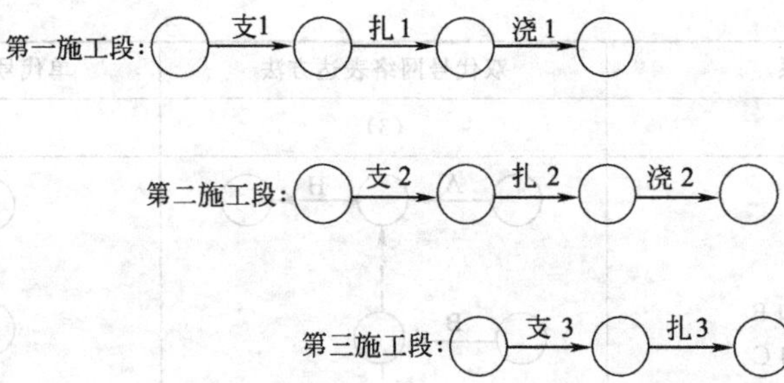

图 3-6 某钢筋混凝土工程各施工段工艺逻辑关系的双代号网络表达

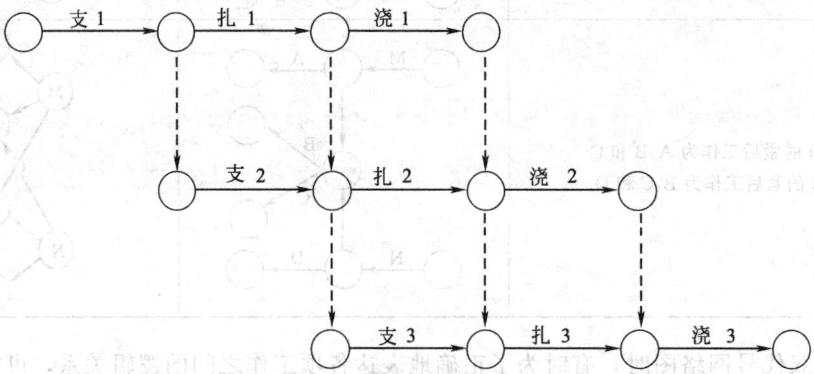

图 3-7 某钢筋混凝土工程双代号施工网络图（逻辑关系表达有错误）

上，支 3 与扎 1 和扎 3 与浇 1 之间既不存在工艺关系，也不存在组织关系，因此图 3-7 是存在逻辑关系表达错误的网络图。应该在支 2 和扎 2 的后边再分别增加一个横向虚工作，将支 3 与扎 1 和扎 3 与浇 1 的连接断开，再将多余的竖向虚工作去掉，形成正确的网络图，如图 3-8 所示。

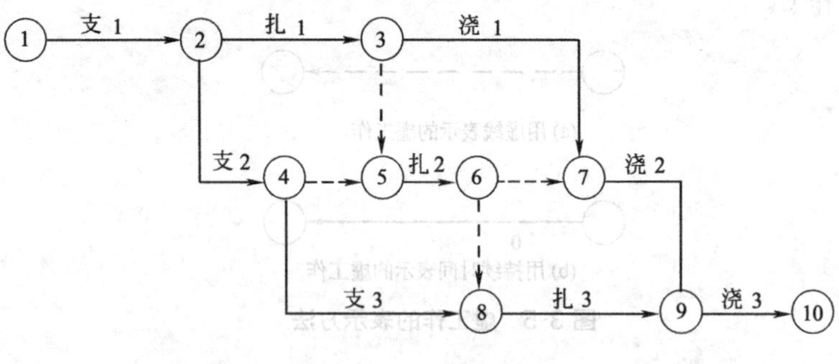

图 3-8 某钢筋混凝土工程双代号施工网络图

（2）网络图中严禁出现从一个节点出发，顺箭头方向又回到原出发点的循环回路。

如图 3-9(a) 所示的网络图中，有两条循环回路。第一条从节点①出发经过节点②和节点④又回到节点①，形成了一个循环回路，第二条从节点②出发经过节点④和节点⑤又回到节点②，形成了另一个循环回路，这在双代号网络图中是不允许的，正确画法如图 3-9(b) 所示。

（3）在网络图中不允许出现带有双向箭头或无箭头的连线。

如图 3-10 所示，(a) 为带有双箭头的连线，(b) 为无箭头的连线，这在双代号网络图

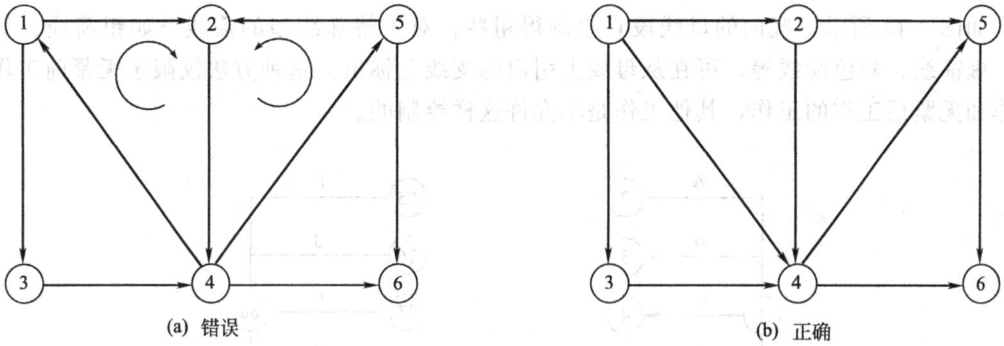

图 3-9　循环回路的画法

中也是不允许的。

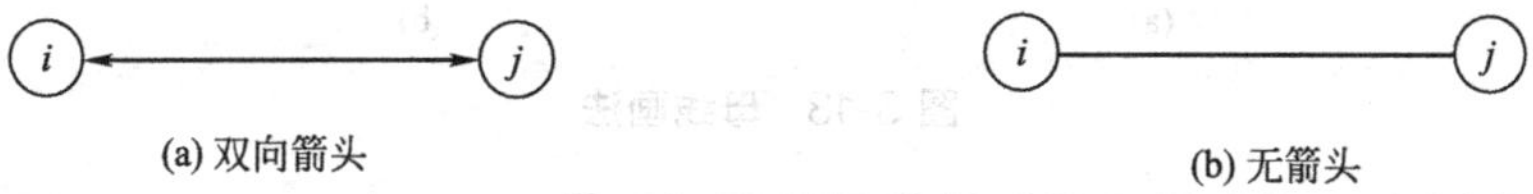

图 3-10　错误的箭线画法

(4) 在网络图中不允许出现没有箭尾节点和没有箭头节点的箭线。

如图 3-11 所示，(a) 为无箭尾节点的箭线；(b) 为无箭头节点的箭线，这样的箭线是没有意义的。

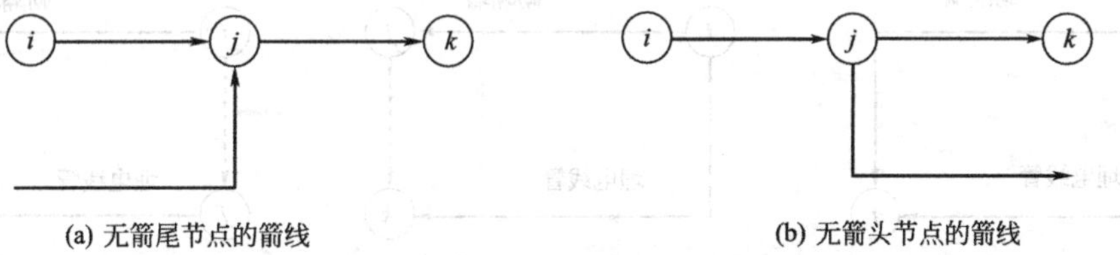

图 3-11　没有箭尾节点和没有箭头节点的箭线

(5) 在一张网络图中，一般只允许出现一个起点节点和一个终点节点（多目标网络计划除外）。

如图 3-12 所示，存在多个起点节点和多个终点节点，这是不允许的。

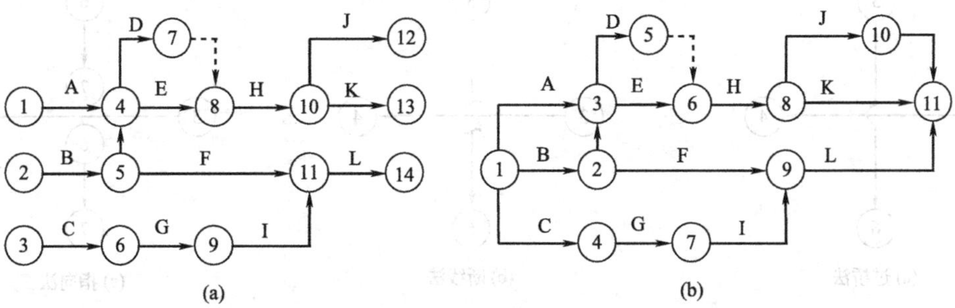

图 3-12　有多个起点节点和多个终点节点的网络图

(6) 当网络图的起点节点有多条外向箭线或终点节点有多条内向箭线时，为使图形简洁，可用母线法绘制，即将多条箭线经一条共用的垂直线段从起点节点引出，或将多条箭线经一条共用的垂直线段引入终点节点。

如图 3-13 所示，竖向的母线段宜绘制得粗些，对于特殊线型的箭线，如粗箭线、双箭线、虚箭线、彩色箭线等，可在从母线上引出的支线上标出。这种方法仅限于无紧前工作的工作和无紧后工作的工作，其他工作是不允许这样绘制的。

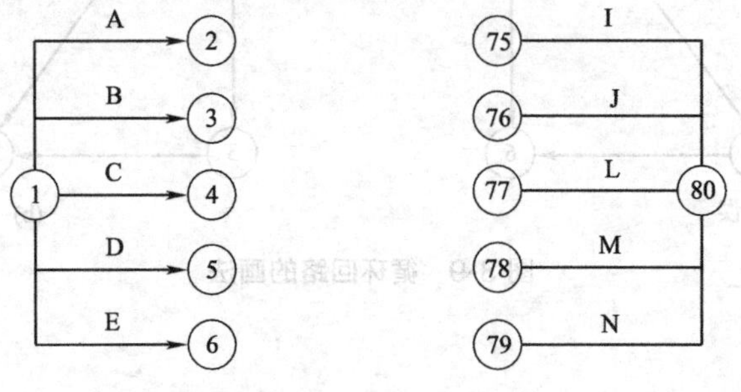

图 3-13 母线画法

（7）在网络图中，不允许出现同样代号的多项工作。

如图 3-14(a) 所示，砌隔墙和埋电线管两项工作有同样的代号，这里是不允许的。如果它们的所有的紧前工作和所有的紧后工作都一样的话，可采用增加一项虚工作的方法来处理，如图 3-14(b)、(c) 所示，这也是虚工作的又一个作用。

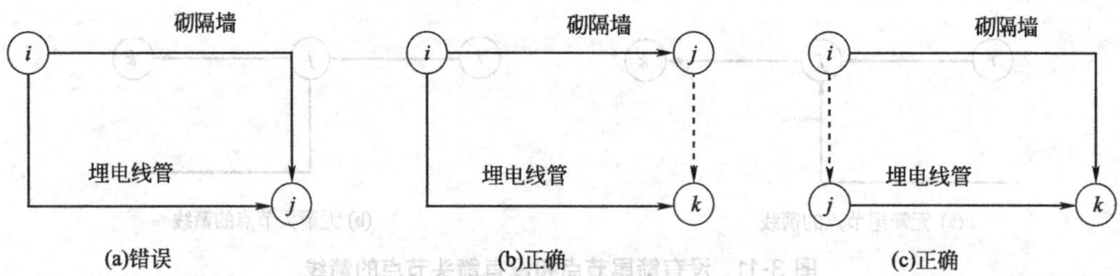

图 3-14 同样代号工作的处理

（8）在网络图中，应尽量避免箭线交叉。当交叉不可避免时，可采用过桥法（暗桥法）、断线法、指向法等方法表示，如图 3-15 所示。

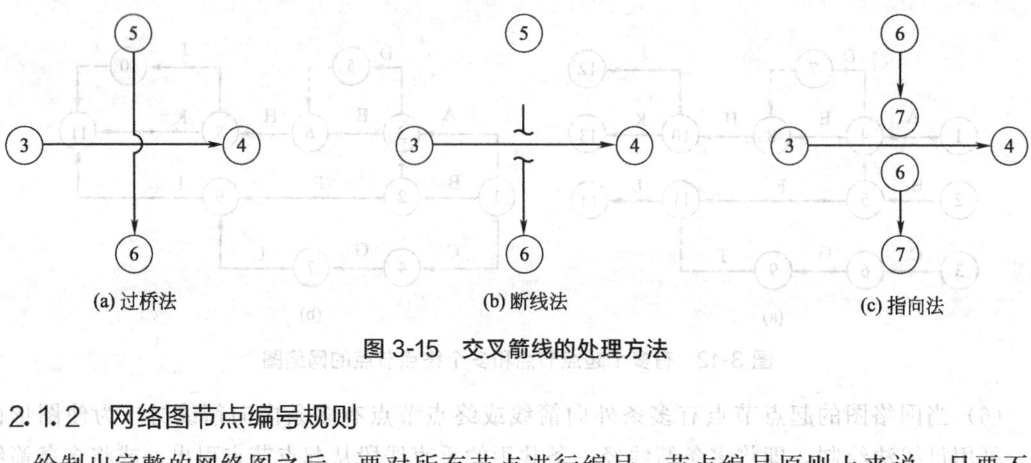

图 3-15 交叉箭线的处理方法

3.2.1.2 网络图节点编号规则

绘制出完整的网络图之后，要对所有节点进行编号。节点编号原则上来说，只要不重复、不漏编，每根箭线的箭头节点编号大于箭尾节点的编号即可。但一般的编号方法是，网络图的第一个节点编号为 1，其他节点编号按自然数从小到大依次连续编排，最后一个节点的编号就是网络图节点的个数。有时也采取不连续编号的方法以留出备用节点号。

3.2.1.3　双代号网络图绘制示例

绘制网络图的一般过程是：①绘制网络图之前，首先收集整理有关该网络计划的资料，明确工作任务划分及其逻辑关系；②根据工作之间的逻辑关系和绘图规则，从起始节点开始，从左到右依次绘制网络计划的草图；③检查各工作之间的逻辑关系是否正确，网络图的绘制是否符合绘图规则；④整理、完善网络图，使网络图条理清楚、层次分明；⑤对网络图各节点进行编号。绘制草图时，主要注意各项工作之间的逻辑关系的正确表达，要正确应用虚工作，使应该连接的工作一定要连接，不应该连接的工作一定要断开；初步绘出的网络图往往都比较凌乱，节点、箭线的位置和形式很难合理，这就需要进行整理，使节点、箭线的位置和形式合理化，保证网络图条理清晰、美观。

【例 3-1】 已知各项工作的逻辑关系见表 3-3，试绘制双代号网络图。

表 3-3　工作逻辑关系表

工作	A	B	C	D	E	F	G	H
紧前工作	—	—	A,B	C	C	E	E	D,G

解　(1) 根据双代号网络图绘制规则制草图，如图 3-16 所示。

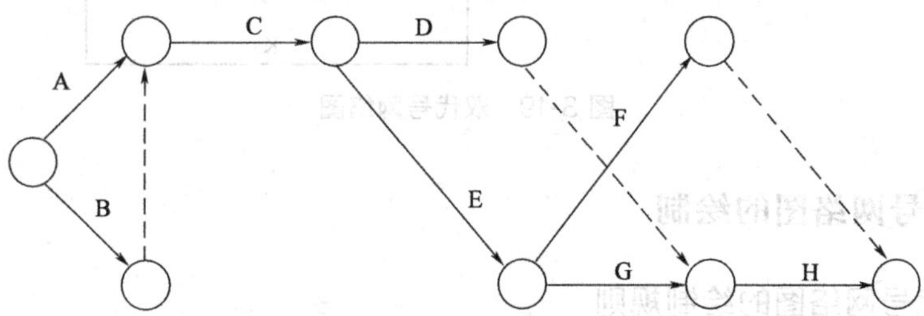

图 3-16　双代号网络图（草图）

(2) 整理成条理清晰、布置合理，避免箭线交叉，无多余虚线和多余节点的网络图，如图 3-17 所示。

(3) 节点编号如图 3-17 所示。

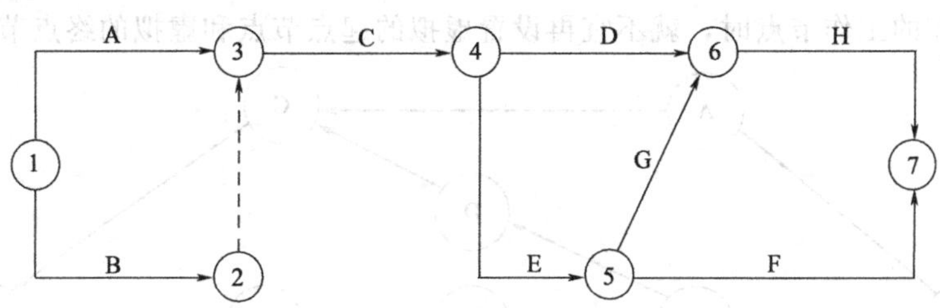

图 3-17　双代号网络图

【例 3-2】 已知各项工作的逻辑关系见表 3-4，试绘制双代号网络图。

表 3-4　工作逻辑关系表

工作	A	B	C	D	E	F	G	H	I	J	K
紧前工作	—	—	B,E	A,C,H	—	B,E	E	F,G	F,G	A,C,I,J	F,G

解 (1) 绘制草图，如图 3-18 所示。

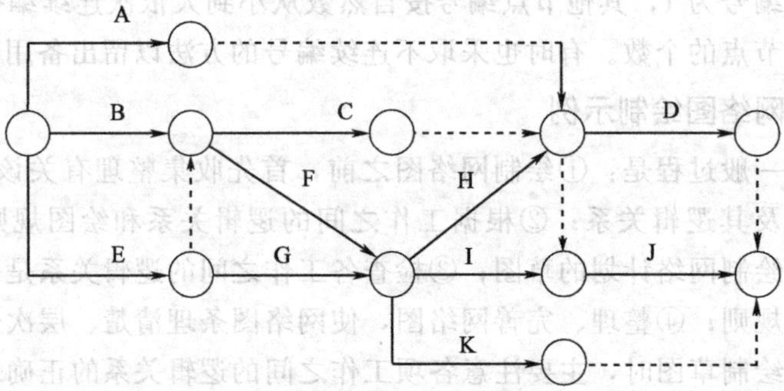

图 3-18 双代号网络图（草图）

(2) 网络图整理并进行节点编号，如图 3-19 所示。

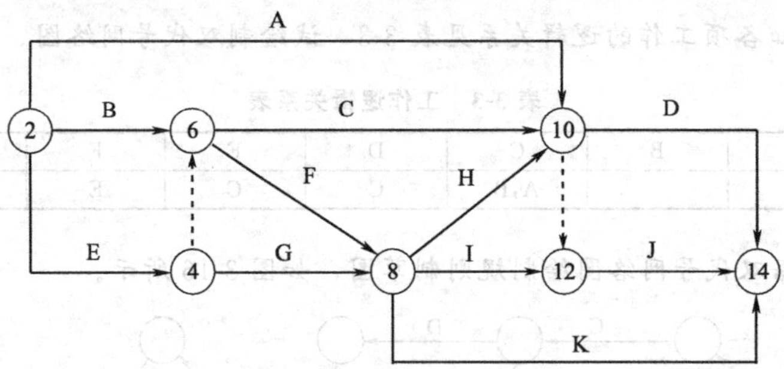

图 3-19 双代号网络图

3.2.2 单代号网络图的绘制

3.2.2.1 单代号网络图的绘制规则

单代号网络图的绘制规则与双代号网络图基本相同。单代号网络图的逻辑关系的表达方法见表 3-2。当网络图中出现多项没有紧前工作的工作节点和多项没有紧后工作的工作节点时，应在网络图的两端分别设置虚拟的起点节点和虚拟的终点节点，如图 3-20 所示。虚拟的起点节点和虚拟的终点节点所需时间为零。当只有一项没有紧前工作的工作节点和只有一项没有紧后工作的工作节点时，就不宜再设置虚拟的起点节点和虚拟的终点节点。

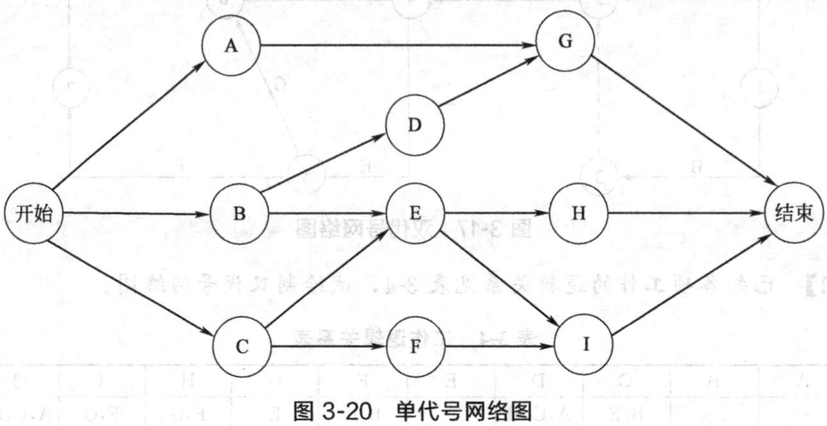

图 3-20 单代号网络图

3.2.2.2 单代号网络图的节点编号规则

与双代号网络图完全相同，不再赘述。

3.2.2.3 单代号网络图绘制示例

单代号网络图绘制的一般过程是，首先按着工作展开的先后顺序绘出表示工作的节点，然后根据逻辑关系，将有紧前、紧后关系的工作节点用箭线连接起来。在单代号网络图中无需引入虚箭线。若绘出的网络图出现多项没有紧前工作的工作节点时，设置一项虚拟的起点节点（ST）；若出现多项没有紧后工作的工作节点时，设置一项虚拟的终点节点（FIN）。

【例 3-3】 已知各项工作的逻辑关系见表 3-3，试绘制单代号网络图。

解 根据表 3-3 所示的各项工作的逻辑关系绘制的单代号网络图如图 3-21 所示。

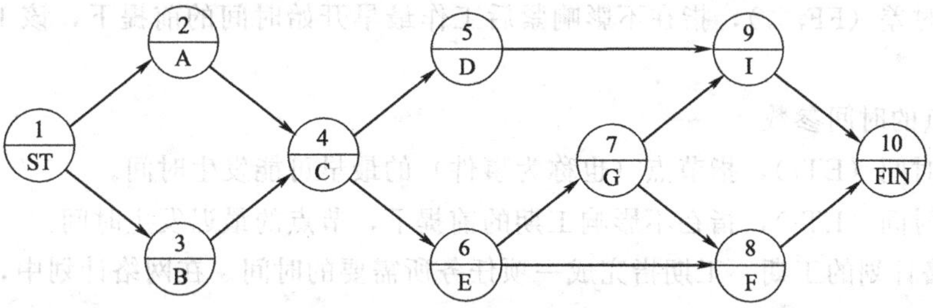

图 3-21 单代号网络图

【例 3-4】 已知各项工作的逻辑关系见表 3-5，试绘制单代号网络图。

表 3-5 工作逻辑关系表

工作代号	A	B	C	D	E	F
持续时间	4	5	6	6	2	5
紧前工作	—	A	A	B、C	C	D

解 根据表 3-5 所示的各项工作的逻辑关系绘制的单代号网络图如图 3-22 所示。

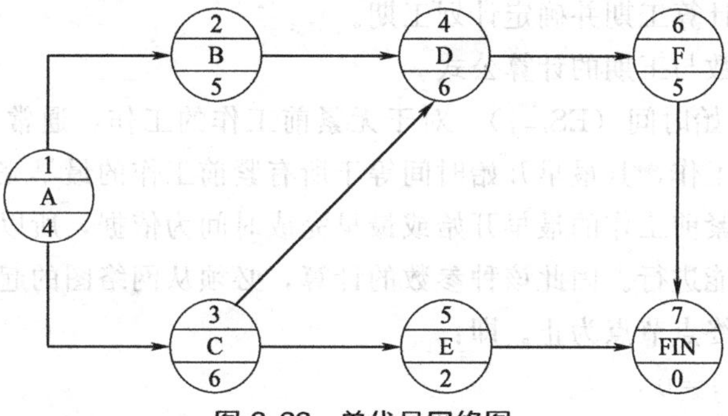

图 3-22 单代号网络图

3.3 网络计划时间参数计算

3.3.1 双代号网络计划时间参数计算

3.3.1.1 双代号网络计划时间参数及其含义

双代号网络计划的时间参数分为如下三类。

(1) 工作的时间参数

① 持续时间（D_{i-j}），指一项工作从开始到完成的时间。

② 最早开始时间（ES_{i-j}），指该工作最早可能开始的时间。它是指紧前工作全都完成，具备了本工作开始的必要条件的最早时刻。

③ 最早完成时间（EF_{i-j}），指该工作最早可能完成的时间。它是指一项工作按最早开始时间开始的情况下，该工作可能完成的最早时刻。

④ 最迟开始时间（LS_{i-j}），指在不影响工期的前提下，该工作最迟必须开始的时间。

⑤ 最迟完成时间（LF_{i-j}），指在不影响工期的前提下，该工作最迟必须完成的时间。

⑥ 总时差（TF_{i-j}），指在不影响工期的前提下，该工作所具有的最大机动时间。

⑦ 自由时差（FF_{i-j}），指在不影响紧后工作最早开始时间的前提下，该工作所具有的机动时间。

(2) 节点的时间参数

① 最早时间（ET_i），指节点（也称为事件）的最早可能发生时间。

② 最迟时间（LT_i），指在不影响工期的前提下，节点的最迟发生时间。

(3) 网络计划的工期　工期指完成一项任务所需要的时间。在网络计划中，工期一般有以下三种：

① 计算工期（T_c），指根据网络计划时间参数计算而得到的工期。

② 计划工期（T_P），指根据要求工期和计算工期所确定的作为计划实施目标的工期。

③ 要求工期（T_r），指合同规定或业主要求、企业上级要求的工期。

3.3.1.2　按工作计算法计算时间参数

所谓按工作计算法，就是以网络计划中的工作为对象，计算各项工作的时间参数，包括最早开始时间、最早完成时间、最迟开始时间、最迟完成时间、总时差和自由时差。此外，还应计算网络计划的计算工期并确定计划工期。

(1) 工作时间参数与工期的计算公式

① 工作的最早开始时间（ES_{i-j}）　对于无紧前工作的工作，通常令其最早开始时间等于零，有紧前工作的工作，其最早开始时间等于所有紧前工作的最早完成时间的最大值。由于最早开始时间是以紧前工作的最早开始或最早完成时间为依据，所以，它的计算必须在各紧前工作都计算后才能进行。因此该种参数的计算，必须从网络图的起点节点开始，顺箭线方向逐项进行，直到终点节点为止。即：

当 $i=1$ 时，$ES_{i-j}=0$ (3-1)

当 $i\neq1$ 时，$ES_{i-j}=\max\{ES_{h-i}+D_{h-i}\}=\max\{EF_{h-i}\}$ (3-2)

式中，$i=1$ 表示该工作的开始节点为网络计划的起点节点；$h-i$ 表示所有本工作 $i-j$ 的紧前工作（下同）。

② 工作的最早完成时间（EF_{i-j}）　工作的最早完成时间等于本工作的最早开始时间与持续时间之和，即：

$$EF_{i-j}=ES_{i-j}+D_{i-j} \quad (3\text{-}3)$$

③ 网络计划的工期。

a. 计算工期（T_c）　网络计划的计算工期等于所有无紧后工作的最早完成时间的最大值，即：

$$T_c = \max\{EF_{i-n}\} \tag{3-4}$$

式中，n 表示网络计划的终点节点（下同）。

b. 计划工期（T_P） 网络计划的计划工期要分两种情况确定，即

当工期无要求时，可令计划工期等于计算工期，即 $T_P = T_c$ (3-5)

当工期有要求时，计划工期不应超过要求工期，即 $T_P \leqslant T_r$ (3-6)

④ 工作的最迟开始时间（LS_{i-j}） 工作的最迟开始时间等于本工作的最迟完成时间减去本工作的持续时间，即：

$$LS_{i-j} = LF_{i-j} - D_{i-j} \tag{3-7}$$

⑤ 工作的最迟完成时间（LF_{i-j}） 工作的最迟完成时间也需要分两种情况计算。对于无紧后工作的工作，其最迟完成时间等于计划工期；而有紧后工作的工作，其最迟完成时间等于所有紧后工作最迟开始时间的最小值，即：

当 $j = n$ 时， $LF_{i-j} = T_P$ (3-8)

当 $j \neq n$ 时， $LF_{i-j} = \min\ \{LS_{j-k}\}$ (3-9)

公式中下角标 $j-k$ 是表示本工作 $i-j$ 的所有紧后工作（下同）。

⑥ 工作的总时差（TF_{i-j}） 工作的总时差等于本工作的最迟开始时间与最早开始时间之差；或本工作的最迟完成时间与最早完成时间之差，即

$$TF_{i-j} = LS_{i-j} - ES_{i-j} \tag{3-10}$$

或 $TF_{i-j} = LF_{i-j} - EF_{i-j}$ (3-11)

⑦ 工作的自由时差（FF_{i-j}）。工作的自由时差也要分两种情况计算。对于无紧后工作的工作，其自由时差等于计划工期减去本工作的最早完成时间；而对于有紧后工作的工作，其自由时差等于所有紧后工作的最早开始时间的最小值减去本工作的最早完成时间，即

当 $j = n$ 时， $FF_{i-j} = T_P - EF_{i-j}$ (3-12)

当 $j \neq n$ 时，$FF_{i-j} = \min\{ES_{j-k}\} - EF_{i-j}$ (3-13)

(2) 用六时标注法计算时间参数 网络计划时间参数计算的方法有分析计算法、图上计算法、表上计算法、电算法等。本书仅介绍图上计算法。

【例 3-5】 下面结合图 3-23 所示的网络计划，介绍采用图上计算的六时标注法计算双代号网络计划的时间参数。此法是利用前面介绍的时间参数计算公式，计算每项工作的最早开始时间、最早完成时间、最迟开始时间、最迟完成时间、总时差、自由时差六个时间参数和网络计划的计算工期、计划工期。六时标注法的图上标注方法如图 3-23 所示。

① 工作的最早开始时间和最早完成时间的计算。这两个时间参数的计算是从网络计划的起点节点开始，自左向右顺箭头方向依次计算，将计算结果标注在每项工作上边 ES_{i-j}、EF_{i-j} 的位置上。计算过程如图 3-24 所示。

② 网络计划工期的计算与确定

$$T_c = \max\{EF_{4-6}, EF_{5-6}\} = \max\{16, 14\} = 16$$

本题无工期要求，令 $T_P = T_c = 16$

将计算和确定的工期标注在网络计划结束节点附近的方框内。

③ 工作的最迟开始时间和最迟完成时间的计算。这两个时间参数的计算是从网络计划的终点节点开始，自右向左逆箭头方向依次计算，将计算结果标注在每项工作上边 LS_{i-j}、LF_{i-j} 的位置上。计算过程如图 3-25 所示。

④ 工作的总时差和自由时差的计算。工作的总时差可以从网络计划的任一部位开始，

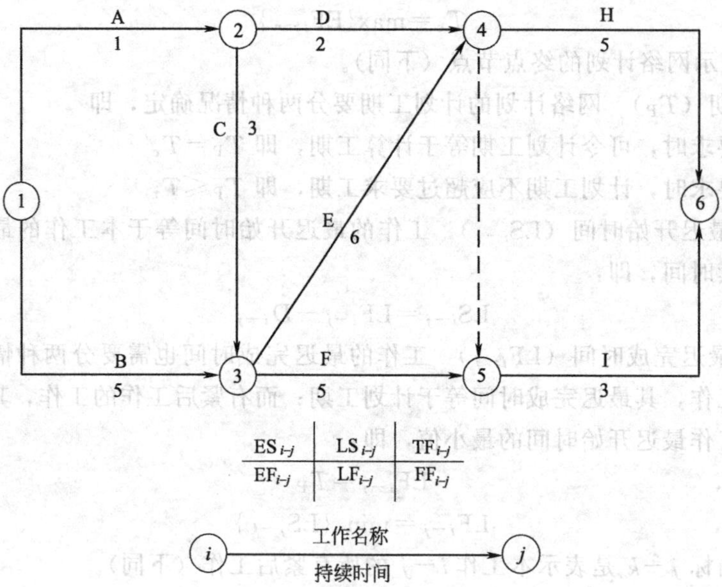

图 3-23 六时标注法的图上标注方法

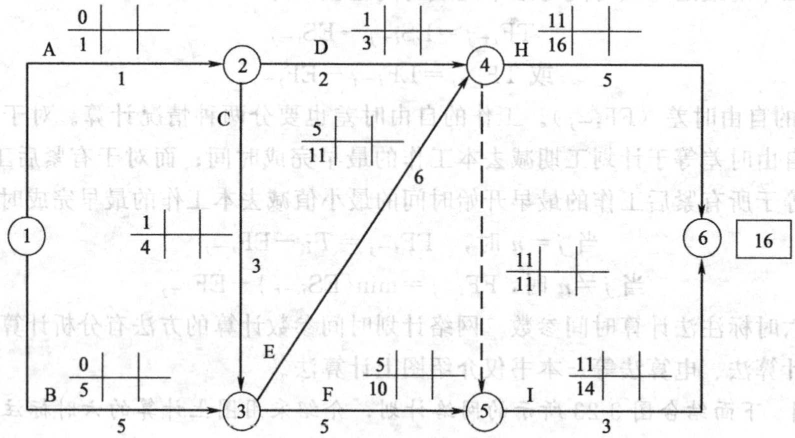

图 3-24 最早开始时间和最早完成时间的计算

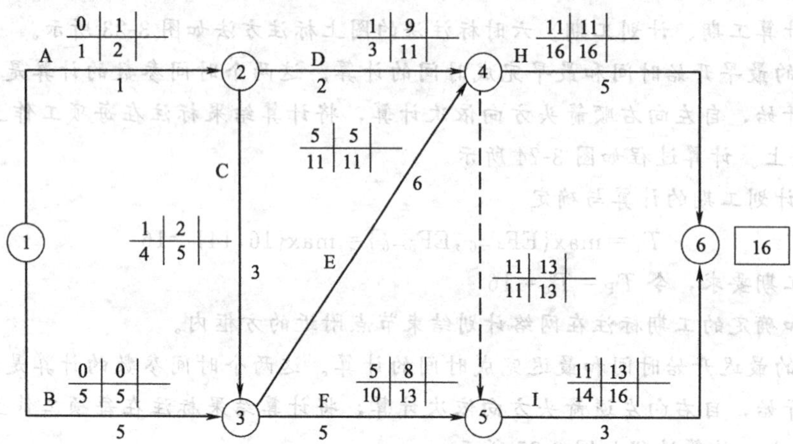

图 3-25 最迟开始时间和最迟完成时间的计算

但一般采用从网络计划的起点节点开始自左向右依次计算，工作的自由时差应从网络计划的终点节点开始自右向左依次计算。将工作的总时差和自由时差的计算结果标注在每项工作上边的 TF_{i-j}、FF_{i-j} 的位置上，至此，时间参数计算工作结束，如图 3-26 所示。

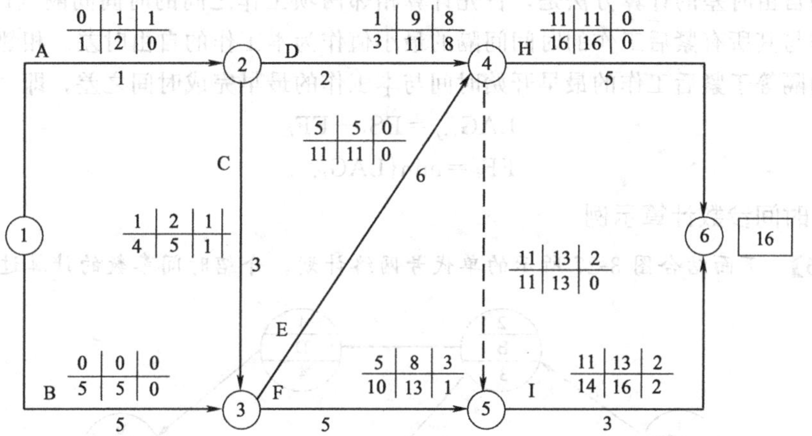

图 3-26 总时差和自由时差的计算

3.3.2 单代号网络计划时间参数计算

3.3.2.1 单代号网络计划时间参数计算公式

单代号网络计划时间参数计算公式与双代号网络计划时间参数计算公式基本相同，只是工作的时间参数的下角标由双角标变为单角标。

（1）工作的最早开始时间（ES_i）

$$\text{当 } i=1 \text{ 时，通常令} \quad ES_i=0 \tag{3-14}$$

$$\text{当 } i\neq 1 \text{ 时，} ES_i=\max\{EF_h\} \tag{3-15}$$

式中，下角标 h 表示本工作的所有紧前工作。

（2）工作的最早完成时间（EF_i）

$$EF_i=ES_i+D_i \tag{3-16}$$

（3）网络计划的工期

$$T_c=EF_n \tag{3-17}$$

式中，n 表示网络计划的终点节点。

当工期无要求时 $$T_P=T_c \tag{3-18}$$

当工期有要求时 $$T_P\leqslant T_r \tag{3-19}$$

（4）工作的最迟开始时间（LS_i）

$$LS_i=LF_i-D_i \tag{3-20}$$

（5）工作的最迟完成时间（LF_i）

当 $i=n$ 时 $$LF_i=T_P \tag{3-21}$$

当 $i\neq n$ 时 $$LF_i=\min\{LS_j\} \tag{3-22}$$

式中，下角标 j 表示本工作的所有紧后工作。

（6）工作的总时差（TF_i）

$$TF_i = LS_i - ES_i \tag{3-23}$$

$$\text{或 } TF_i = LF_i - EF_i \tag{3-24}$$

(7) 工作的自由时差（FF_i）

工作的自由时差的计算方法是，首先计算相邻两项工作之间的时间间隔（$LAG_{i,j}$），然后取本工作与其所有紧后工作的时间间隔的最小值作为本工作的自由时差。相邻两项工作之间的时间间隔等于紧后工作的最早开始时间与本工作的最早完成时间之差，即

$$LAG_{i,j} = ES_j - EF_i \tag{3-25}$$

$$FF_i = \min\{LAG_{i,j}\} \tag{3-26}$$

3.3.2.2 时间参数计算示例

【例 3-6】 下面结合图 3-27 所示的单代号网络计划，介绍时间参数的计算过程和方法。

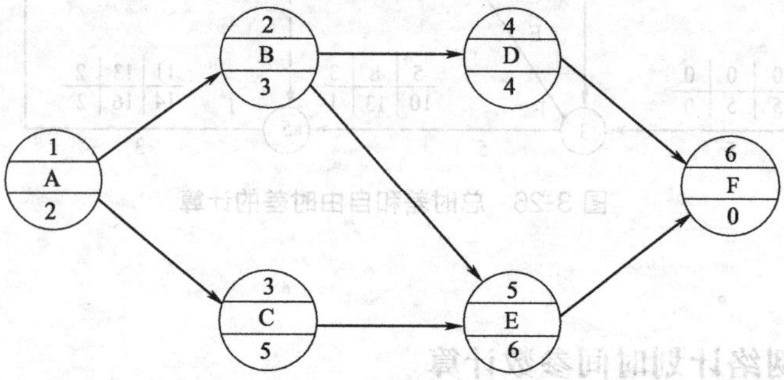

图 3-27 某单代号网络计划

单代号网络计划时间参数的图上标注方法见图 3-28。

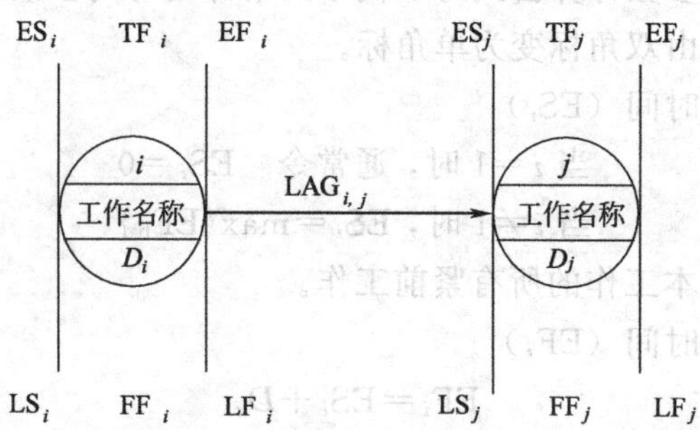

图 3-28 单代号网络计划时间参数图上标注方法之一

(1) 工作的最早开始时间和最早完成时间的计算 这两个时间参数从网络计划的起点节点开始，自左向右依次计算如下：

$ES_1 = 0$

$EF_1 = ES_1 + D_1 = 0 + 2 = 2$

$ES_2 = \max\{EF_1\} = \max\{2\} = 2$

$EF_2 = ES_2 + D_2 = 2 + 3 = 5$

$ES_3 = \max\{EF_1\} = \max\{2\} = 2$

$EF_3 = ES_3 + D_3 = 2 + 5 = 7$

$ES_4 = \max\{EF_2\} = \max\{5\} = 5$

$EF_4 = ES_4 + D_4 = 5 + 4 = 9$

$ES_5=\max\{EF_2,\ EF_3\}=\max\{5,7\}=7$

$EF_5=ES_5+D_5=7+6=13$

$ES_6=\max\{EF_4,EF_5\}=\max\{9,13\}=13$

$EF_6=ES_6+D_6=13+0=13$

(2) 网络计划的工期的计算

$T_c=ET_6=13$

$T_P=T_c=13$

(3) 工作的最迟开始时间与最迟完成时间的计算　这两个时间参数从网络计划的终点节点开始，自右向左依次计算如下：

$LF_6=T_P=13$

$LS_6=LF_6-D_6=13-0=13$

$LF_5=\min\{LS_6\}=\min\{13\}=13$

$LS_5=LF_5-D_5=13-6=7$

$LF_4=\min\{LS_6\}=\min\{13\}=13$

$LS_4=LF_4-D_4=13-4=9$

$LF_3=\min\{LS_5\}=\min\{7\}=7$

$LS_3=LF_3-D_3=7-5=2$

$LF_2=\min\{LS_4,LS_5\}=\min\{9,7\}=7$

$LS_2=LF_2-D_2=7-3=4$

$LF_1=\min\{LS_2,LS_3\}=\min\{4,2\}=2$

$LS_1=LF_1-D_1=2-2=0$

(4) 工作的总时差的计算　工作的总时差一般从网络计划的起点节点开始，自左向右依次计算如下：

$TF_1=LS_1-ES_1=0-0=0$

$TF_2=LS_2-ES_2=4-2=2$

$TF_3=LS_3-ES_3=2-2=0$

$TF_4=LS_4-ES_4=9-4=5$

$TF_5=LS_5-ES_5=7-7=0$

$TF_6=LS_6-ES_6=13-13=0$

(5) 工作的自由时差的计算

从网络计划的终点节点开始，自右向左计算相邻两项工作的时间间隔，当每一项工作与其所有紧后工作的时间间隔计算完毕后，取其最小值为本工作的自由时差，计算过程和方法如下：

$FF_6=0$

$LAG_{5,6}=ES_6-EF_5=13-13=0$

$FF_5=\min\{LAG_{5,6}\}=\min\{0\}=0$

$LAG_{4,6}=ES_6-EF_4=13-9=4$

$FF_4=\min\{LAG_{4,6}\}=\min\{4\}=4$

$LAG_{3,5}=ES_5-EF_3=7-7=0$

$FF_3=\min\{LAG_{3,5}\}=\min\{0\}=0$

$LAG_{2,4}=ES_4-EF_2=5-5=0$

$LAG_{2,5}=ES_5-EF_2=7-5=2$

$FF_2=\min\{LAG_{2,4},LAG_{2,5}\}=\min\{0,2\}=0$

$LAG_{1,2}=ES_2-EF_1=2-2=0$

$LAG_{1,3}=ES_3-EF_1=2-2=0$

$FF_1=\min\{LAG_{1,2},LAG_{1,3}\}=\min\{0,0\}=0$

上述计算结果见图 3-29。

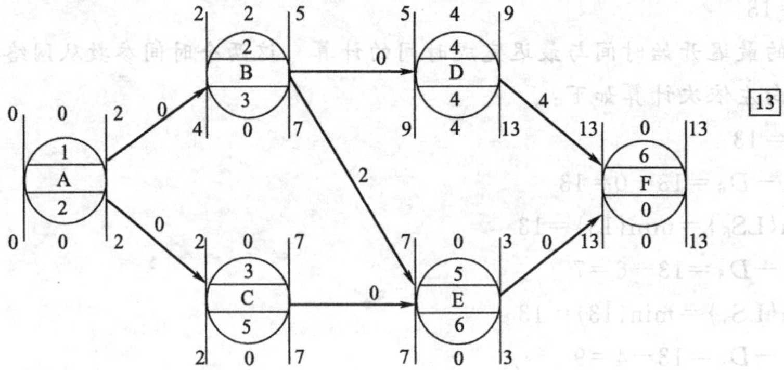

图 3-29 时间参数计算结果

单代号网络计划时间参数的图上标注方法也可采用图 3-30 所示的方法（本书从略）。

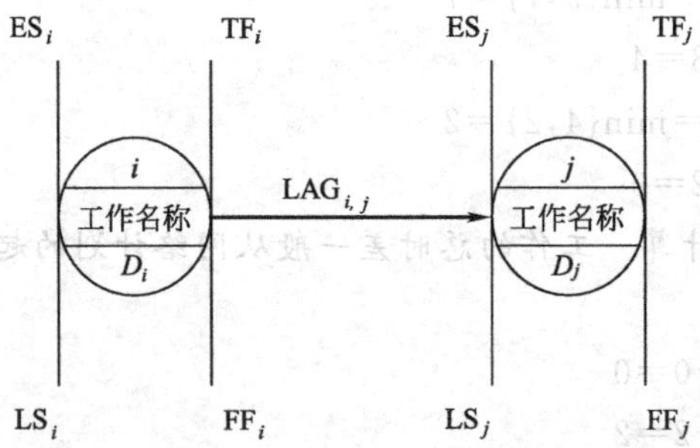

图 3-30 单代号网络计划时间参数图上标注方法之二

3.3.3 关键线路的确定

3.3.3.1 关键工作与关键线路的概念

在网络计划中总时差最小的工作称为关键工作，当网络计划的计划工期等于计算工期时，总时差等于零的工作（即没有机动时间的工作）就是关键工作。

将每条线路所包括的各项工作的持续时间相加，即得每条线路的总持续时间，其中总持续时间最长的线路称为关键线路。

位于关键线路上的工作均为关键工作。或者说，关键线路是由关键工作组成的。在每一个网络计划中，至少存在一条关键线路，也可能存在多条关键线路。关键线路通常应用双线、粗线或彩色线标出。

3.3.3.2 确定关键线路的方法

确定关键线路的方法有多种，本书介绍如下三种。

(1) 比较线路长度法　根据关键线路的概念寻找关键线路的方法。具体做法是，找出网络计划中的所有线路，并比较各条线路的总持续时间长短，其中总持续时间最长的线路即为关键线路。例如，在图 3-26 中，总持续时间最长的线路为①→③→④→⑥（为 16），该条线路即为关键线路。

(2) 计算总时差法　通过对网络计划时间参数的计算，找出总时差最小的工作，这些工作为关键工作，由关键工作组成的线路即为关键线路。例如，在图 3-26 中的①→③、③→④、④→⑥这三项工作的总时差最小（均为零），这三项工作为关键工作，由它们组成的线路即为关键线路。

(3) 标号法　这是直接在网络计划图上寻找关键线路的一种方法。具体做法是，从网络计划的起点节点开始，对每个节点依次标注其源节点和标号值，标注完毕后，从网络计划的终点节点开始，自右向左按源节点寻找出关键线路。网络计划的终点节点的标号值即为计算工期。

节点标号值的确定方法如下。

① 设网络计划的起点节点的标号值为零，即

$$b_1=0 \tag{3-27}$$

② 其他节点的标号值等于该节点的内向工作的开始节点标号值加上内向工作的持续时间之和的最大值，即：

$$b_i=\max\{b_h+D_{h-i}\} \tag{3-28}$$

式中，h 为节点 i 的所有紧前节点。

【例 3-7】 下面以图 3-31 为例，介绍采用标号法寻找关键线路的方法。

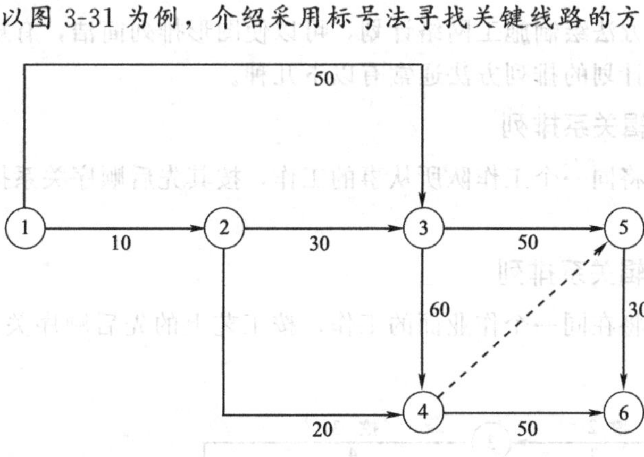

图 3-31　标号法寻找关键线路

$b_1=0$

$b_2=b_1+D_{i-j}=0+10=10$

$b_3=\max(b_2+D_{i-j},b_1+D_{i-j})=\max(10+30,0+50)=50$

$b_4=\max(b_2+D_{i-j},b_3+D_{i-j})=\max(10+20,50+60)=110$

$b_5=\max(b_4+D_{i-j},b_3+D_{i-j})=\max(110+0,50+50)=110$

$b_6=\max(b_4+D_{i-j},b_5+D_{i-j})=\max(110+50,110+30)=160$

通过节点标号法的计算，得出关键线路为：①→③→④→⑥，计算工期为 160 天。

上述计算结果见图 3-32。图中每个节点附近的括号内有两个数值，第一个数值为源节点，第二个数值为标号值。网络计划的终点节点的标号值即为计算工期。从网络计划的终点

节点开始，按源节点寻找出关键线路，如图中双箭线所示。

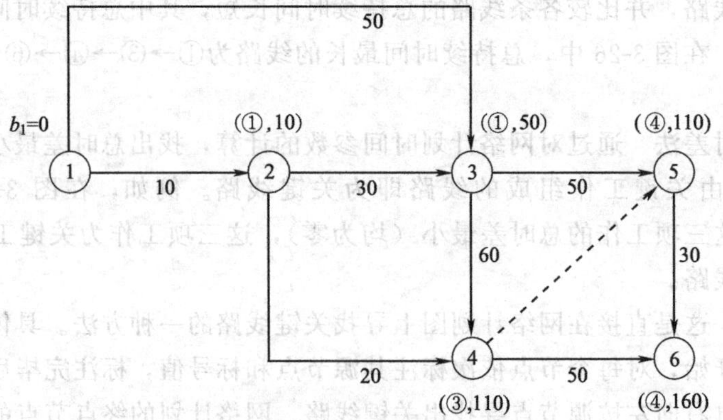

图 3-32　标号法寻找关键线路结果

3.4　建筑工程网络计划

在建筑工程中，网络计划的应用十分广泛，本节主要介绍施工网络计划。

3.4.1　施工网络计划的排列方法

采用恰当的排列方法绘制施工网络计划，可以使图形排列简洁，有规律，避免逻辑关系表达错误。施工网络计划的排列方法通常有以下几种。

3.4.1.1　按组织逻辑关系排列

这种排列方法是将同一个工作队所从事的工作，按其先后顺序关系排列在同一行中，如图 3-33 所示。

3.4.1.2　按工艺逻辑关系排列

这种排列方法是将在同一个作业面的工作，按工艺上的先后顺序关系排列在同一行中，如图 3-34 所示。

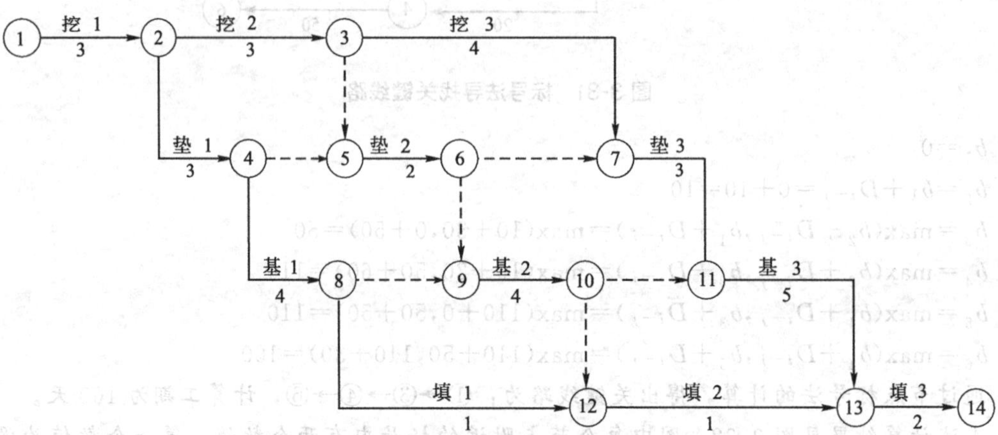

图 3-33　按组织逻辑关系排列的网络计划

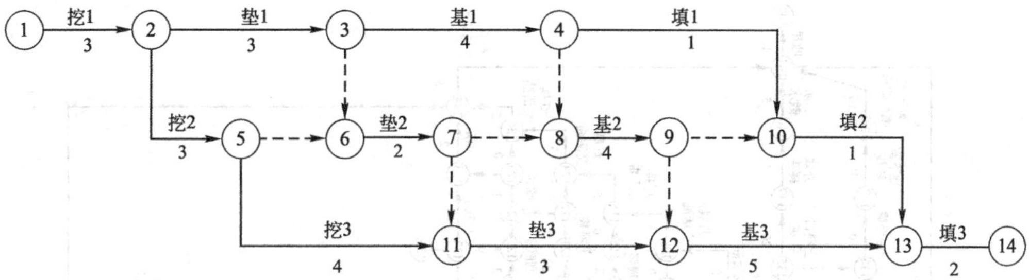

图 3-34　按工艺逻辑关系排列的网络计划

除上述两种基本排列方法外，还可根据具体工程项目的特点，采用其他排列方法编制网络计划，如按混合方式排列、按楼层排列、按分部工程排列、按单位工程排列、按施工单位排列等。

3.4.2　单位工程施工网络计划的编制

单位工程施工网络计划的编制步骤如下。

(1) 熟悉施工图纸，研究原始资料，分析施工情况　通过熟悉图纸，弄清设计规模、建筑构造、结构类型及对工程质量的要求等。通过研究，摸清与工程有关的自然、技术和经济条件，了解劳动力、材料及机械设备使用和供应情况。

(2) 分解施工过程，制定施工方案，确定施工顺序　在制定施工方案和确定施工顺序时，要求尽量争取时间，充分利用空间，均衡使用各种资源，以保证在合同规定的工期内完工。

(3) 确定工作项目　工作项目划分的粗细程度根据各级需要不同而定，供上层管理人员掌握的网络计划，工作可划分得粗一些，以使图面简洁，便于抓住关键；供基层管理人员和作业人员使用的网络计划，工作项目划分要细一些，以便于具体指导施工作业。

对于大型工程和建筑群施工，网络计划宜分级编制，即先编制总体控制性网络计划，然后按单位工程和分部工程编制较详细的实施性网络计划。

(4) 计算工程量、劳动量和（或）机械台班量　工程量是按施工图纸和有关工程量计算规则计算出的实物量。劳动量则是指完成某项工作所需要的工日数。机械台班量是指完成某项工作所需要的某种机械台班数量。劳动量的计算方法见第 2 章相关内容。

(5) 确定工作的持续时间　根据计算出的劳动量和现有作业人员数量即可确定出该工作所需的持续时间，若以机械作业为主的工作，应根据机械台班产量和机械台数确定工作的持续时间。

(6) 绘制初始网络计划　首先根据确定出的工作项目名称及其持续时间和逻辑关系，列出工作项目一览表，然后根据网络图的绘制规则绘制出施工网络进度计划。施工网络进度计划的绘制要注意图面布局整齐、清晰、美观。

(7) 计算网络计划时间参数，确定关键线路　关键线路可用粗线、双线或彩色线表示出来。同时根据绘制出的进度计划统计资源需求量、绘制资源需求动态曲线。

(8) 调整与优化网络计划　根据既定目标的要求和现有约束条件，调整网络计划，直至达到满意的效果。具体调整优化方法见本章 3.6 节。

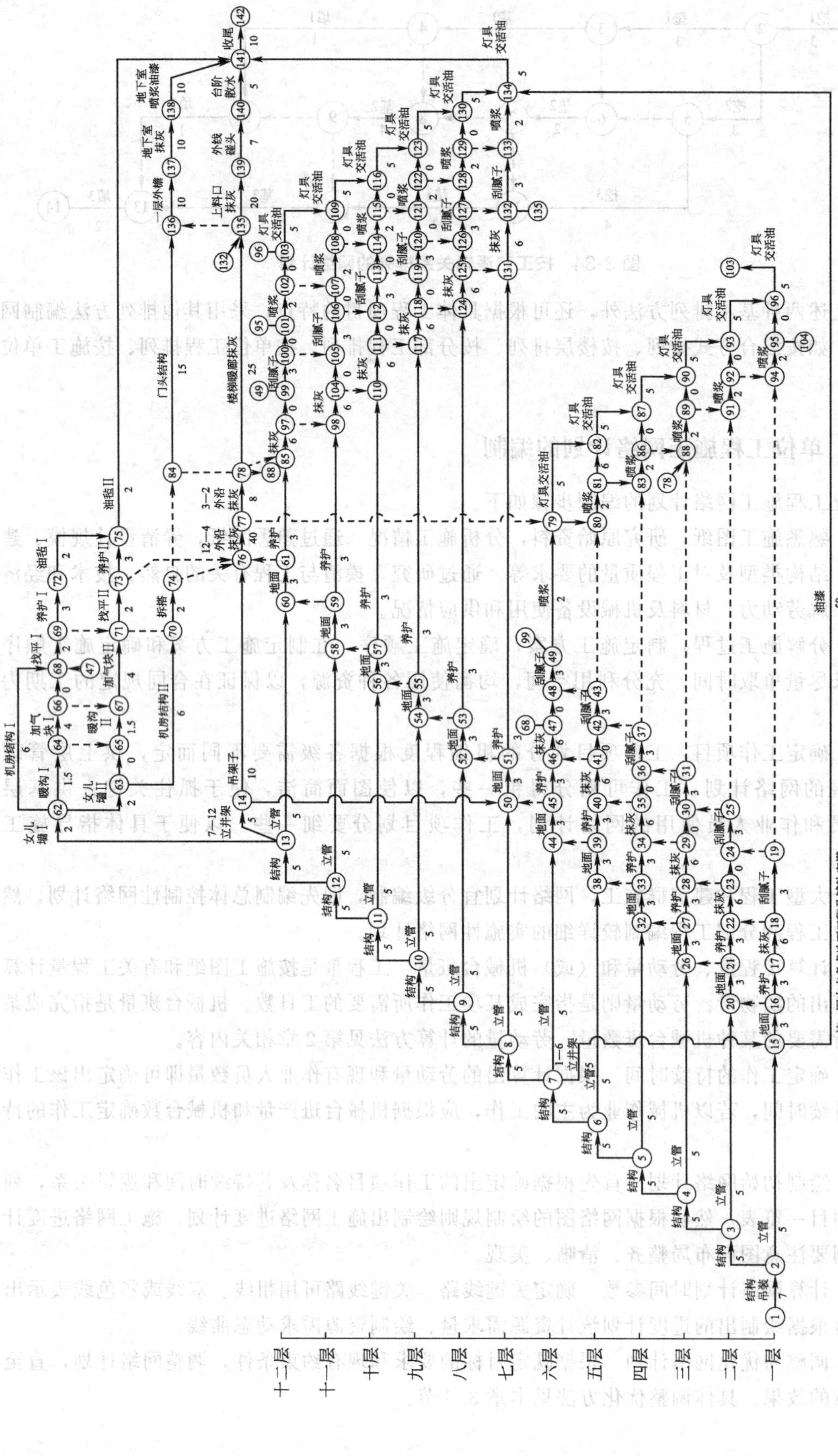

图 3-35 某单位工程施工网络计划

（9）绘制正式的网络计划　将调整优化后的网络进度计划正式绘出，作为控制和指导工程施工的计划文件。某单位工程施工网络计划如图 3-35 所示。

3.4.3　双代号时标网络计划

时标网络计划是以时间坐标为尺度编制的网络计划。它通过箭线的长度及节点的位置，可明确表达工作的持续时间及工作之间恰当的时间关系，是目前工程中常用的一种网络计划形式。

3.4.3.1　绘制方法

（1）绘制时间坐标图表　在图表上，每一格所代表的时间应根据具体计划的需要确定。当计划期较短时，可采用一格代表一天或两天绘制；当计划期较长时，可采用一格代表五天、一周、一旬、一个月等绘制。按自然数（1,2,3,…）排列的时标称为绝对坐标；按年、月、日排列的时标称为日历坐标；按星期排列的时标称为星期坐标。表 3-6 为建筑工程施工时标网络计划的常用时间坐标体系，可根据具体工程需要选择。

表 3-6　常用时间坐标体系示意表

绝对坐标	1	2	3	4	5	6	7	…
日历坐标	6/5	7	8	9	10	11	12	…
星期坐标	三	四	五	六	日	一	二	…

（2）将网络计划绘制到时标图表上　在绘制时标网络计划之前，一般需要先绘制出不带时标的网络计划，然后将其按下列方法绘制到时标图表上，形成时标网络计划。

① 将网络计划的起点节点定位在时标图表的起始时刻上。

② 按工作持续时间的长短，在时标图表上绘制出以网络计划起点节点为开始节点的工作箭线。

③ 其他工作的开始节点必须在该工作的所有紧前工作箭线都绘出后，定位在这些紧前工作箭线最晚到达的时刻线上，某些工作的箭线长度不足以达到该节点时，用波形线补齐。箭头画在波形线与节点连接处。

④ 用上述方法自左向右依次确定其他节点位置，直至网络计划的终点节点定位绘完。网络计划的终点节点是在无紧后工作的工作的箭线全部绘出后，定位在最晚到达的时刻线上。

3.4.3.2　绘制示例

【例 3-8】　试将图 3-36 所示的双代号无时标网络计划绘制成带有绝对坐标、日历坐标、星期坐标的时标网络计划。假定开工日期为 4 月 11 日（星期三），根据有关规定，每星期安排 6 个工作日（即星期日休息）。

解　首先按要求绘制时标图表，然后根据前述方法将图 3-35 所示的双代号无时标网络计划绘制到图表上，见图 3-37。

【例 3-9】　试将图 3-38 所示的双代号无时标网络计划绘制成带有绝对坐标的时标网络计划。

解　绘制过程与方法同例 3-9，结果见图 3-39。

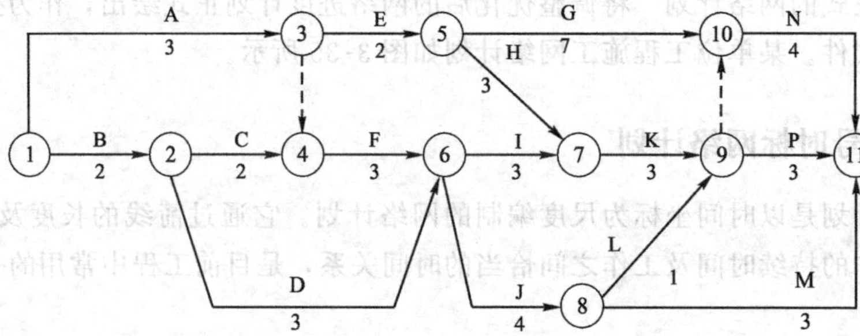

图 3-36　双代号无时标网络计划

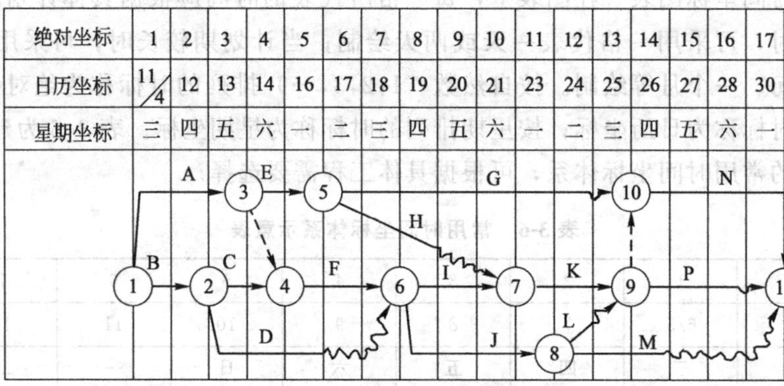

图 3-37　例 3-8 双代号时标网络计划

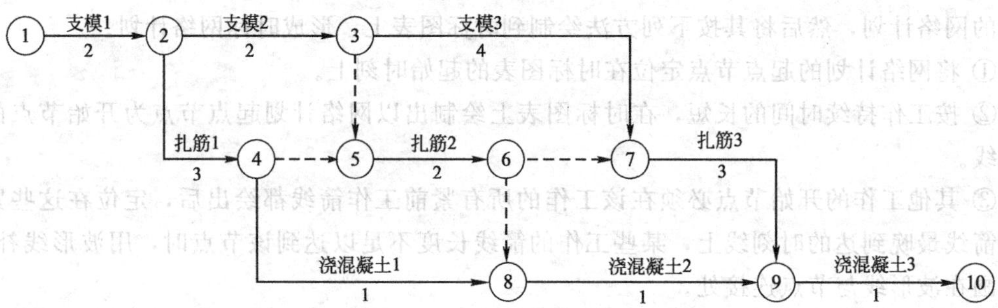

图 3-38　例 3-9 双代号时标网络计划

3.4.3.3　时标网络计划的分析

下面结合图 3-39，对时标网络计划进行几点分析。

（1）虚工作（虚箭线）分析　在网络计划中，各项（实）工作之间的逻辑关系有两种，一种是工艺关系，另一种是组织关系。在绘制双代号网络计划过程中，有时需要引用虚工作（虚箭线）表达这两种连接关系。根据前述的虚工作的概念，它是不需要时间的，而在时标网络计划中，有的虚工作（虚箭线）却占有了时间长度，如图 3-39 中的虚工作（虚箭线）③→⑤和⑥→⑦。连接组织关系的虚工作（虚箭线）占有时间长度，意味着该段时间内作业人员出现停歇（可能是窝工）；连接工艺关系的虚工作（虚箭线）占有时间长度，意味着该段时间内工作面发生空闲。在划分工作面（施工段），安排各项工作的持续时间时，应尽量避免这些现象出现。

（2）时间参数分析

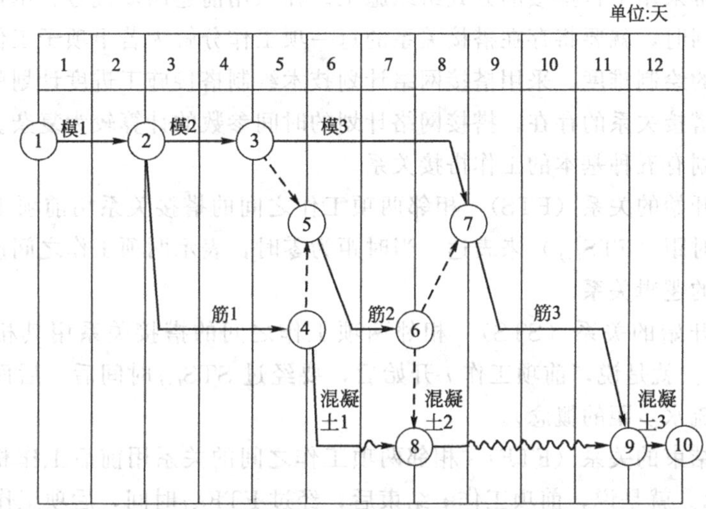

图 3-39　双代号时标网络计划绘制结果

① 网络计划的工期。时标网络计划的终点节点到达的时刻即为网络计划的工期，如图 3-39 中的节点⑩所在的时刻 12，即为工期（即是计划工期，也是计算工期）。

② 节点的时间参数。在按上述绘制方法绘制的双代号时标网络计划中，每个节点的所在时刻即为该节点的最早时间；在不影响工期的前提下，将每个节点最大可能地向右推移(要保持各项工作的持续时间不变)，所能到达的时刻即为该节点的最迟时间，如图 3-39 中，节点⑤的最早时间为 5，最迟时间为 6。

③ 工作的时间参数。在时标网络计划中，每根箭线的水平长度即为它所代表的工作的持续时间。按上述绘制方法绘制的时标网络计划，称为早时标网络计划（即每项工作箭线均按最早时间绘制)。在早时标网络计划中，每项工作开始节点所在的时刻即为该工作的最早开始时间；每根箭线结束点所在的时刻即为该工作的最早完成时间。每项箭线后面的波形线长度即为该工作的自由时差。在不影响工期的前提下，将每项工作箭线最大可能地向后推移之后，该工作箭线的开始时刻即为该工作的最迟开始时间；工作箭线结束点所到的时刻即为该工作的最迟完成时间，每项工作箭线从最早开始时刻到最迟开始时刻之间的距离就是该工作的总时差。如图 3-39 中，工作④→⑧的最早开始时间为 5，最早完成时间为 6，自由时差为 1，最迟开始时间为 9，最迟完成时间为 10，总时差为 4。

(3) 关键线路分析　在早时标网络计划中，不存在波形线（如果有虚工作的话，虚工作箭线不占时间长度）的线路即为关键线路。如图 3-37 中的①→②→④→⑥→⑦→⑨→⑩→⑪和图 3-39 中的①→②→③→⑦→⑨→⑩，即为关键线路。

3.5　搭接网络计划

3.5.1　基本概念

在前述普通双代号、单代号网络计划中，各项工作是按照工艺上、组织上要求的逻辑关系依次进行的。任一项工作必须在其所有紧前工作都完成之后才能进行。但在实际工程中并不都是如此，经常采用平行搭接的方式组织施工。在采用前述的双代号、单代号网络图绘制搭接施工进度计划时，就要将存在搭接关系的每一项工作分解为若干项子工作，这样就会大大增加网络计划的绘制难度。采用搭接网络计划技术绘制搭接施工进度计划就方便得多。但是由于工作之间搭接关系的存在，搭接网络计划的时间参数的计算较为复杂。

搭接网络计划有五种基本的工作搭接关系。

(1) 结束到开始的关系（FTS） 相邻两项工作之间的搭接关系用前项工作结束到后项工作开始之间的时距（$FTS_{i,j}$）来表达。当时距为零时，表示两项工作之间没有间歇，就是普通网络计划中的逻辑关系。

(2) 开始到开始的关系（STS） 相邻两项工作之间的搭接关系用其相继开始的时距（$STS_{i,j}$）来表达。就是说，前项工作 i 开始后，要经过 $STS_{i,j}$ 时间后，后面工作 j 才能开始（即第 2 章的流水步距的概念）。

(3) 结束到结束的关系（FTF） 相邻两项工作之间的关系用前后工作相继结束的时距（$FTF_{i,j}$）来表示。就是说，前项工作 i 结束后，经过 $FTF_{i,j}$ 时间，后项工作 j 才能结束。

(4) 开始到结束的关系（STF） 相邻两项工作之间的关系用前项工作开始到后项工作结束之间的时距（$STF_{i,j}$）来表达。就是说，前项工作 i 开始后，经过 $STF_{i,j}$ 时间，后项工作 j 才能结束。

(5) 混合搭接关系 当两项工作之间同时存在上述四种基本搭接关系中的两种及两种以上关系时，这种具有多重约束的关系，称为“混合搭接关系”。除了常见的 STS 和 FTF 外，还有 STS 和 STF 以及 FTF 和 FTS 等混合搭接关系。由于混合搭接关系的要求，可能会使某项工作出现间歇作业的情况。

表 3-7 为五种基本搭接关系及其在单代号网络计划中的表达方法。

表 3-7 五种基本搭接关系及其在单代号网络计划中的表达方法

搭接关系	横道图表达	时距参数	网络图表达
结束到开始	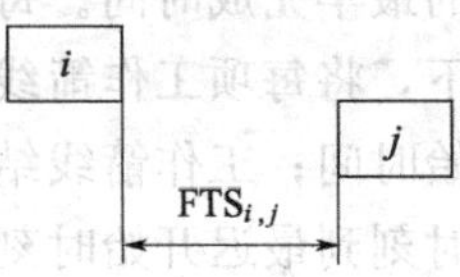	$FTS_{i,j}$	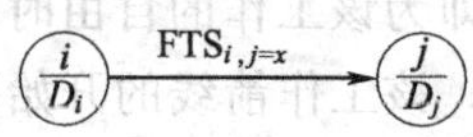
开始到开始	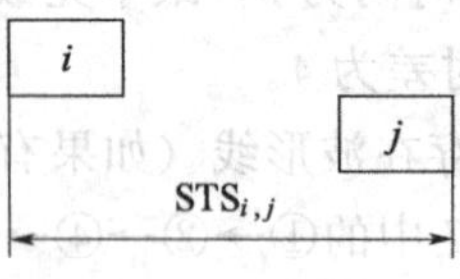	$STS_{i,j}$	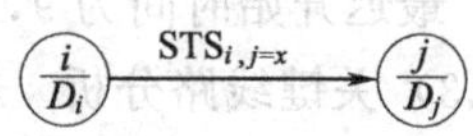
结束到结束	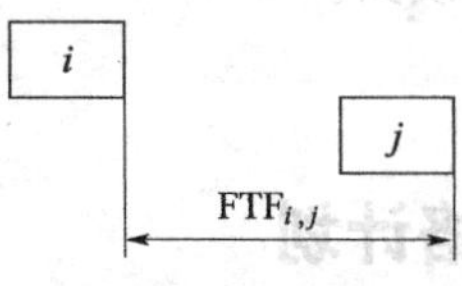	$FTF_{i,j}$	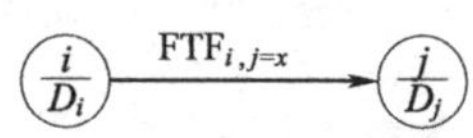
开始到结束	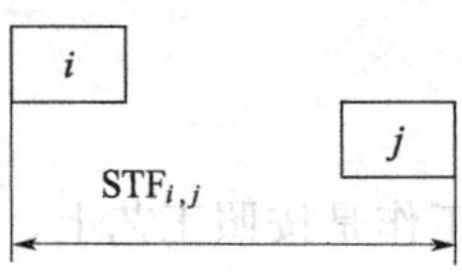	$STF_{i,j}$	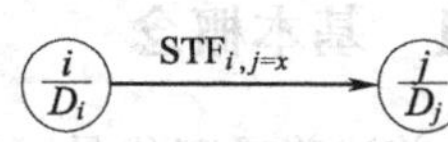

续表

搭接关系	横道图表达	时距参数	网络图表达
混合(以 STS 和 FTF 为例)	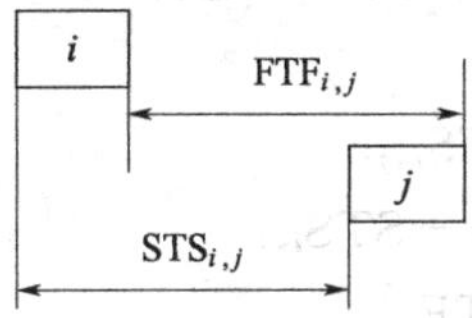	$STS_{i,j}$ $FTF\ i,j$	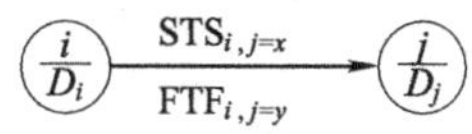

搭接网络计划以单代号网络图的形式表达为多，图 3-37 为某单代号搭接网络计划。

单代号搭接网络图的绘制规则与前述普通单代号网络图基本相同，只是要在图上标注搭接关系。一般情况下，均要在网络计划的两端分别设置虚拟的起点节点工作和虚拟的终点节点工作。

3.5.2 搭接网络计划时间参数计算

3.5.2.1 时间参数计算方法

(1) 工作的最早开始时间（ES_i） 在搭接网络计划中，各项工作的最早开始时间分为两种情况计算。

① 当该工作为虚拟的起点节点时，一般令其最早开始时间等于零，即

$$ES_s=0 \tag{3-29}$$

② 当该工作不是虚拟的起点节点时，根据搭接关系，选择式［3-30(a)］～式［3-30(d)］中的相应公式计算，即

$$ES_j=EF_i+FTS_{i,j} \qquad [3\text{-}30(a)]$$

$$ES_j=ES_i+STS_{i,j} \qquad [3\text{-}30(b)]$$

$$ES_j=EF_i+FTF_{i,j}-D_j \qquad [3\text{-}30(c)]$$

$$ES_j=ES_i+STF_{i,j}-D_j \qquad [3\text{-}30(d)]$$

当该工作与紧前工作不存在搭接关系时，是式［3-30(a)］在 $FTS_{i,j}=0$ 情况下的特例。

当该工作与紧前工作存在多种搭接关系时，取分别计算值的最大值。

某项工作由于与紧前工作存在 $STF_{i,j}$ 关系时，利用式［3-30(d)］计算的结果可能出现小于零的情况，这与网络图只有一个起点节点的规则不符，则应令该工作的最早开始时间等于零，且需用虚箭线将该节点与虚拟开始节点连接起来。

(2) 工作的最早完成时间（EF_i） 该时间参数的计算公式与非搭接网络计划相同，即

$$EF_i=ES_i+D_i \tag{3-31}$$

对于搭接网络计划，由于存在比较复杂的搭接关系，特别是存在着 $STS_{i,j}$ 和 $STF_{i,j}$ 搭接关系时，可能会出现按式(3-31) 计算的某些工作的最早完成时间大于虚拟终点节点的最早完成时间的情况。当出现这种情况时，应令虚拟终点节点的最早开始时间等于网络计划中各项工作的最早完成时间的最大值，并需用虚箭线将该节点与终点节点连接起来。

(3) 网络计划的工期 搭接网络计划的计算工期与计划工期计算和确定方法与前述普通单代号网络计划相同，不再赘述。

(4) 工作的最迟完成时间（LF_i） 搭接网络计划的工作最迟完成时间分两种情况计算。

① 当该工作为虚拟的终点节点时，其最迟完成时间等于计划工期，即

$$LF_F = T_P \tag{3-32}$$

② 当该工作不是虚拟的终点节点时，根据搭接关系，选择式［3-33(a)］～式［3-33(d)］中的相应公式计算，即

$$LF_i = LS_j - FTS_{i,j} \quad [3\text{-}33(a)]$$

$$LF_i = LS_j + D_i - STS_{i,j} \quad [3\text{-}33(b)]$$

$$LF_i = LF_j - FTF_{i,j} \quad [3\text{-}33(c)]$$

$$LF_i = LF_j + D_i - STF_{i,j} \quad [3\text{-}33(d)]$$

当该工作与紧后工作不存在搭接关系时，是式［3-33(a)］在 $FTS_{i,j}=0$ 情况下的特例。

当该工作与紧后工作存在多种搭接关系时，取分别计算值的最小值。

(5) 工作的最迟开始时间（LS_i） 与普通单代号网络计划相同，即

$$LS_i = LF_i - D_i \tag{3-34}$$

(6) 相邻两项工作之间的时间间隔（$LAG_{i,j}$） 在搭接网络计划中，相邻两项工作之间的时间间隔要根据搭接关系选择式［3-35(a)］～式［3-35(d)］中的相应公式计算，即

$$LAG_{i,j} = ES_j - EF_i - FTS_{i,j} \quad [3\text{-}35(a)]$$

$$LAG_{i,j} = ES_j - ES_i - STS_{i,j} \quad [3\text{-}35(b)]$$

$$LAG_{i,j} = EF_j - EF_i - FTF_{i,j} \quad [3\text{-}35(c)]$$

$$LAG_{i,j} = EF_j - ES_i - STF_{i,j} \quad [3\text{-}35(d)]$$

当相邻两项工作不存在搭接关系时，是式（3-35）在 $FTS_{i,j}=0$ 情况下的特例。

当相邻两项工作存在混合搭接关系时则取分别计算值的最小值。

(7) 工作的自由时差（FF_i）和总时差（TF_i） 搭接网络计划中各项工作的自由时差和总时差的计算方法与普通单代号网络计划相同，不再赘述。

3.5.2.2 时间参数计算示例

【例 3-10】 下面结合图 3-40 所示的单代号搭接网络计划，说明时间参数计算过程。

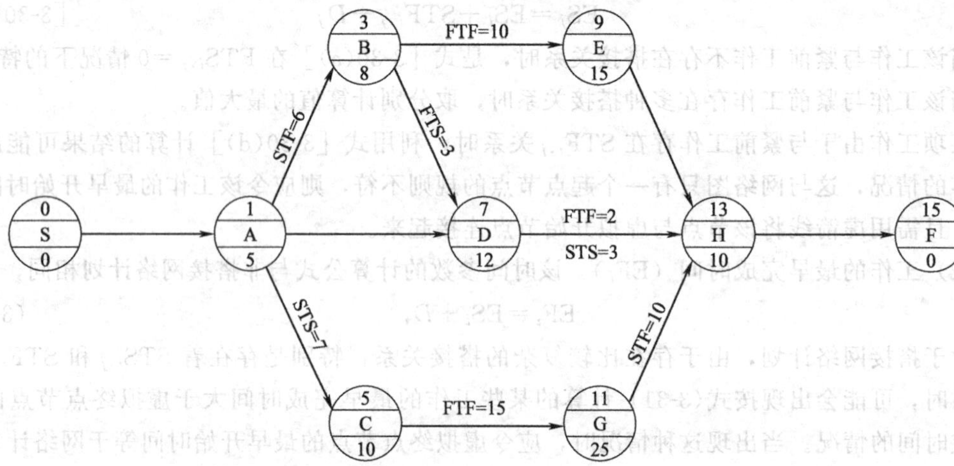

图 3-40 某工程单代号搭接网络计划

解 单代号搭接网络计划时间参数计算顺序与普通单代号网络计划基本相同。

(1) 工作的最早开始时间、最早完成时间的计算

$ES_S=0$

$EF_S=ES_S+D_S=0+0=0$

$ES_1=EF_S=0$

$EF_1=ES_1+D_1=0+5=5$

$ES_3=ES_1+STF_{1,3}-D_3=0+6-8=-2<0$ 取 $ES_3=0$

将工作B与虚拟开始节点S用虚箭线连接起来（图3-41)。

$EF_3=ES_3+D_3=0+8=8$

$ES_5=ES_1+STS_{1,5}=0+7=7$

$EF_5=ES_5+D_5=7+10=17$

$ES_7=\max\{EF_1,EF_3+FTS_{3,7}\}=\max\{5,8+3\}=11$

$EF_7=ES_7+D_7=11+12=23$

$ES_9=EF_3+FTF_{3,9}-D_9=8+10-15=3$

$EF_9=ES_9+D_9=3+15=18$

$ES_{11}=EF_5+FTF_{5,11}-D_{11}=17+15-25=7$

$EF_{11}=ES_{11}+D_{11}=7+25=32$

$$\begin{aligned}ES_{13}&=\max\{EF_9,ES_7+STS_{7,13},EF_7+FTF_{7,13},ES_{11}+STS_{11,13}-D_{13}\}\\&=\max\{18,11+4,23+2-10,7+10-10\}=18\end{aligned}$$

$EF_{13}=ES_{13}+D_{13}=18+10=28$

$ES_F=EF_{13}=28$

$EF_F=ES_F+D_F=28+0=28$

各项工作的最早开始时间、最早完成时间计算完毕后，发现工作G的最早完成时间大于虚拟终点节点的最早开始时间，故取终点节点F的最早开始时间为32，则其最早完成时间亦为32。用虚箭线将该两个节点连接起来。

(2) 网络计划工期的计算

① 计算工期 $T_c=EF_F=32$

② 令计划工期 $T_P=T_c=32$

(3) 工作的最迟开始时间、最迟完成时间的计算

$LF_F=T_P=32$　　$LS_F=LF_F-D_F=32-0=32$

$LF_{13}=LS_F=32$　　$LS_{13}=LF_{13}-D_{13}=32-10=22$

$LF_{11}=\min\{LS_F,LF_{13}+D_{11}-STF_{11,13}\}=\min\{32,32+15-10\}=32$

$LS_{11}=LF_{11}-D_{11}=32-25=7$

$LF_9=LS_{13}=22$　　$LS_9=LF_9-D_9=22-15=7$

$LF_7=\min\{LF_{13}-FTF_{7,13},LS_{13}+D_7-STS_{7,13}\}=\min\{32-2,22+12-3\}=30$

$LS_7=LF_7-D_7=30-12=18$

$LF_5=LF_{11}-FTF_{5,11}=32-15=17$

$LS_5=LF_5-D_5=17-10=7$

$LF_3=\min\{LF_9-FTF_{3,9},LS_7-FTS_{3,7}\}=\min\{22-10,18-3\}=12$

$LS_3=LF_3-D_3=12-8=4$

$LF_1 = \min\{LF_3 + D_1 - STF_{1,3}, LS_7, LS_5 + D_1 - STS_{1,5}\} = \min\{15+5-6, 18, 7+5-7\} = 5$

$LS_1 = LF_1 - D_1 = 5-5=0$

$LF_S = \min\{LS_3, LS_1\} = \min\{4,0\} = 0$

$LS_S = LF_S - D_S = 0-0=0$

(4) 相邻两项工作的时间间隔的计算

$LAG_{S,1} = ES_1 - EF_S = 0-0=0$

$LAG_{S,3} = ES_3 - EF_S = 0-0=0$

$LAG_{1,3} = EF_3 - ES_1 - STF_{1,3} = 8-0-6=2$

$LAG_{1,5} = ES_5 - ES_1 - STS_{1,5} = 7-0-7=0$

$LAG_{1,7} = ES_7 - EF_1 = 11-5=6$

$LAG_{3,7} = ES_7 - EF_3 - FTS_{3,7} = 11-8-3=0$

$LAG_{3,9} = EF_9 - EF_3 - FTF_{3,9} = 18-8-10=0$

$LAG_{5,11} = EF_{11} - EF_5 - FTF_{5,11} = 32-17-15=0$

$LAG_{7,13} = \min\{ES_{13} - ES_7 - STS_{7,13}, EF_{13} - EF_7 - FTF_{7,13}\} = \min\{18-11-3, 28-23-2\} = 3$

$LAG_{9,13} = ES_{13} - EF_9 = 18-18=0$

$LAG_{11,13} = EF_{13} - ES_{11} - STF_{11,13} = 28-17-10=11$

$LAG_{11,15} = ES_{15} - EF_{11} = 32-32=0$

$LAG_{13,15} = ES_{15} - EF_{13} = 32-32=0$

(5) 工作的自由时差与总时差计算　计算过程从略，计算结果见图 3-41。关键线路的确定方法与普通网络计划相同，如图中双箭线所示。

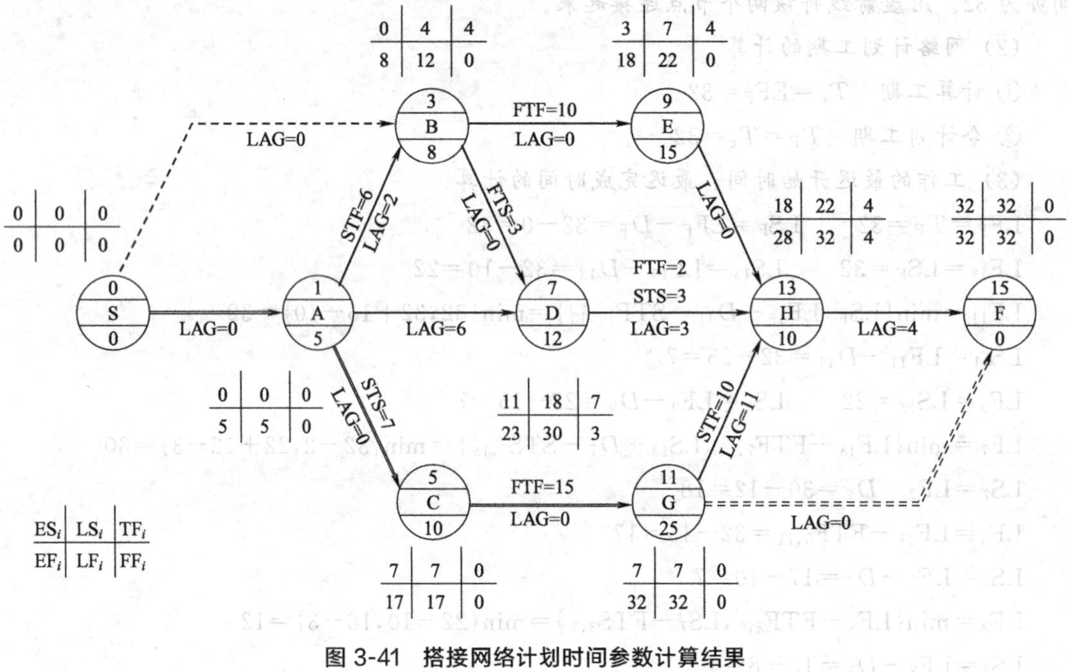

图 3-41　搭接网络计划时间参数计算结果

3.6 工程网络计划的优化

网络计划的优化，就是在满足既定的约束条件下，按某一目标，对网络计划进行不断检查、评价、调整和完善，以寻求最优网络计划方案的过程。

工程网络计划优化的目标一般包括工期目标、费用目标和资源目标。根据既定目标，工程网络计划优化的内容分为工期优化、费用优化和资源优化三个方面，本教材主要阐述前两种优化方法。

3.6.1 工期优化

3.6.1.1 工期优化的概念

工期优化是指在一定的约束条件下，以合同工期为目标，在计算工期的基础上，通过延长或缩短计算工期，从而达到合同工期的要求。工期优化的目的是使网络计划满足要求工期，保证按期完成工程任务。

工期优化一般是通过压缩关键线路的持续时间来满足工期要求的。当计算工期大于要求工期时，可通过压缩关键工作的持续时间满足要求工期，与此同时必须相应增加被压缩作业时间的关键工作的资源需要量。在优化过程中要注意不能将关键线路压缩成非关键线路，当出现多条关键线路时，必须将各条关键线路的持续时间压缩同一数值，否则不能有效地将工期缩短。

3.6.1.2 工期优化的步骤与方法

工期优化的步骤和方法如下。

① 计算并找出网络计划中的关键线路及关键工作。

② 计算工期与合同工期对比，求出应压缩的时间。

③ 确定各关键工作能压缩的作业时间。

④ 选择关键工作，压缩其作业时间，并重新计算网络计划的工期。

⑤ 当计算工期仍超过要求工期时，则重复以上①～④款的步骤，直到满足工期要求或工期已不能再缩短为止。

当采用上述步骤和方法后，工期仍不能缩短至要求工期则应采用加快施工的技术、组织措施来调整原施工方案，重新编制进度计划。如果属于工期要求不合理，无法满足时，应重新确定要求的工期目标。

选择优先压缩作业时间的关键工作应考虑以下因素：①备用资源充足；②压缩作业时间对质量和安全影响较小；③压缩作业时间所需增加的费用最少。

3.6.2 费用优化

3.6.2.1 费用优化的概念

在网络计划中，工期与费用的均衡是一个重要的问题，如何使计划以较短的工期和最少的费用完成，就必须研究时间和费用的关系，以寻求与最低费用相对应的最优工期方案或者按要求工期寻求最低费用的优化压缩方案。一项工程的总费用包括直接费用和间接费用两部分。在一定范围内，直接费用随工期的延长而减少，而间接费用则随工期的延长而增加，如图 3-42 所示的直接费用和间接费用曲线。将该两条曲线叠加，就形成了总费用曲线。总费用曲线上的最低点所对应的工期（T^Q）就是费用优化所要追求的最优工期。因此，费用优化也可称为工期-费用优化（或工期-成本优化）。

由图 3-42 不难看出，要想求得总费用最低的工期方案，必须首先研究直接费用、间接费用与工期的关系，求出这两条曲线。

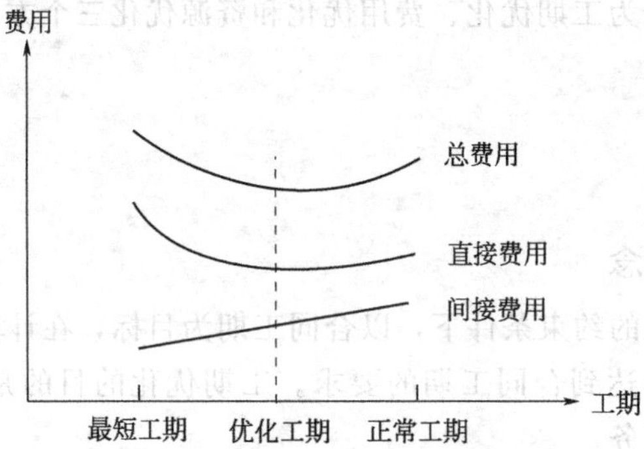

图 3-42 工程费用与工期关系示意图

间接费用是指计划执行过程中，用于工程经营管理方面的费用。间接费用的多少与施工单位的施工条件、施工组织管理水平有关。在优化过程中，通常因该曲线的曲率不大，为简化计算将其视为一条直线看待。该直线的斜率表示在单位时间内（每一天、每一周、每一月等）间接费用支出的数值（即间接费率）。

直接费用是指计划执行过程中，用于支付每项工作的人工费、材料费、机械台班使用费等费用。每一项工程计划都是由许多项工作组成的，这些工作都有着各自的施工方法、施工机械、材料及持续时间等，而且工作的这些因素是可以变化的。一般情况下，通常考虑采用使每项工作的直接费用支出最少的施工方法，工作的持续时间可能要长些。在考虑加快施工时，对某些工作就要考虑采用较短（甚至是最短）的持续时间的施工方法，其直接费用支出就要增加。每项工作在缩短单位时间后所需增加的费用，称为该工作的直接费率。工作的直接费率可用式（3-36）计算：

$$e_{i\text{-}j}=\frac{C_{i\text{-}j}^{C}-C_{i\text{-}j}^{N}}{D_{i\text{-}j}^{N}-D_{i\text{-}j}^{C}} \tag{3-36}$$

式中　$e_{i\text{-}j}$——工作 $i\text{-}j$ 的直接费率；

$D_{i\text{-}j}^{C}$，$C_{i\text{-}j}^{C}$——工作 $i\text{-}j$ 的最短持续时间及相应的直接费用；

$D_{i\text{-}j}^{N}$，$C_{i\text{-}j}^{N}$——工作 $i\text{-}j$ 的正常持续时间及相应的直接费用。

在实际工程中，有的工作在不同的持续时间范围内具有不同的费率；有的工作可能只有唯一的一种施工方法，其持续时间和费用均不发生变化，这些情况均要根据具体工作而定。

3.6.2.2　费用优化的步骤和方法

① 计算正常作业条件下工程网络计划的工期、关键线路和总直接费、总间接费及总费用。工期和关键线路的计算和确定方法见 3.3 节。将所有工作在正常持续时间条件下的直接费用相加即得总直接费；用工程的间接费率乘以工期即得总间接费；将总直接费与总间接费

相加即得总费用。

② 各项工作的直接费率，按式（3-36）计算。对于仅有一种施工方法，其持续时间和费用不变的工作可设其直接费率为无穷大。

③ 在关键线路上，选择直接费率最小并且不超过工程间接费率的工作作为被压缩对象。当网络计划存在多条关键线路时，选择组合直接费率最小并且不超过工程间接费率的若干项工作（工作数目根据关键线路数目而定）作为被压缩对象。

④ 将被压缩对象压缩至最短，当被压缩对象为一组工作时，将该组工作压缩同一数值（该值为该组工作可压缩的最大幅度），并找出关键线路，如果被压缩对象变成了非关键工作，则需适当延长其持续时间，使其刚好恢复为关键工作为止。

⑤ 重新计算和确定网络计划的工期、关键线路和总直接费、总间接费、总费用。

⑥ 重复上述第③～第⑤步骤，直至找不到直接费率或组合直接费率不超过工程间接费率的压缩对象为止。此时的工期即为总费用最低的最优工期。

⑦ 绘制出优化后的网络计划。在每项工作上注明优化的持续时间和相应的直接费用。

上述优化过程可采用表 3-8 所示的表格形式描述。

表 3-8 费用优化过程表

压缩次数	压缩对象	直接费率或组合直接费率	费率差	缩短时间	工期	总费用	备注
(1)	(2)	(3)	(4)	(5)	(6)	(7)	(8)

注：费率差＝直接费率（或组合直接费率）－间接费率，当费率差出现正值时优化结束。

3.6.2.3 优化示例

【例 3-11】 已知某工程网络计划如图 3-43 所示。图中箭线下方括号外为正常持续时间，括号内为最短持续时间；箭线上方括号外为正常持续时间的直接费用，括号内为最短持续时间的直接费用。工程间接费率为 0.8 千元/天，试对其进行费用优化。

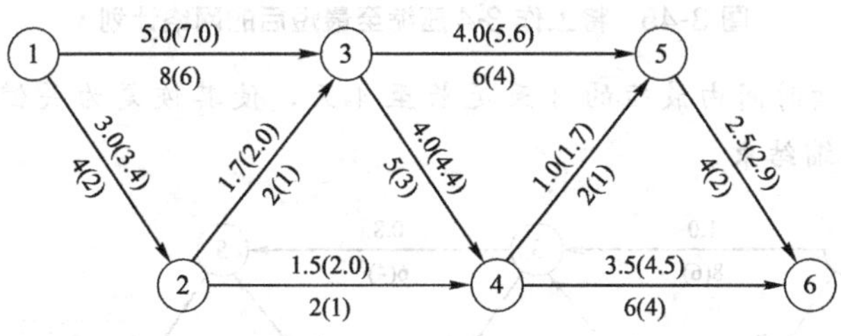

图 3-43 例 3-11 网络图

解 （1）计算和确定正常作业条件下的网络计划工期、关键线路和总直接费、总间接费、总费用

① 工期为 19 天，关键线路如图 3-43 中双线所示。

② 总直接费为每项工作箭线上方括号外的数值相加得 26.2 千元。

总间接费：0.8×19＝15.2(千元)

总费用：26.2＋15.2＝41.4(千元)

（2）计算各项工作的直接费率

$$e_{1\text{-}2}=\frac{C_{1\text{-}2}^{C}-C_{1\text{-}2}^{N}}{D_{1\text{-}2}^{N}-D_{1\text{-}2}^{C}}=\frac{3.4-3.0}{4-2}=0.2(\text{千元/天})$$

$$e_{1\text{-}3}=\frac{C_{1\text{-}3}^{C}-C_{1\text{-}3}^{N}}{D_{1\text{-}3}^{N}-D_{1\text{-}3}^{C}}=\frac{7.0-5.0}{8-6}=1.0(\text{千元/天})$$

$$e_{2\text{-}3}=\frac{C_{2\text{-}3}^{C}-C_{2\text{-}3}^{N}}{D_{2\text{-}3}^{N}-D_{2\text{-}3}^{C}}=\frac{2.0-1.7}{2-1}=0.3(\text{千元/天})$$

同理可得 $e_{2\text{-}4}=0.5$(千元/天)；$e_{3\text{-}4}=0.2$(千元/天)；$e_{3\text{-}5}=0.8$(千元/天)；$e_{4\text{-}5}=0.7$(千元/天)；$e_{4\text{-}6}=0.5$(千元/天)；$e_{5\text{-}6}=0.2$(千元/天)。

将计算结果标于每项工作箭线的上方，如图 3-44 所示。

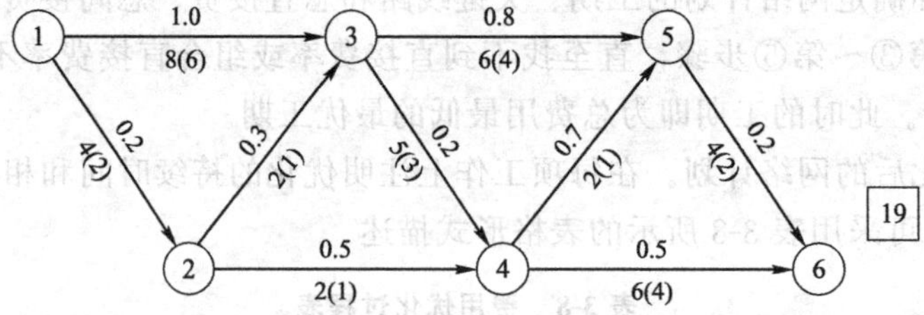

图 3-44　初始网络计划的工期、关键线路、直接费率

（3）第一次压缩　在关键线路上选择直接费率最低的工作 3-4（$e_{3\text{-}4}=0.2$ 千元/天＜0.8 千元/天）作为被压缩对象。先将工作 3-4 压缩至最短持续时间，找出关键线路，则此时关键线路发生了变化，见图 3-45 中双箭线所示，工期为 18 天。

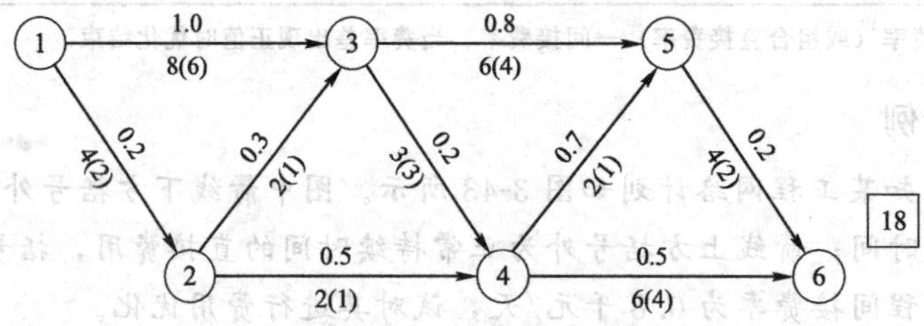

图 3-45　将工作 3-4 压缩至最短后的网络计划

将工作 3-4 的持续时间由最短的 3 天延长至 4 天，使其恢复为关键工作，如图 3-46 所示。至此，第一次压缩结束。

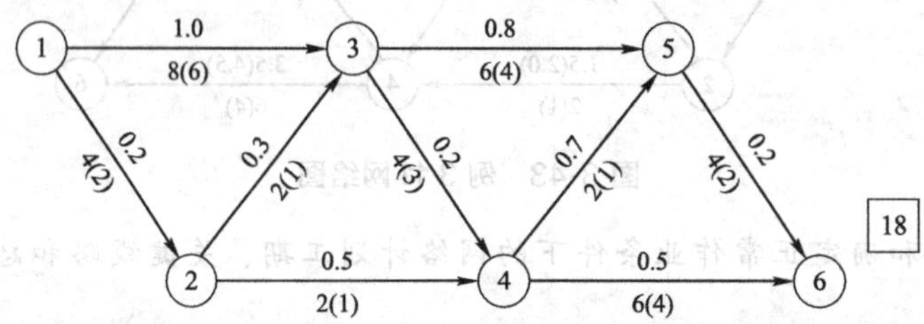

图 3-46　第一次压缩后的网络计划

重新计算网络计划的总直接费、总间接费、总费用。

总直接费：26.2＋1×0.2＝26.4(千元)

总间接费：0.8×18＝14.4(千元)

总费用：26.4＋14.4＝40.8(千元)

(4) 第二次压缩　有五个可压缩方案，其中同时压缩工作3-4和工作5-6的组合直接费率最小（$e_{3\text{-}4}+e_{5\text{-}6}$＝0.2＋0.2＝0.4千元/天＜0.8千元/天），将其作为被压缩对象。将这两项工作压缩相同的天数（1天）。第二次压缩后的网络计划如图3-47所示。

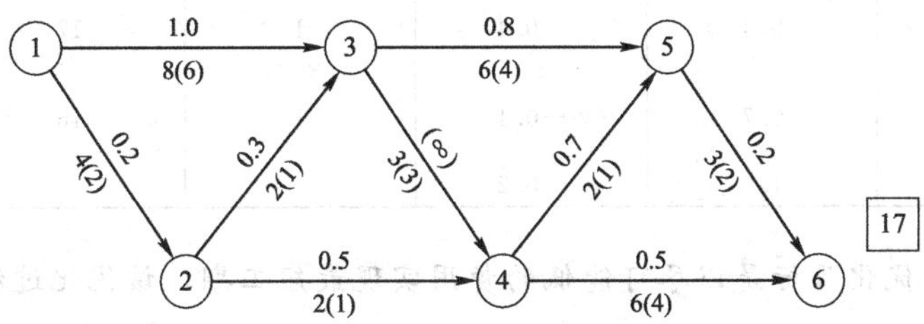

图3-47　第二次压缩后的网络计划

第二次压缩后，网络计划的工期为17天；工作3-4已压缩至最短持续时间，将其直接费率改写为无穷大；工作4-5未经压缩却因其他工作的压缩使其变成了非关键工作，这种情况是允许的。重新计算网络计划的总直接费、总间接费、总费用。

总直接费：26.4＋（0.2＋0.2）×1＝26.8(千元)

总间接费：0.8×17＝13.6(千元)

总费用：26.8＋13.6＝40.4(千元)

(5) 第三次压缩　有三个可压缩方案，但只有同时压缩工作4-6和工作5-6的组合直接费率（$e_{4\text{-}6}+e_{5\text{-}6}$＝0.5＋0.2＝0.7千元/天＜0.8千元/天），故选择工作4-6和工作5-6作为被压缩对象。这两项工作可同时压缩1天。该次压缩后的总直接费、总间接费、总费用如下。

总直接费：26.8＋0.7×1＝27.5(千元)

总间接费：0.8×16＝12.8(千元)

总费用：27.5＋12.8＝40.3(千元)

第三次压缩的网络计划如图3-48所示。

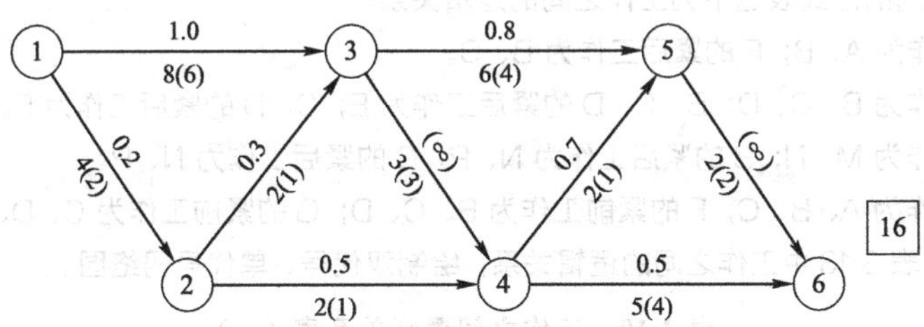

图3-48　优化后的网络计划

至此优化结束。优化过程见表3-9。

表3-9　例3-11优化过程表

压缩次数	压缩对象	直接费率或组合直接费率	费率差/(千元/天)	缩短时间/天	工期/天	总费用/千元
(1)	(2)	(3)	(4)	(5)	(6)	(7)
0	—	—	—	—	19	41.4
1	3-4	0.2	－0.6	1	18	40.8

续表

压缩次数	压缩对象	直接费率或组合直接费率	费率差/(千元/天)	缩短时间/天	工期/天	总费用/千元
(1)	(2)	(3)	(4)	(5)	(6)	(7)
2	3-4 5-6	0.4	−0.4	1	17	40.4
3	4-6 5-6	0.7	−0.1	1	16	40.3
4	1-3	1.0	+0.2	—	—	—

假设该工程的优化目标是以尽可能低的费用实现最短工期，该优化过程应继续进行。

思考题

1. 何谓网络图？何谓工作？工作和虚工作有何不同？
2. 何谓工艺关系和组织关系？试举例说明。
3. 简述网络图的绘制规则。
4. 何谓工作的总时差和自由时差？关键线路和关键工作的确定方法有哪些？
5. 双代号时标网络计划的特点有哪些？
6. 工期优化和费用优化的区别是什么？
7. 在费用优化过程中，如果拟缩短持续时间的关键工作（或关键工作组合）的直接费用率（或组合直接费用率）大于工程间接费用率时，即可判定此时已达优化点，为什么？
8. 何谓搭接网络计划？试举例说明工作之间的各种搭接关系。

习题

1. 用双代号网络图的形式表达下列工作之间的逻辑关系：

（1）H 的紧后工作为 A、B；F 的紧后工作为 B、C。

（2）A 的紧后工作为 B、C、D；B、C、D 的紧后工作为 E；C、D 的紧后工作为 F。

（3）A 的紧后工作为 M、N；B 的紧后工作为 N、P；C 的紧后工作为 N、P。

（4）H 的紧前工作为 A、B、C；F 的紧前工作为 B、C、D；G 的紧前工作为 C、D、E。

2. 根据表 3-10～表 3-13 中工作之间的逻辑关系，绘制双代号、单代号网络图。

表 3-10　工作之间逻辑关系表（一）

工作	A	B	C	D	E	G	H
紧前工作	C、D	E、H	—	—	—	D、H	—

表 3-11　工作之间逻辑关系表（二）

工作	A	B	C	D	E	G
紧前工作	—	—	—	—	B、C、D	A、B、C

表 3-12 工作之间逻辑关系表（三）

工作	A	B	C	D	E	G	H	I	J
紧前工作	E	H、A	J、G	H、I、A	—	H、A	—	—	E

表 3-13 工作之间逻辑关系表（四）

工作	A	B	C	D	E	F	G	H	I	J
持续时间	2	3	5	2	3	3	2	3	6	2
紧前工作	—	A	A	B	B	D	F	E、F	C、E、F	G、H

3. 计算图 3-49 所示双代号网络图的各项工作的时间参数。

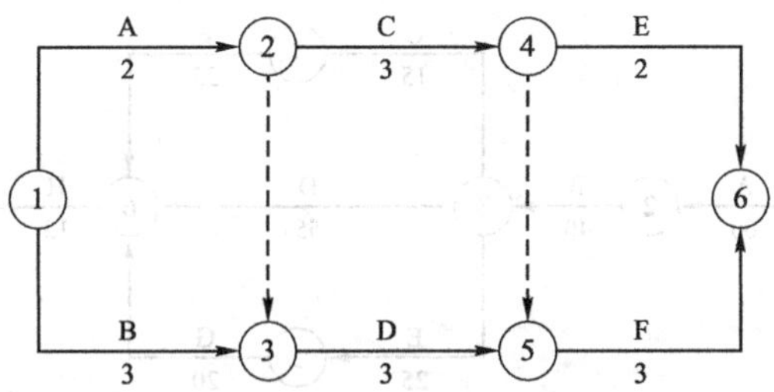

图 3-49 某工程双代号网络计划

4. 某工程由九项工作组成，它们之间的网络逻辑关系见表 3-14，试绘制双代号网络图。

表 3-14 习题 4. 工作之间逻辑关系表

工作名称	前导工作	后续工作	持续时间/天
A	—	B、C	3
B	A	D、E	4
C	A	F、D	6
D	B、C	G、H	8
E	B	G	5
F	C	H	4
G	D、E	I	6
H	D、F	I	4
I	G、H	—	5

5. 某基础工程双代号网络计划如图 3-50 所示，试将其绘制成带有绝对坐标的时标网络图。

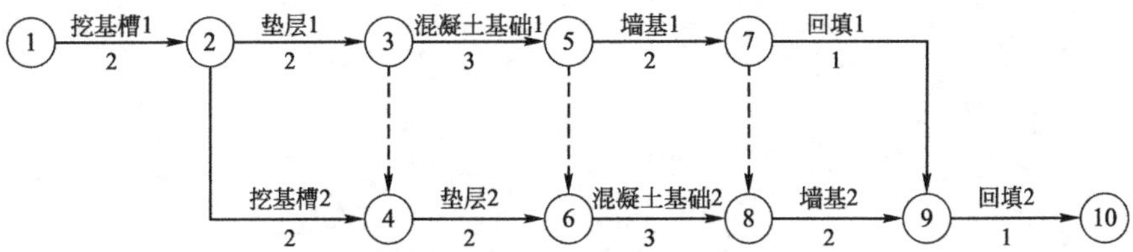

图 3-50 某基础工程双代号网络计划

6. 某工程的网络计划如图 3-51 所示。箭线上方括号外为正常时间情况下的正常直接费用，括号内为最短时间情况下的极限费用，箭线下方括号外为工作的正常持续时间，括号内为最短持续时间。假定平均每天的间接费用（综合管理费）为 100 元，试对其进行费用优化。

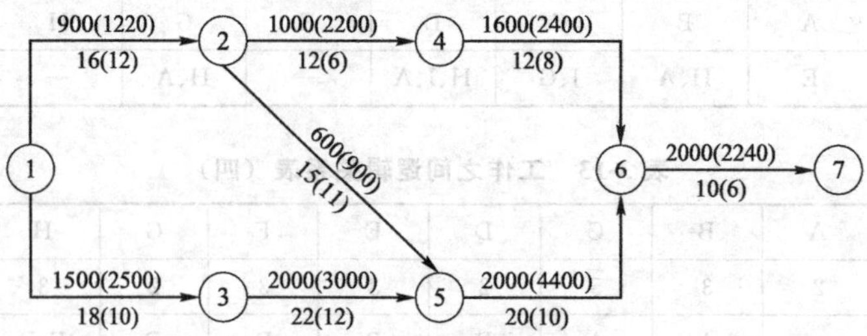

图 3-51　某工程的网络计划

7. 某单项工程按图 3-52 所示进度计划网络图组织施工，本工程各工作相关参数见表 3-15。

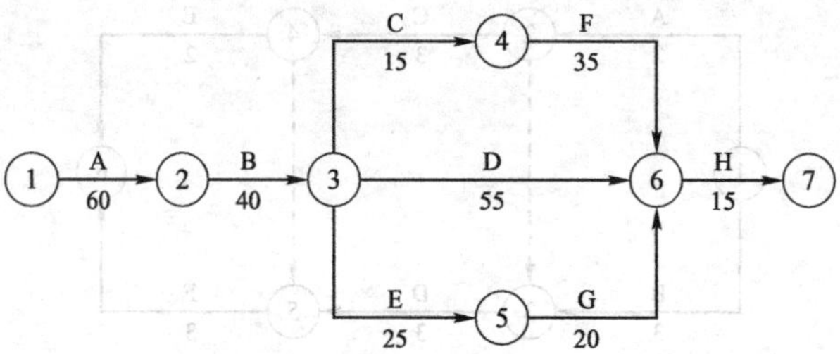

图 3-52　某工程的网络计划

表 3-15　习题 7. 各工程相关参数

序号	工作	最大可压缩时间/天	赶工费用/(元/天)
1	A	10	200
2	B	5	200
3	C	3	100
4	D	10	300
5	E	5	200
6	F	10	150
7	G	10	120
8	H	5	420

在第 75 天下班后进行的进度检查，结果为：工作 A 已全部完成，工作 B 刚刚开工。 但该工程必须保证总工期不变。 试将原计划进行调整，列出调整过程，并绘制调整后的进度网络计划图，计算所需投入的赶工费用。

第 4 章　工程项目管理组织

“组织”一词，其含义比较宽泛，人们通常所用的“组织”一词一般有两层含义，即组织机构和组织行为。前者是按一定的领导体制、部门设置、层次划分、职责分工、规章制度和信息系统等构成的有机整体，着重于组织机构的设立；后者是通过组织机构的活动与运行，为实现预定目标而合理配置资源，妥善处理人、物、事之间的各种关系。

工程项目管理组织不同于一般企业、军队等组织，它具有自身的特殊性。这种特殊性决定了工程项目管理组织应包括为实施工程项目管理组织职能而对组织系统进行的机构建立、组织运行、管理协调三个方面。

4.1 工程项目管理组织概述

4.1.1 工程项目管理的组织形式

工程项目在实施管理过程中，存在着多种不同的组织形式，其中以下四种组织形式最为典型。

4.1.1.1 直线式组织形式

项目管理组织中的各种职能均按直线排列，项目经理直接进行单线垂直领导，任何一个下级只接受唯一上级的指令。其组织形式如图 4-1 所示。

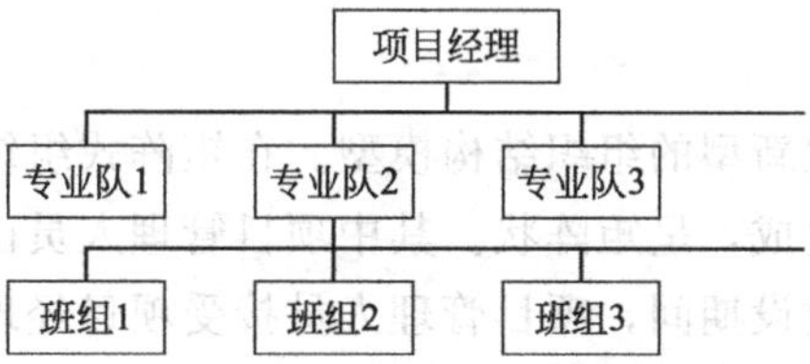

图 4-1　直线式组织形式

直线式组织形式的组织机构简单、隶属关系明确，权力集中、命令统一、职责分明、信息流畅、决策迅速，但项目经理责任较大且项目组织成员之间合作困难。直线式组织形式适用于独立的中小型项目。

4.1.1.2 职能式组织形式

职能式组织形式是一种传统的组织结构模型。项目管理组织中按职能以及职能的相似性设置若干部门，每一个职能部门根据自身管理职能对其直接和非直接下属工作部门下达工作指令。其组织形式如图 4-2 所示。

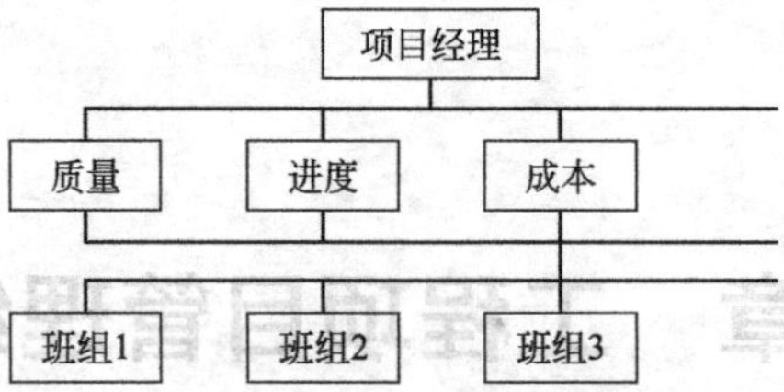

图 4-2　职能式组织形式

职能式组织形式加强了项目管理目标控制的职能分工，充分发挥了职能机构的专业管理作用，同时增加了资源利用的灵活性，降低了人力及其他资源的成本。但容易产生矛盾的指令，项目整体协调困难。职能式组织形式较适用于子项目不多的大型项目，但一般应用较少。

4.1.1.3　项目式组织形式

施工单位将承揽项目分离出若干个独立于企业职能部门的项目组织，由各项目组织独立完成项目的各项工作，其组织形式如图 4-3 所示。

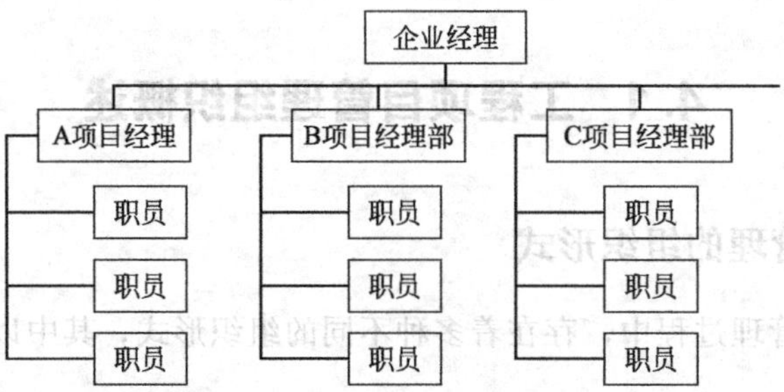

图 4-3　项目式组织形式

项目式组织形式以项目为中心，目标明确、指令唯一、管理程序简洁，有利于复合型项目管理人才培养，促进团队成员间沟通学习。但项目式组织可能造成机构建立重复，资源闲置，项目经理专横独裁。项目式组织广泛应用于价值高、周期长的大型项目。

4.1.1.4　矩阵式组织形式

矩阵式组织形式是一种较新型的组织结构模型。在矩阵式组织形式中项目管理组织由公司职能部门、项目两套系统组成，呈矩阵状。其中项目管理人员由企业有关职能部门派出并对其进行业务指导。在项目建设期间，项目管理人员接受项目经理直接领导，其组织形式如图 4-4 所示。

矩阵式组织形式加强了各职能部门的横向联系，体现了职能原则与对象原则的有机结合，组织具有弹性，应变能力强。但纵向、横向的协调工作量大，可能产生矛盾指令，对于管理人员的素质要求较高。矩阵式组织形式主要适用于大型复杂项目或多个同时进行的项目。

4.1.2　工程项目管理组织形式的选择

在选择工程项目管理的组织形式时，应考虑项目的规模、业务范围、复杂性等因素，分析标准规范、合同条件等硬性要求。同时要结合企业的类型、员工的素质、管理水平，以及

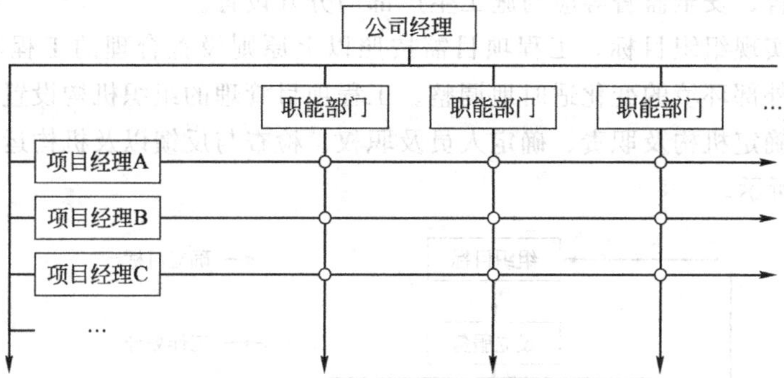

图 4-4 矩阵式组织形式

企业的任务、环境条件、工作基础等，选择最适宜的项目管理组织形式。

以下通过表格形式对各典型工程项目管理组织形式适用的一般情况进行介绍，见表 4-1。

表 4-1 工程项目管理组织形式选择表

项目组织结构	适用项目特点	适用企业特点
直线式	小型项目 承包内容单一项目	企业结构简单 同期承担项目少的企业
职能式	小型简单项目 企业内部项目(如设备、厂房改造) 专业性较强的项目	企业构成比较单一，综合实力弱 企业总体水平不高，但一个或几个部门实力较强 少数人员素质较高
项目式	大型复杂项目，造价高、工期长的项目	企业组织部门完善，规模大，综合能力较强 项目经理素质高，指挥能力强 企业项目多
矩阵式	大型、复杂项目，需多部门、多技术、多工种配合实施的对人、财、物效率要求较高的项目	大型综合型企业 多元化、实力很强的企业 管理水平高、管理经验丰富、沟通渠道畅通企业

4.1.3 工程项目管理组织机构的设置

工程项目管理组织不同于其他组织，是一个临时性的组织，项目成员在整个项目建设过程中不断变化，因此工程项目管理组织结构的设置应当遵循以下原则。

① 目的性原则，即根据工程项目的规模、特点及要求，明确工程项目管理最终目标。

② 精干高效原则，即在履行必要职能前提下，尽量简化机构，因事设人、以责定权。

③ 管理跨度适中原则，即一个主管直接领导的下属人员数量应当适中。一般可参照著名的邱格纳斯公式，公式中工作接触次数 C 与管理跨度 N 的关系为 $C=N(2^{N-1}+N-1)$。否则如果直接领导的下属人员数量过多可能会造成主管人员应接不暇、工作效率下降。

④ 分工协作原则，即根据员工的素质及项目的特点，做到分工合理、协作明确。

⑤ 分层统一原则，即建立一条连续的等级链，实现指令的一致性。

⑥ 责、权、利相结合原则，即有职有责、责任明确、权力恰当、利益合理。

⑦ 相对稳定原则，既要注意机构稳定，还需根据项目内部、外部环境条件的变化，按照弹性、流动性的要求适时调整组织机构。

⑧ 执行与监督分设原则，即工程项目管理组织机构除接受企业（母公司）的监督外，

其内部的质量监督、安全监督等应与施工生产部门分开设置。

为了有效地实现组织目标，工程项目需按照以上原则设置合理的工程项目管理组织结构，并根据内、外部环境的变化适时地调整。工程项目管理的组织机构设置一般包括确立目标、工作划分、确定机构及职责、确定人员及职权、检查与反馈以及机构运行等环节，其具体情况如图 4-5 所示。

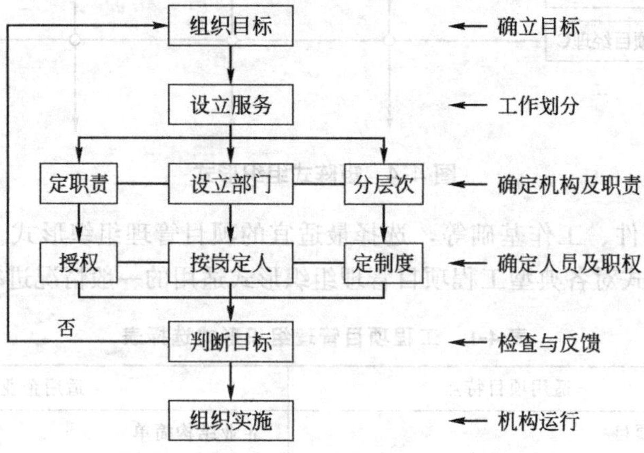

图 4-5 工程项目管理组织机构设置程序

4.2 项目经理

项目经理包括业主的项目经理、咨询监理单位的项目经理、设计单位的项目经理和施工单位的项目经理。我国项目经理管理制度主要涉及的是施工项目经理。施工项目经理是工程项目施工承包单位的法定代表人在施工项目上的委托代理人，是一个工作岗位的名称。项目经理应根据企业法定代表人通过《项目管理目标责任书》授权的范围、时间和内容，对施工项目自开工准备至竣工验收，实施全过程、全面管理。《建筑施工企业项目经理资质管理办法》（建建［1995］1 号）、《建设工程项目管理规范》（GB/T 50326—2001）等，对此都有所规定。

4.2.1 项目经理的素质

项目经理的素质是项目经理各种能力的综合体现，它是项目经理有效地行使职责，充分发挥领导作用所应具备的主观条件。

(1) 品德素质　项目经理应当遵守国家的法律法规，服从企业的领导和监督；具有高度的事业心和责任感，坚韧不拔、开拓进取；具有良好的道德品质和团队意识，诚实信用、公道正直、以身作则，正确处理各方利益关系等。

(2) 能力素质　项目经理应具有符合施工项目管理要求的能力素质，包括基本能力、领导能力两个方面。前者包括观察能力、记忆能力、整体能力、思维能力、预见能力等；后者包括策划决策能力、组织协调能力、人际交往能力、灵活应变能力、发展创新能力等。

(3) 知识素质　项目经理应当接受过良好的教育，具有大中专或以上学历及相应的资格证书，并在工作中更新知识、不断提高。进而，具有承担施工项目管理任务所必需的专业技术、经济、管理、法律法规、合同、造价、财会、电子商务等基本知识。

（4）身体素质　对于项目经理这个特殊的群体，身体和精神上承受的压力都很大，尤其是工程繁忙、风险大或进展不顺利的项目，项目经理将会承受更重的压力。因此要注意锻炼身体，养成良好生活习惯，会工作、会生活、会调整，始终保持健康的身体。

4.2.2　项目经理的责、权、利

一个施工项目是一项一次性的整体任务，在完成这个任务的过程中，项目经理是最高责任者、组织者和管理者，是施工项目管理的中心，在整个施工活动中占有举足轻重的地位。因此，需要根据均衡、对等的原则确定项目经理的责、权、利。

4.2.2.1　项目经理的职责

一般来讲，项目经理的职责是由所承担的任务决定的。项目经理应当履行以下职责。

① 代表企业实施施工项目管理，贯彻执行国家法律、法规、方针、政策和强制性标准，执行企业的管理制度，维护企业的合法权益。

② 履行“项目管理目标责任书”规定的任务。

③ 组织编制项目管理实施规划，建立质量、安全和环境体系并组织实施。

④ 对进入现场的生产要素进行优化配置和动态管理。

⑤ 在授权范围内负责与企业管理层、劳务作业层、各协作单位、发包人、分包人和监理人等的协调，解决项目中出现的问题。

⑥ 进行现场文明施工管理，发现和处理突发事件。

⑦ 参与工程竣工验收，准备结算资料和分析总结，接受审计。

⑧ 处理项目经理部的善后工作。

⑨ 协助企业进行项目的检查、鉴定和评奖申报。

4.2.2.2　项目经理的权力

赋予施工项目经理一定的权力是确保项目经理承担相应责任的先决条件。施工企业应当根据管理的需要、项目的地域与环境、项目经理的综合素质与能力实行有限授权。

一般来讲，项目经理应当具有以下权限。

① 参与企业进行的施工项目投标和签订施工合同。

② 经授权组建项目经理部，确定项目经理部的组织结构，选择、聘任管理人员，确定管理人员的职责，并定期进行考核、评价和奖惩。

③ 在企业财务制度规定的范围内，根据企业法定代表人授权和施工项目管理的需要，决定资金的投入和使用，决定项目经理部的计酬办法。

④ 在授权范围内，按物资采购程序性文件的规定，行使采购权。

⑤ 根据企业法定代表人授权或按照企业的规定，选择、使用作业队伍。

⑥ 主持项目经理部工作，组织制定施工项目的各项管理制度。

⑦ 根据企业法定代表人授权，协调、处理与施工项目管理有关的内部与外部事项。

4.2.2.3　项目经理的利益

施工企业应当确立、维护项目经理的地位和正当权利，并做到利益分配合理、奖惩得当。一般来讲，项目经理应当享有以下利益：

① 获得基本工资、岗位工资和绩效工资。

② 除按《项目管理目标责任书》可获得物质奖励外，还可获得表彰、记功、优秀项目经理等荣誉称号。

③ 经考核和审计，未完成《项目管理目标责任书》确定的项目管理责任目标或造成亏损的，应按其中有关条款承担责任，并接受经济或行政处罚。

4.2.3 项目经理责任制

项目经理责任制是我国施工管理体制上一个重大的改革，对加强工程项目管理，提高工程质量起到了很好的作用。

(1) 项目经理责任制的主体和重点　项目经理责任制是以项目经理为责任主体的施工项目管理目标责任制度。项目经理责任制是以施工项目为对象，以项目经理全面负责为前提，以《项目管理目标责任书》为依据，以创优质工程为目标，以求得项目产品的最佳经济效益为目的，实行从施工项目开工到竣工验收的一次性全过程的管理。项目经理责任制的实施，有利于强化项目管理，明确施工企业、项目经理部以及职工的责、权、利关系，进而提高经济效益与社会效益。

(2) 项目经理责任制的实行条件　施行项目经理责任制，必须坚持管理层与作业层相分离的原则，完善企业内部市场，实行人、财、物等各种资源的优化组合，在发挥管理系统职能，使项目管理向专业化、科学化发展的同时，赋予项目经理相应的权利，促使施工项目高速、优质、低耗地进行。

具体地说，实行项目经理责任制应当具备以下条件：

① 项目任务落实、开工手续齐全，具有切实可行的施工组织设计。

② 各种工程技术资料、施工图纸、劳动力配备、主要材料等已经落实，可以保证按计划供应。

③ 拥有相当数量的懂技术、会管理、敢负责并具有施工项目管理经验的人才，可以组织一个精干、得力、高效的项目管理班子。

④ 实现企业业务工作系统化管理，形成良好的内外部环境，具有为项目经理部提供劳务、材料、机械设备及生活设施等服务的功能。

4.2.4 项目经理的选配

4.2.4.1 项目经理选配制度

从2008年开始，我国正式实施建造师执业资格制度，只有获得建造师执业资格的人，才能受聘到项目经理岗位。

目前，我国选配项目经理的方式主要有以下三种。

(1) 竞争聘任制　本着先内后外的原则，面向社会进行招聘，其程序是个人自推、组织审查、答辩讲演、择优选聘。这种方式既可择优，又可增强项目经理的竞争与责任意识。

(2) 经理委任制　委任的范围一般限于企业内部的管理人员。其程序是，经理提名，组织人事部门考察，经理办公会议决定。这种方式对于企业经理以及组织人事部门具有较高的要求。

(3) 基层推荐、内部协商制　企业各基层施工队或劳务作业队向公司推荐若干人选，然后由组织人事部门汇总各方意见进行严格考核后，提出拟聘用人选，报经理办公会议决定。

项目经理一经任命产生，在施工项目从开工到竣工期间，企业不得随意撤换项目经理。当施工项目发生重大安全、质量事故或项目经理违法、违纪时，企业才可撤换项目经理，并应征得建设单位同意。

4.2.4.2 项目经理的申请与考核

根据《建筑施工企业项目经理资质管理办法》的有关规定，我国项目经理的资质分为一、二、三、四级，其申请条件如下。

一级项目经理：担任过一个一级建筑施工企业资质标准要求的工程项目，或两个二级建筑施工企业资质标准要求的工程项目施工管理工作的主要负责人，并已取得国家认可的高级或中级专业技术职称者。

二级项目经理：担任过两个工程项目，其中至少一个为二级建筑施工企业资质标准要求的工程项目施工管理工作的主要负责人，并已取得国家认可的中级或初级专业技术职称者。

三级项目经理：担任过两个工程项目，其中至少一个为三级建筑施工企业资质标准要求的工程项目施工管理工作的主要负责人，并已取得国家认可的中级或初级专业技术职称者。

四级项目经理：担任过两个工程项目，其中至少一个为四级建筑施工企业资质标准要求的工程项目施工管理工作的主要负责人，并已取得国家认可的初级专业技术职称者。

项目经理经过培训，考试合格后发给项目经理培训合格证。再经过项目经理岗位工作实践后，达到项目经理资质申请条件者，由本人提出申请，经企业法定代表人签署意见，参加相应级别的项目经理资质考核。资质考核完成后，发给相应等级的《建筑施工企业项目经理资质证书》。

4.2.4.3 建造师执业资格制度

根据人事部、建设部《建造师执业资格制度暂行规定》（人发［2002］111 号）的有关规定，国家对建设工程项目总承包和施工管理关键岗位的专业技术人员实行执业资格制度，纳入全国专业技术人员执业资格制度统一规划。建造师分为一级建造师和二级建造师，并主要担任建设工程项目施工的项目经理或从事其他施工活动的管理工作。

按规定，凡遵守国家法律、法规，具备下列条件之一者，均可申请参加一级建造师执业资格考试。

① 取得工程类或工程经济类大学专科学历，工作满 6 年，其中从事建设工程项目施工管理工作满 4 年。

② 取得工程类或工程经济类大学本科学历，工作满 4 年，其中从事建设工程项目施工管理工作满 3 年。

③ 取得工程类或工程经济类双学士学位或研究生班毕业，工作满 3 年，其中从事建设工程项目施工管理工作满 2 年。

④ 取得工程类或工程经济类硕士学位，工作满 2 年，其中从事建设工程项目施工管理工作满 1 年。

⑤ 取得工程类或工程经济类博士学位，从事建设工程项目施工管理工作满 1 年。

申请注册建造师资格的人员，必须同时具备以下条件：

① 取得建造师执业资格证书。

② 无犯罪记录。

③ 身体健康，能坚持在建造师岗位上工作。

④ 经所在单位考核合格。

4.3 项目经理部

项目经理部是由项目经理在施工企业的支持下组建的项目管理组织机构。它隶属项目经理的领导，接受企业业务部门指导、监督、检查和考核，负责施工项目从开工到竣工的全过程管理工作，是履行施工合同的主体机构。

4.3.1 项目经理部的结构

项目能否顺利实施，能否取得预期效果，实现目标，直接依赖于项目经理部。通常项目需要根据所承担的项目管理任务设置项目经理部组织及人员配置。

4.3.1.1 项目经理部的结构设置原则

项目经理部的结构设置应当满足施工项目管理中成本控制、进度控制、质量控制、安全控制、人力资源管理、材料管理、机械设备管理、合同管理、信息管理以及现场管理等各项管理工作的需要。一般应遵循以下原则。

① 根据管理组织形式进行设置。即根据施工企业的管理方式和对项目经理部的授权，以及项目经理部的力量、人员素质、管理职责等加以设置。

② 根据项目的规模、复杂程度和专业特点进行设置。一般项目职能部门不能划分太细，否则不仅信息多，管理程序也复杂。大型、特大型项目必须设置一个管理集团。

③ 建立有弹性的一次性组织机构。项目经理部应随着工程的进展而适时地做出调整，并在工程完工、审计后解体。

④ 人员的配备要满足施工现场管理的需要。即面向施工现场，满足计划、调配、技术、质量、成本核算、资源管理、信息管理、安全与文明施工等需要。

4.3.1.2 项目经理部的职能部门

小型施工项目，一般应设立简化的项目经理部。如果企业法定代表人决定由其他项目经理部兼管本项目，也可以不单独设立项目经理部，但委托兼管应征得项目发包人同意，并不得削弱兼管者的项目管理责任。大中型施工项目，承包人必须在施工现场设立项目经理部，并根据目标控制和管理的需要设立专业的职能部门。施工项目经理部应根据计划、组织、控制、指挥、协调等职能，设置以下职能部门。

① 经营核算部门，主要负责预算、合同、索赔、资金收支、成本核算、劳动力的配置与分配等工作。

② 工程技术部门，主要负责生产调度、文明施工、技术管理、施工组织设计、计划统计等工作。

③ 物资设备部门，主要负责材料的询价、采购、计划供应与管理，以及运输工具管理、机械设备的租赁配套使用等工作。

④ 监控管理部门，主要负责工程质量、安全管理、消防保卫、环境保护等工作。

⑤ 测试计量部门，主要负责工程计量、测量、试验等工作。

项目经理部职能部门及管理岗位的设置，必须贯彻因事设岗、有岗有责和目标管理的原则，明确各岗位的责、权、利和考核指标，并对管理人员的责任目标进行检查、考核与奖惩。其中，大型项目的项目经理必须具有一级建造师执业资格的资质，管理人员中具有高级职称人员的比例不应低于10%。

4.3.2 项目经理部的运作

建设有效的组织是项目经理的首要职责，它是一个持续的过程，需要领导技巧，以及对组织结构、组织界面、职能结构等的全面把握。

4.3.2.1 项目经理部的组建阶段

项目经理部的组建阶段，即形成项目经理部的阶段，一般应遵循以下程序：

① 根据企业批准的“项目管理规划大纲”，确定项目经理部的管理任务和组织形式。

② 确定项目经理部的层次，设立职能部门与工作岗位。

③ 确定人员及其职责、权限。

④ 由项目经理根据“项目管理目标责任书”进行目标分解。

⑤ 组织有关人员制定规章制度和目标责任考核、奖惩制度。

⑥ 项目经理部经企业的法定代表人批准后正式成立，并以书面形式通知发包人和项目监理机构。

4.3.2.2 项目经理部的执行阶段

随着项目目标和工作逐步明确，项目实际任务比预计更繁重、更困难，成本或进度计划的限制可能比预计更紧张。因此，项目经理需要分解目标、提出要求和限制、制定规则，协调解决矛盾，鼓励组织成员朝预定目标共同努力；组织成员必须执行分配到的任务，逐步推进项目进行；项目管理者应具有有效的符合计划要求的投入；上层领导要在各方面积极支持项目的实施。

4.3.2.3 项目经理部的结束阶段

施工项目经理部是一次性的具有弹性的现场生产组织机构。在工程项目竣工且审计完成后，其使命便告结束，可按规定程序予以解体。因此，项目经理部结束阶段的主要工作就是项目经理部的解体和善后工作。

项目经理部的解体和善后工作的具体程序如下。

① 在施工项目通过竣工验收之日起15日内，项目经理应向企业工程管理部门提交项目经理部解体的申请报告。同时，向企业的各个职能管理部门提出本部善后留用和解除合同人员的名单与时间，经有关部门审核、批准后执行。

② 项目经理部在解体前，应成立以项目经理为首的善后工作小组，其留守人员一般应由主任工程师、技术、预算、财务、材料管理等方面各一人组成。善后工作组主要负责剩余材料的处理、工程款项的回收、财务账目的结算与移交，以及解决与建设单位有关的遗留事宜。其工作期限一般为3个月。

③ 项目经理部在解聘业务人员时，应提前发给解聘人员两个月的岗位效益工资，并给予有关待遇，以使其在人才劳务市场上获得回旋的余地。从解聘后的第三个月起，解聘人员的工资福利待遇从新单位领取。

④ 妥善处理施工项目的保修问题。对于仍属质量保修期限以内的竣工项目，项目经理

部应与企业的经营和工程管理部门根据竣工时间、质量标准等确定工程保修费用的预留比例，并将保修费用交公司管理部门统一包干使用。

施工企业的工程管理部门是项目经理部组建和解体善后工作的主管部门。它应设立保修经费的专项账户，并主要负责因质量问题造成的返修与维修、剩余工程款项的结算与回收等工作。项目经理部应向其提交项目管理的文件资料、核算账册、现场办公设备，以及公章保管、领借的工器具及劳防用品、项目管理人员的业绩考核评价材料等。

4.3.3 项目经理部的管理制度

管理制度是为保证组织任务的完成和目标的实现，关于例行性活动应当遵循的方法、程序、要求及标准所做出的规定。它是完善施工项目组织关系、保证组织机构正常运行的基本手段。

施工项目管理制度的种类较多，按颁发单位不同可以有企业制度和项目经理部制度，按约束力不同可以有责任制度和规章制度等。就施工项目经理部的管理制度而言，围绕着计划、责任、核算、奖惩等方面，一般应包括以下内容：

① 项目管理人员岗位责任制度。

② 项目技术管理制度。

③ 项目质量管理制度。

④ 项目安全管理制度。

⑤ 项目计划、统计与进度管理制度。

⑥ 项目成本核算制度。

⑦ 项目材料、机械设备管理制度。

⑧ 项目现场管理制度。

⑨ 项目分配与奖励制度。

⑩ 项目例会及施工日志制度。

⑪ 项目分包及劳务管理制度。

⑫ 项目组织协调制度。

⑬ 项目信息管理制度。

4.4 项目的组织协调

4.4.1 组织协调概述

(1) 组织协调的概念　协调就是联结、联合、调和所有的活动和力量。协调工作应贯穿于施工项目管理的全过程，以排除障碍、解决矛盾、保证项目目标的顺利实现。

协调或协调管理，在美国的项目管理中称为“界面管理”，是指主动协调相互作用的子系统之间的能量、物质、信息交流，以实现系统目标的活动。

施工项目管理的组织协调一般包括三大类：一是“人员/人员界面”；二是“系统/系统界面”；三是“系统/环境界面”。

(2) 组织协调的范围和层次　根据系统的观点，协调的范围和层次可以分为系统（承包企业及项目经理部）内部关系协调和系统外部关系的协调。系统外部关系协调又可分为近外层关系协调和远外层关系协调。近外层关系协调是指承包企业（项目经理部）与同发包单位签有合同的单位之间的关系协调；远外层关系协调是指承包企业（项目经理部）与和项目管理工作有关但没有合同约束的单位之间的关系协调。

(3) 组织协调的工作内容　组织协调应坚持动态工作原则，根据施工项目运行的不同阶段所出现的主要矛盾作动态调整。例如，项目进行的初期主要是供求关系的协调，项目进行的后期主要是合同和法律、法规约束关系的协调。

一般来讲，组织协调的常见内容如下。

① 人际关系。包括施工项目组织内部、施工项目组织与关联单位人际关系的协调，以处理相关工作结合部中人与人之间在管理工作中的联系和矛盾。

② 组织机构关系。包括协调项目经理部与企业管理层及劳务作业层之间的关系，以实现合理分工、有效协作。

③ 供求关系。包括协调企业物资供应部门与项目经理部及生产要素供需单位之间的关系，以保证人力、材料、机械设备、技术、资金等各项生产要素供应的优质、优价、适时、适量。

④ 协作配合关系。包括近外层关系的配合，以及内部各部门、上下级、管理层与劳务作业层之间关系的协调。

⑤ 约束关系。包括法律法规约束关系、合同约束关系，主要通过提示、教育、监督、检查等手段防范矛盾，并及时、有效地解决矛盾。

(4) 组织协调的方法　项目经理及其他管理人员实施组织协调的常用方法如下。

① 会议协调法。包括召开工地例会、专题会议等。

② 交谈协调法。包括面对面交谈、电话交谈等。

③ 书面协调法。包括信函、数据电文等。

④ 访问协调法。包括走访、邀请，主要用于系统外部协调。

⑤ 情况介绍法。通常结合其他方法，共同使用。

4.4.2　内部关系的组织协调

企业内部关系的组织协调，一般应包括以下内容。

(1) 内部人际关系协调　主要依据各项规章制度，通过做好思想工作，加强教育培训，提高人员素质等方法实现。

(2) 项目经理部与企业管理层关系协调　主要依靠严格执行《项目管理目标责任书》等方法实现。

(3) 项目经理部与劳务作业层关系协调　主要依靠履行劳务合同，以及执行“施工项目管理实施规划”等方法实现。

(4) 内部供求关系协调　内部供求关系的涉及面广、协调工作量大，并存在相当的随机性。因此，项目经理部应认真做好供需计划的编制、平衡、执行工作，并充分发挥调度系统和调度人员的作用，加强调度工作，排除障碍。

4.4.3　近外层关系的组织协调

外层关系属于对法人的关系。因此，项目经理部进行近外层关系和远外层关系的组织协调时，必须在企业法定代表人的授权范围内实施。否则，项目经理部无权处理对外事务。

4.4.3.1 项目经理部与发包人的关系

项目经理部与发包人之间的关系协调，应贯穿于施工项目管理的全过程。协调的目的是搞好协作，协调的有效方法是执行合同，协调的重点是资金、质量和进度问题。

项目经理部要求发包人在施工准备阶段，按规定的时间履行合同约定的责任，保证工程顺利开工。发包人一般应完成以下工作：

① 取得政府主管部门对该项建设项目的批准文件。

② 取得地质勘探资料及施工许可证。

③ 取得施工用地范围及施工用地许可证。

④ 取得施工现场附近的铁路支线可供使用的许可证。

⑤ 取得施工区域内地上、地下原有建筑物及管线资料。

⑥ 取得在施工区域内进行爆破的许可证。

⑦ 施工区域内征地、青苗补偿及居民迁移工作。

⑧ 施工区域内地面、地下原有建筑物及管线、坟墓、树木、杂物等障碍的拆迁、清理、平整工作。

⑨ 将水源、电源、道路接通至施工区域。

⑩ 向所在地区市容办公室申请办理施工临时占地手续，负责缴纳应由发包人承担的费用。

⑪ 确定建筑物标高和坐标控制点及道路、管线的定位标桩。

⑫ 对国外提供的设计图纸，应组织相关人员按本地区的施工图标准及使用习惯进行翻译、放样及绘制。

⑬ 向项目经理部交送全部施工图纸及有关技术资料，并组织有关单位进行技术交底。

⑭ 向项目经理部提供应由发包人供应的设备、材料、成品、半成品加工订货单。

⑮ 会审、签认项目经理部提出的施工项目管理实施规划或施工组织设计。

⑯ 向建设银行提交开户、拨款所需文件。

⑰ 指派工地代表并明确负责人，书面通知项目经理部。

⑱ 负责将双方签订的“施工准备合同”交送合同管理机关签证。

项目经理部应在规定时间内承担合同约定的责任，为开工后连续施工创造条件。在施工准备阶段，项目经理部应完成的工作包括：

① 编制项目管理实施计划。

② 根据施工平面图的设计，搭建施工用临时设施。

③ 组织有关人员学习、会审施工图纸和有关技术文件，参加发包人组织的施工图交底与会审。

④ 根据出图情况，组织有关人员及时编制施工预算。

⑤ 向发包人提交应由发包人采购、加工、供应的材料、设备、成品、半成品的数量、规格清单，并确定进场时间。

⑥ 负责办理属于项目经理部供应的材料、成品、半成品的加工订货手续。

⑦ 特殊工程需由发包人在开工前预拨资金和钢材指标时，将钢材规格、数量、金额、拨付时间、抵扣办法等，在合同中加以明确。

项目经理部应及时向发包人提供有关的生产计划、统计资料、工程事故报告等。

4.4.3.2 项目经理部与监理单位的关系

项目经理部提供的是工程产品，而监理单位（项目监理机构）则是针对工程项目提供监理服务。两者地位平等，只是分工不同而已。

项目经理部应按《建设工程项目管理规范》、《建设工程监理规范》的规定和施工合同的要求，接受项目监理机构的监督和管理，并按照相互信任、相互支持、相互尊重、共同负责的原则，搞好协作配合，确保项目实施质量。例如，项目经理部有义务向项目监理机构报送有关方案、文件，应当接受项目监理机构的指令等。

4.4.3.3 项目经理部与设计单位的关系

承包单位与设计单位的工作联系原则上应通过建设单位进行，并须按图施工。项目经理部要领会设计文件的意图，取得设计单位的理解和支持；设计单位要对设计文件进行技术交底。

项目经理部应在设计交底、图纸会审、设计洽商变更、地基处理、隐蔽工程验收和交工验收等环节中与设计单位密切配合，同时接受发包人和项目监理机构对于双方进行的协调。

4.4.3.4 项目经理部与材料供应单位的关系

项目经理部与材料供应人应依据供应合同，充分运用市场的价格机制、竞争机制和供求机制搞好协作配合。

4.4.3.5 项目经理部与公用部门的关系

公用部门是指与项目施工有直接关系的社会公用性单位，例如，供水、供电、供气等单位。项目经理部与公用部门有关单位的关系，应通过加强计划性，以及通过发包人或项目监理机构进行协调。

4.4.3.6 项目经理部与分包单位的关系

项目经理部与分包单位关系的协调应严格执行分包合同，正确处理技术关系、经济关系，正确处理项目进度控制、质量控制、成本控制、安全控制、生产要素管理和现场管理中的协作关系。同时，项目经理部还应对分包单位的工作进行监督和支持。

4.4.4 远外层关系的组织协调

项目经理部处理远外层关系时，必须严格守法，遵守公共道德，并充分利用中介组织和社会管理机构的力量。

项目经理部对于远外层关系的协调，应按下列要求办理：

① 项目经理部应要求分包和劳务作业队伍到建设行政主管部门办理分包队伍施工许可证，到劳动管理部门办理劳务人员就业证。

② 隶属于项目经理部的安全监察部门应办理企业安全资格认可证、安全施工许可证、项目经理安全生产资格证等手续。

③ 隶属于项目经理部的安全保卫部门应办理施工现场消防安全资格许可证，到交通管理部门办理通行证。

④ 项目经理部应到当地户籍管理部门办理劳务人员暂住手续。

⑤ 项目经理部应到当地城市管理部门办理街道临建审批手续。

⑥ 项目经理部应到当地政府质量监督部门办理建设工程质量监督手续。

⑦ 项目经理部应到市容监察部门审批运输不遗洒、污水不外流、垃圾清运、场容与场貌达标的保证措施方案和通行路线图。

⑧ 项目经理部应配合环保部门做好施工现场的噪声检测工作，及时报送有关厕所、化粪池、道路等的现场平面布置图、管理措施及方案。

⑨ 项目经理部因建设需要砍伐树木时必须提出申请，报市园林主管部门审批。

⑩ 现有城市公共绿地和城市总体规划中确定的城市绿地及道路两侧的绿化带，如特殊原因确需临时占用时，需经城市园林部门、城市规划管理部门及公安部门同意并报当地政府批准。

⑪ 大型项目施工或者在文物较密集地区进行施工，项目经理部应事先与省文物部门联系，在开工范围内有可能埋藏文物的地方进行文物调查或者勘探工作。若发现文物，应共同商定处理办法。在开挖基坑、管沟或其他挖掘中，如果发现古墓葬、古遗址和其他文物，应立即停止作业，保护好现场，并立即报告当地政府文物管理机关。

⑫ 项目经理部持建设项目批准文件、地形图、建筑总平面图、用电量资料等到城市供电管理部门办理施工用电报装手续。委托供电部门进行方案设计的应办理书面委托手续。

⑬ 供电方案经城市规划管理部门批准后即可进行供电施工设计。外部供电图一般由供电部门设计，内部供电设计主要指变配电室和开闭间的设计，既可由供电部门设计，也可由有资格的设计人设计，并报供电管理部门审批。

⑭ 项目经理部在建设地点确定并对项目的用水量进行计算后，即应委托自来水管理部门进行供水方案设计，同时应提供项目批准文件，标明建设红线和建筑物位置的地形图、建设地点周围自来水管网情况、建设项目的用水量等资料。

⑮ 自来水供水方案经城市规划管理部门审查通过后，应在自来水管理部门办理报装手续，并委托其进行相关的施工图设计。同时应准备建设用地许可证、地形图、总平面图、钉桩坐标成果通知单、施工许可证、供水方案批准文件等资料。由其他设计人员进行的自来水工程施工图设计，应送自来水管理部门审查批准。

4.5 项目团队

团队是指为了达到某一确定目标，具有不同分工及不同层次权力和责任的一群人。团队是相对部门而言的，团队队员间的工作内容交叉程度高，相互协助性强，淡化分工。

项目团队就是为实现项目目标及适应项目环境变化而建立的团队。项目团队不仅仅是指被分配到某个项目中工作的一组人员，它更是指一组相互联系、同心协力工作，以实现项目目标，满足项目需求的人员。

4.5.1 项目团队的职责

项目团队的具体职责因项目的性质、复杂程度、规模大小和持续时间长短而异。项目团队的一般职责是项目计划、组织、指挥、协调和控制。

4.5.1.1 项目团队的特点

（1）共同的目标　对于一个项目而言，明确的目标是项目团队工作有成效的必要条件。每个团队成员都必须为实现项目目标而努力。

(2) 合理分工与协作　真正的项目团队中每个成员都应该明确自己的任务、责任以及各成员间的相互关系。

(3) 高度的凝聚力　一个成功的团队，必定是一个高凝聚力的团队，各成员都具有维持项目团队正常运转的向心力。

(4) 有效的沟通　高效的项目团队需具有全方位、各种各样的信息沟通渠道，保证沟通直接、高效。

4.5.1.2 项目团队的职责

(1) 项目团队领导者的职责

① 实现团队的目标。一个团队的领导者应当具有实现项目目标的能力与素质。要能够选择合适的、足够的人选参与计划的制定；能够把握项目成员集体工作的价值；无论对内还是对外，都能够担负起代表整个团队的责任。

② 保证团队的效率。确保团队所有成员都了解各自的职责，鼓励队员为团队的工作倾其所能；监督团队工作以确保各成员朝着同一个方向努力。

(2) 项目团队成员的职责　团队成员的首要任务是做好自己的工作，完成分配给自己的任务；为了实现项目团队的目标，成员间要相互协作、积极沟通；团队的职责一定要放在个人职责之前；团队成员要明确自己的全部职责，要有一种责任感。

4.5.2 项目团队的建立

要取得项目的成功，必须建立具有高绩效的项目团队，减少、化解项目执行中各种矛盾，调动各方面的积极性。

4.5.2.1 高绩效项目团队的特征

项目管理专家科兹纳认为高绩效项目团队具有以下特征：

① 具有较高的业绩和工作效率。

② 具有革新性和创造性行为。

③ 团队成员责任明确，职业目标与项目要求一致。

④ 具有解决冲突的能力。

⑤ 具有有效的交流。

⑥ 具有较高的信任度。

⑦ 相互合作和高度的工作热情，以及高昂的士气。

4.5.2.2 高绩效项目团队的建立方法

① 聘用项目成员。重视成员解决问题的能力，以及技术专长与创造性。

② 召开项目会议。首次会议项目经理要实现三个目标：提出对项目总的看法，确定项目团队的任务及关系，解决项目团队的运作方式。管理好以后的项目会议。

③ 制定基本规则。项目经理要迅速建立起具有操作性的基本规则，以规范团队的合作形式和行为。

④ 建立奖励系统。制定体恤项目成员的措施以及奖惩分明的工作制度。

4.5.3 项目团队精神

项目团队精神对于工程项目经理部的运作有着特殊的作用，项目团队精神是项目组织文化的具体体现。项目团队中每个成员都必须拥有以团队整体利益为主的团队精神。项目团队精神具体表现在以下方面。

① 有明确的共同目标，所有成员对目标有共识。团队中每个成员从项目开始就应该具有使命感和责任感，追求项目的成功。

② 有合理的分工与协作。团队成员具有不同的角色分配，根据自己的分工接受各自的行为约束，但在整体工作中要形成合力。

③ 有不同层次的权利与责任。

④ 团队有高度的凝聚力，能使每个成员积极地参与。

⑤ 团队成员全身心投入项目团队工作中。

⑥ 成员间互相信任。

⑦ 有效地沟通，成员交流经常化，时刻感觉到团队的存在，团队中有民主气氛。

⑧ 学习和创新是项目团队的核心活动。

思考题

1. 工程项目管理的组织形式主要有哪几种？ 各有何特点？
2. 工程项目管理组织机构的设置原则有哪些？
3. 项目经理应具备哪些基本素质？
4. 项目经理的责、权、利体现在哪些方面？
5. 项目经理责任制主体是什么？
6. 大中型项目经理部应设置哪些职能部门？
7. 项目经理部管理制度内容有哪些？
8. 施工项目管理与施工企业管理的关系如何？
9. 如何建立高绩效的项目团队，建立的方法有哪些？
10. 试阐述施工项目经理与建造师的关系，如何使自己尽快成为一名合格的建造师？

习题

1. 某施工企业承包了某小区的四幢住宅楼工程项目施工。该企业将其分包给四个项目经理部。试按矩阵式组织形式设计该施工项目的组织机构（绘制出组织机构示意图），并确定各职能部门的职责。

2. 某施工企业的某项目经理部承包了一幢预制装配式钢筋混凝土结构办公楼地上工程部分施工任务（基础工程已由另一承包企业施工完毕）。该工程内容主要包括：结构件运输与安装、二次结构、装饰装修，项目经理部分别安排 A、B、C 三个专业队伍施工。试选择适宜的组织形式，组建该施工项目的组织机构（绘制出组织机构示意图）。

第 5 章 施工组织设计

5.1 施工组织设计概述

5.1.1 施工组织设计的概念、分类与作用

5.1.1.1 施工组织设计的概念

施工组织设计是规划和指导施工项目从施工准备到竣工验收全过程的一个综合性的技术经济文件。施工组织设计是施工准备工作的重要组成部分，是编制施工预算和施工计划的主要依据，是做好施工准备工作、合理组织施工和加强项目管理的重要措施。

施工组织设计既要体现工程项目的设计和使用要求，又要符合工程施工的客观规律，对施工全过程起战略部署和战术安排的双重作用。施工组织设计要在充分研究工程的客观情况和施工特点的基础上，结合施工企业的技术力量、装配水平，从人力、材料、机械、施工方法和资金五个基本要素进行统筹规划、合理安排；充分利用有限的空间和时间，采用先进的施工技术，选择合理的施工方案，确定科学的施工进度，建立正常的生产秩序，用最少的资源和财力取得质量高、工期短、成本低、效益好、用户满意的工程产品。

《建设工程项目管理规范》(GB/T 50326—2006) 将施工组织设计称为施工项目管理规划。施工项目管理规划又分为施工项目管理规划大纲和施工项目管理实施规划。前者是由参加项目投标的施工企业管理层在投标之前编制的，旨在作为投标依据，其内容要满足招标文件要求及签订合同要求；后者是在项目中标之后、开工之前，由项目经理主持编制的，旨在作为指导施工全过程各项工作的依据。

5.1.1.2 施工组织设计的分类

根据编制对象不同，施工组织设计一般分为施工组织总设计、单位工程施工组织设计和分部（分项）工程施工组织设计三类。

(1) 施工组织总设计　施工组织总设计是以建设项目或群体工程为对象进行编制，对其进行统筹规划，指导全局的施工组织设计。施工组织总设计一般在建设项目的初步设计或技术设计批准后，由建设总承包单位编制。由于大、中型建设项目的施工工期往往需要多年，因此，施工组织总设计是编制施工企业年度施工计划的主要依据之一。

(2) 单位工程施工组织设计　单位工程施工组织设计是以一个单位工程或一个交工的系统工程为对象而编制的，在施工组织总设计的总体规范和控制下，进行较具体、详细的施工安排，也是施工组织总设计的具体化，是指导本工程项目施工生产活动的文件，也是编制本工程项目季、月度施工计划的依据。单位工程施工组织设计一般是在开工前，由单位工程施

工项目技术负责人组织编制。

(3) 分部(分项)工程施工组织设计　分部(分项)工程施工组织设计,也称为专项施工方案,是以规模较大、技术较复杂或危险性较大或季节性较强的分部分项工程为对象进行编制,用来具体指导分部分项工程的施工。分部分项工程施工组织设计的编制工作一般与单位工程施工组织设计同时进行,由单位工程施工项目技术负责人或分部分项工程的分包单位技术负责人组织编制。

施工组织总设计、单位工程施工组织设计、分部分项工程施工组织设计之间有如下关系:施工组织总设计是指导全场性施工活动和控制各个单位工程施工全过程的综合性文件;单位工程施工组织设计是以施工组织总设计和企业施工计划为依据编制的,把施工组织总设计的有关内容在单位工程上具体化;分部分项工程施工组织设计是以施工组织总设计、单位工程施工组织设计和企业施工计划为依据编制的,把单位工程施工组织设计的有关内容在分部分项工程上具体化,是专业工程的作业设计。

5.1.2　施工组织设计的编制依据、内容与程序

由于施工组织设计的编制对象、编制时间和编制单位等不同,施工组织设计的编制依据、内容与程序等也不尽相同。本书主要阐述由施工单位编制的单位工程施工组织设计的相关内容。

5.1.2.1　单位工程施工组织设计的编制依据

单位工程施工组织设计的编制依据主要有以下几个方面。

① 施工组织总设计,主要指施工组织总设计对本单位工程的工期、质量和成本控制的目标要求及提供的条件。

② 单位工程全部施工图纸及其标准图。

③ 单位工程工程地质勘探报告、地形图和工程测量控制网。

④ 承包单位年度施工计划对本工程开竣工的时间要求。

⑤ 合同文件,包括:a. 协议书;b. 中标通知书;c. 投标书及其附件;d. 专用条款;e. 通用条款;f. 标准、规范及其有关技术文件;g. 图纸;h. 工程量清单;i. 工程报价单或施工图预算书。

⑥ 法律、法规、技术规范文件,指本工程所涉及的国家、行业、地方主要法律、法规、技术规范、规程和企业技术标准及质量、环境、职业安全健康管理体系文件。

⑦ 其他有关文件,指与本工程有关的国家批准的基本建设计划文件,建设地区主管部门的批文,施工单位上级下达的施工任务书等。

5.1.2.2　单位工程施工组织设计的编制内容

单位工程施工组织设计,根据工程性质、规模、繁简程度的不同,其内容和深度广度要求不同,不强求一致,但基本内容必须齐全、简明扼要,使其真正起到指导现场施工的作用。

单位工程施工组织设计较完整的内容一般包括:

① 编制说明和依据。

② 工程概况及施工特点。

③ 施工部署和主要工程项目施工方案。

④ 施工进度计划。

⑤ 施工准备工作计划。

⑥ 劳动力、材料、构件、加工品、施工机械和机具等需要计划。

⑦ 施工平面图。

⑧ 保证质量、降低成本等技术组织措施。

⑨ 健康、安全和环境管理体系及保证措施。

⑩ 项目信息管理措施，包括协调、沟通，以及信息形成、整理及归档保存等。

⑪ 各项技术经济指标。

5.1.2.3　单位工程施工组织设计的编制程序

单位工程施工组织设计的编制程序如图 5-1 所示。

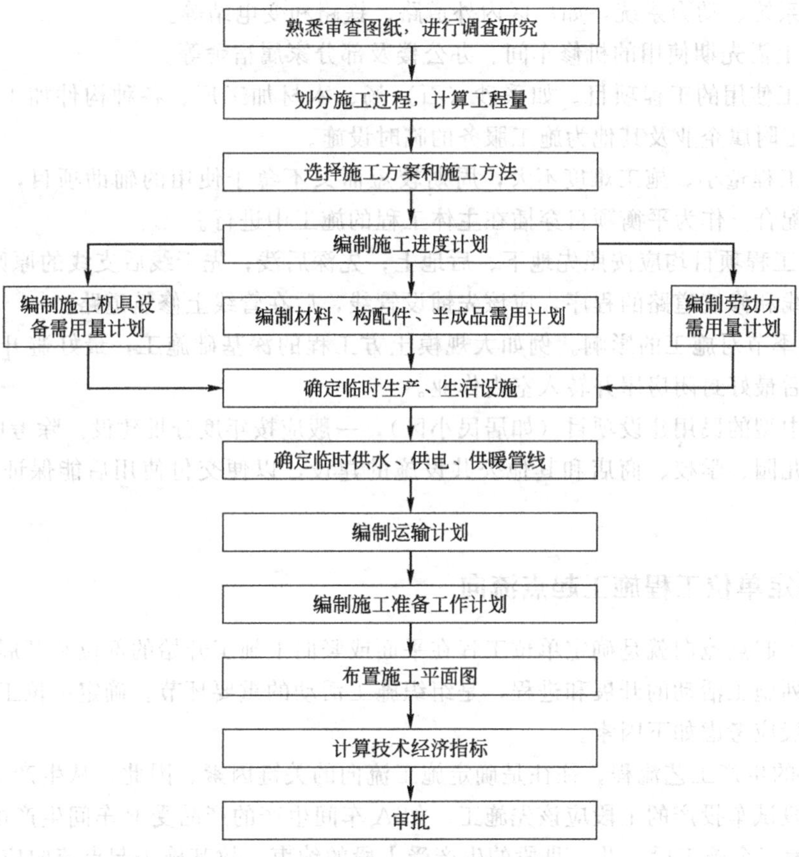

图 5-1　单位工程施工组织设计的编制程序

5.2　施工方案

5.2.1　确定施工展开程序

对于大中型建设项目，应根据总目标的要求，确定合理的工程建设分期分批开展程序。有些大型工业企业项目，如冶金联合企业、化工联合企业、火力发电厂等都是由许多工厂或车间组成的，在确定施工开展程序时，主要应考虑以下几点。

① 在保证工期的前提下，实行分期分批建设。既可使各具体项目迅速建成，尽早投入使用，又可在全局上实现施工的连续性和均衡性，减少暂设工程数量，降低工程成本，充分发挥国家基本建设投资的效果。一般大中型工业建设项目都应该在保证工期的前提下分期分批建设。至于分几期施工，各期工程包含哪些项目，则要根据生产工艺要求、工程规模大小、施工难易程度、技术资源情况来确定。

② 统筹安排各类项目施工，保证重点，兼顾其他，确保工程项目按期投产。按照各工程项目的重要程序，应优先安排的工程项目是：

a. 按生产工艺要求，需先期投入生产或起主导作用的工程项目。

b. 工程量大、施工难度大、工期长的项目。

c. 运输系统、动力系统，如厂区内外道路、铁路和变电站等。

d. 生产上需先期使用的机修车间、办公楼及部分家属宿舍等。

e. 供施工使用的工程项目。如采砂（石）场、木材加工厂、各种构件加工厂、混凝土搅拌站等施工附属企业及其他为施工服务的临时设施。

f. 对于工程量小、施工难度不大，周期较短而又不急于使用的辅助项目，可以考虑与主体工程相配合，作为平衡项目穿插在主体工程的施工中进行。

③ 所有工程项目均应按照先地下、后地上；先深后浅；先干线后支线的原则进行安排。如，地下管线和修筑道路的程序，应该先铺设管线，后在管线上修筑道路。

④ 考虑季节对施工的影响。例如大规模土方工程的深基础施工，最好避开雨季；寒冷地区入冬以后最好封闭房屋并转入室内作业。

对于大中型的民用建设项目（如居民小区），一般应按年度分批建设。除考虑住宅以外，还应考虑幼儿园、学校、商店和其他公共设施的建设，以便交付使用后能保证居民的正常生活。

5.2.2 确定单位工程施工起点流向

确定施工起点流向就是确定单位工程在平面或竖向上施工开始的部位和开展的方向。它牵涉到一系列施工活动的开展和进程，是组织施工活动的重要环节。确定单位工程施工起点流向时，一般应考虑如下因素。

① 车间的生产工艺流程，往往是确定施工流向的关键因素。因此，从生产工艺上考虑，影响其他工段试车投产的工段应该先施工。如 A 车间生产的产品受 B 车间生产的产品影响，B 车间划分为三个施工段，Ⅱ、Ⅲ段的生产受Ⅰ段的约束，故其施工起点流向应从 B 车间的Ⅰ段开始，如图 5-2 所示。

② 建设单位对生产和使用的需要。一般应考虑建设单位对生产或使用急的工段或部位先施工。

③ 施工的繁简程度。一般技术复杂、施工进度慢、工期较长的区段或部位应先施工。

④ 房屋高低层或高低跨。如柱子的吊装应从高低跨并列处开始；屋面防水施工应按先高后低的方向施工，同一屋面则由檐口到屋脊方向施工；基础有深有浅时，应按先深后浅的顺序施工。

⑤ 工程现场条件和施工方案。施工场地的大小、道路布置和施工方案中采用的施工方法和施工机械是确定施工起点和流向的主要因素。如土方工程边开挖边余土外运，则施工起

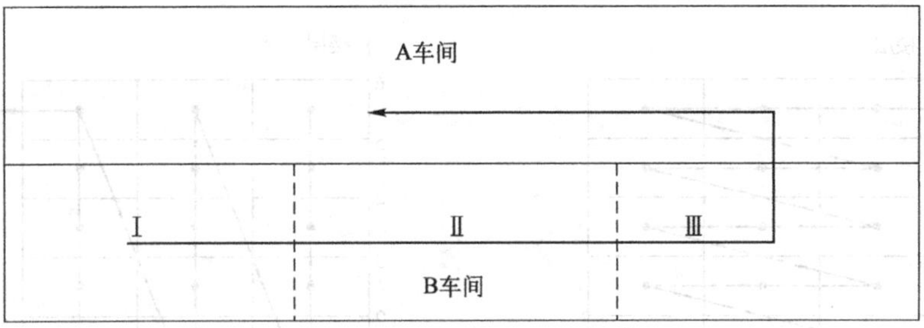

图 5-2 施工起点流向示意图

点应确定在离道路远的部位和由远及近的进展方向。

⑥ 分部分项工程的特点及相互关系。如室内装修工程除平面上的起点和流向外，在竖向上还要决定其流向，而竖向的流向确定更显得重要。密切相关的分部分项工程的流向，一旦前导施工过程的起点流向确定之后，后续施工过程便也随其而定了。

在流水施工中，施工起点流向决定了各施工段的施工顺序。因此，确定施工起点流向的同时，应当将施工段的划分和编号也确定下来。

下面以多层建筑物装饰工程为例加以说明。根据装饰工程的工期、质量和安全要求，以及施工条件，其施工起点流向一般分为以下两种。

① 室外装饰工程自上而下的流水施工方案。

② 室内装饰工程自上而下和自下而上以及自中而下再自上而中三种流水施工方案。

室内装饰工程自上而下的流水施工方案，通常是主体结构工程封顶、做好屋面防水后，从顶层开始，逐层往下进行。其施工流向如图 5-3 所示，有水平向下、垂直向下两种情况。通常采用图 5-3(a) 所示的水平向下的流向较多。

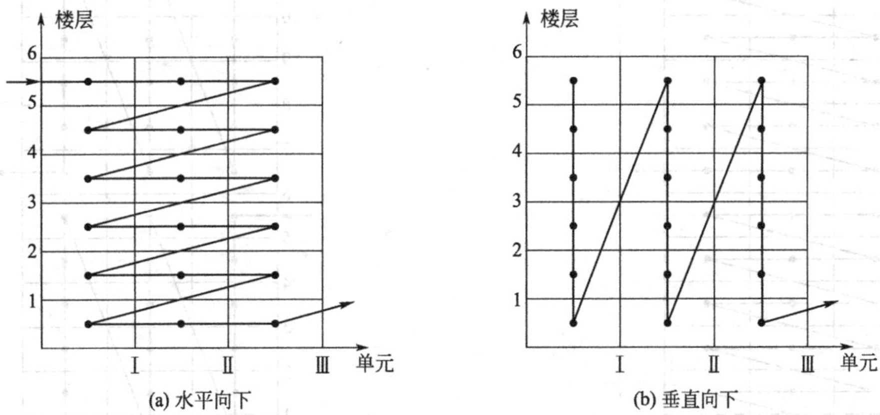

图 5-3 室内装饰工程自上而下的流向

这种起点流向的优点是主体结构完成后，有一定的沉降时间，能保证装饰工程的质量。做好屋面防水层后，可防止在雨季施工时因雨水渗漏而影响装饰工程的质量。并且自上而下的流水，各工序之间交叉少，便于组织施工，保证施工安全，从上往下清理垃圾方便。其缺点是不能与主体结构施工搭接，因而工期较长。

室内装饰工程自下而上的流水施工方案，是指当主体结构工程的砖墙砌到 2～3 层以上时，装饰工程从一层开始，逐层向上进行，其施工流向如图 5-4 所示，有水平向上和垂直向上两种情况。

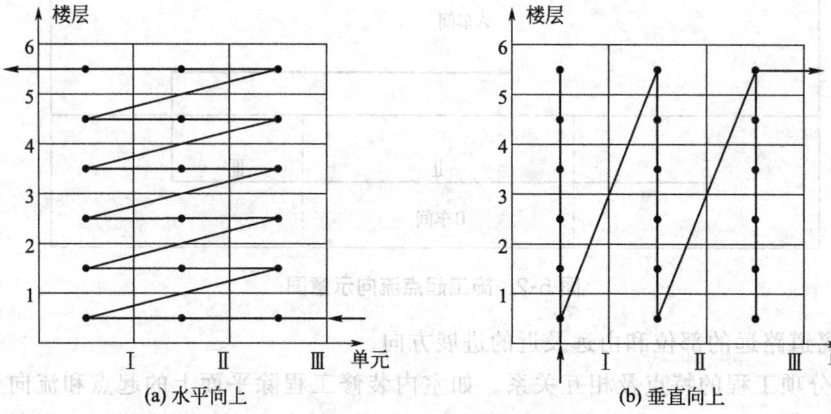

图 5-4　室内装饰工程自下而上的流向

这种起点流向的优点是可以和主体砌筑工程进行交叉施工，故工期较短。其缺点是工序之间交叉较多，需要很好地组织施工，并采取安全措施。当采用预制楼板时，由于板缝填灌不实，以及靠墙一边较易渗漏雨水和施工用水，影响装饰工程质量，为此在上下两相邻楼层中，应首先抹好上层地面，再做下层天棚抹灰。

自中而下再自上而中的流水施工方案如图 5-5 所示，综合了上述两者的优缺点，适用于中、高层建筑的装饰工程。

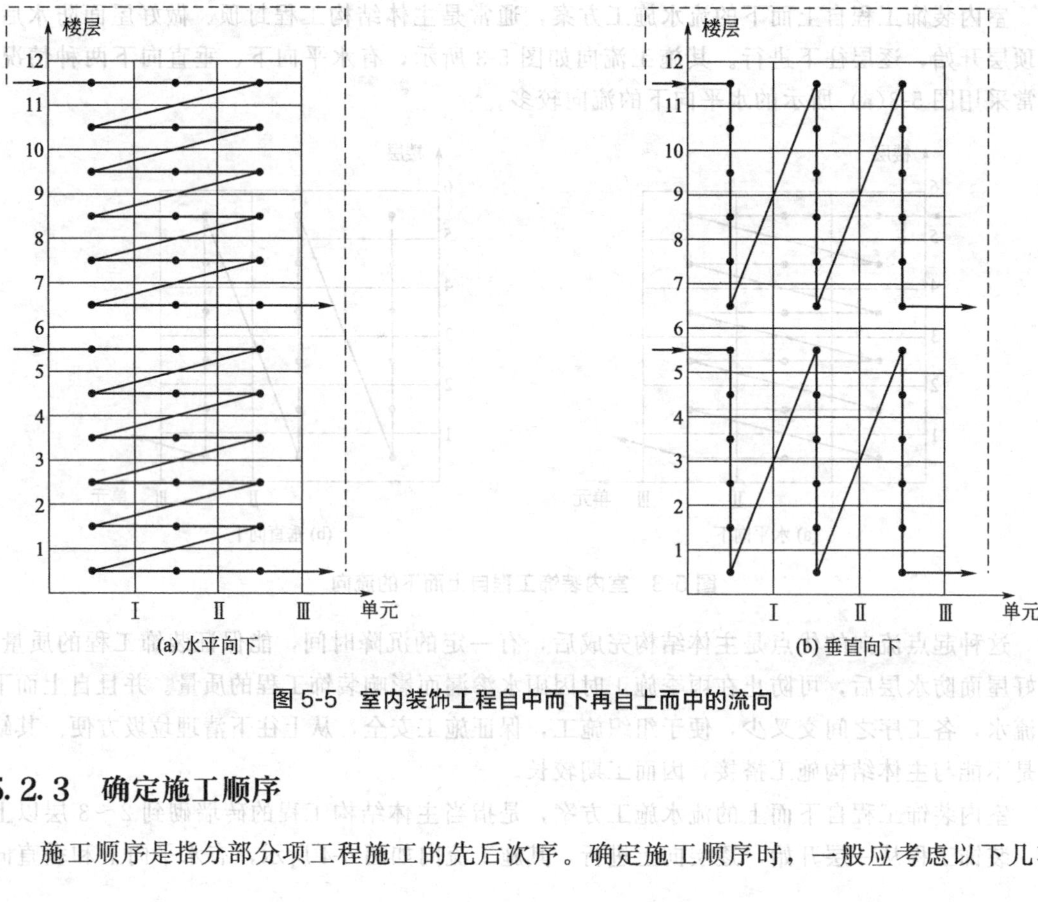

图 5-5　室内装饰工程自中而下再自上而中的流向

5.2.3　确定施工顺序

施工顺序是指分部分项工程施工的先后次序。确定施工顺序时，一般应考虑以下几项因素：

① 遵循施工展开程序。

② 符合施工工艺要求。

③ 与施工方法一致。

④ 按照施工组织的要求。

⑤ 考虑施工安全和质量。

⑥ 考虑当地气候的影响。

现将多层混合结构居住房屋和装配式钢筋混凝土单层工业厂房的施工顺序分别叙述如下。

5.2.3.1 多层混合结构居住房屋施工顺序

多层混合结构的施工，可分为基础工程、主体结构工程、屋面及装修工程三个阶段。图 5-6 为混合结构三层居住房屋施工顺序示意图。

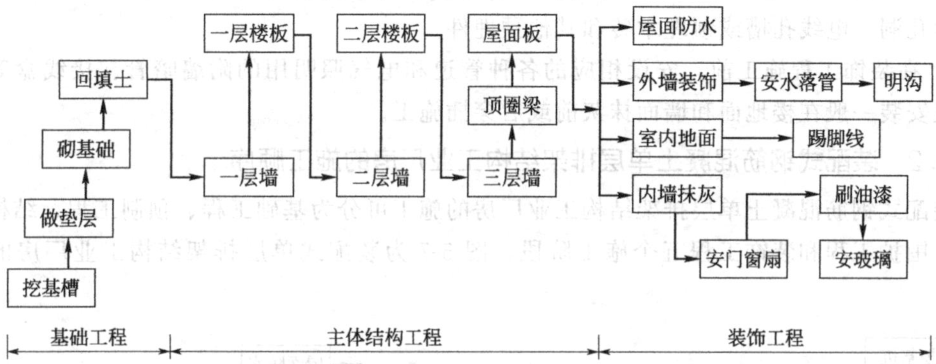

图 5-6 三层混合结构居住房屋施工顺序示意图

(1) 基础工程的施工顺序 基础工程阶段是指室内地坪（±0.00）以下的所有工程施工阶段，其顺序是：挖土→做垫层→砌基础→铺防潮层→回填土。如果地下有障碍物、坟穴、防空洞等，需先进行处理；如有桩基础，应先进行桩基础施工；如有地下室，则在基础砌完或砌完一部分后，砌筑地下室墙；在做完防潮层后安装地下室顶板，最后回填土。

(2) 主体结构的施工顺序 主体结构工程阶段的工作，通常包括搭脚手架、墙体砌筑、安门窗框、安预制过梁、安预制楼板、现浇卫生间楼板、安楼梯或浇楼梯、安屋面板等工程，其中墙体砌筑与安装楼板为主导施工过程，各层预制楼梯段的安装必须与砌墙和安楼板紧密配合，否则由于养护时间的影响将使后续工作不能及早进行。

(3) 屋面和装饰工程的施工顺序 这个阶段的施工具有内容多、劳动消耗量大且手工操作多、需要的时间长等特点。屋面工程的施工顺序分为找平层→隔气层→保温层→找平层→防水层。刚性防水屋面的现浇钢筋混凝土防水层，分隔缝施工应在主体结构完成后开始并尽快完成，以便为室内装饰创造条件。一般情况下，屋面工程可以和装饰工程搭接施工。

装饰工程可分室外装饰和室内装饰。室内外装饰工程的施工顺序有先内后外、先外后内、内外同时进行三种。具体确定哪种顺序应视施工条件和气候而定。通常室外装饰应避开冬季和雨季。室内为水磨石板时为防止楼面施工时渗水对墙面的影响，应先完成水磨石的施工，如果为了加速脚手架周转或要赶在冬雨季到来之前完成外装修，则应采取先外后内的顺序。

同一层的室内抹灰施工顺序有地面→天棚→墙面和天棚→墙面→地面两种。前一种顺序便于清理地面，地面质量易于保证，且便于收集墙面和天棚的落地灰，节省材料；后一种顺序在做地面前必须将天棚和墙面上的落地灰和渣子清扫干净后再做面层，否则会影响地面面层同预制楼板间的粘贴，引起地面空鼓。

底层地面一般多是在各层天棚、地面、楼面做好之后进行，门窗安装一般在抹灰之前或后进行，视气候和条件而定。

室外装饰工程在由上往下每层装饰、落水管等分项工程全部完成后，即开始拆除该层的脚手架，然后进行散水坡及台阶的施工。

(4) 水暖电卫等工程的施工顺序　水暖电卫工程不同于土建工程，可以分成几个明显的施工阶段，它一般与土建工程中有关分项工程之间进行交叉施工，紧密配合。

① 在基础工程施工时，先将相应的上下水管沟和暖气管沟的垫层、管沟墙做好，然后回填土。

② 在主体结构施工时，应在砌墙或现浇钢筋混凝土楼板的同时，预留上下水管和暖气立管的孔洞、电线孔槽或预埋木砖和其他预埋件。

③ 在装饰工程施工前，安设相应的各种管道和电气照明用的附墙暗管、接线盒等。水暖电卫安装一般在楼地面和墙面抹灰前或后穿插施工。

5.2.3.2　装配式钢筋混凝土单层排架结构工业厂房的施工顺序

装配式钢筋混凝土单层排架结构工业厂房的施工可分为基础工程、预制工程、结构安装工程、围护工程和装饰工程五个施工阶段，图 5-7 为装配式单层排架结构工业厂房的施工顺序。

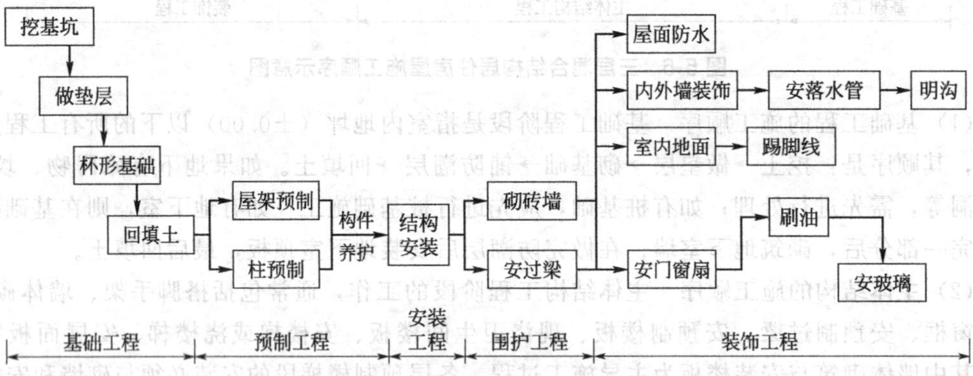

图 5-7　装配式单层排架结构工业厂房的施工顺序

(1) 基础工程的施工顺序　基础工程的施工顺序通常是基坑挖土→垫层→绑筋→支基础模板→浇混凝土基础→养护→拆模→回填土。

当中型、重型工业厂房建设在土质较差的地区时，一般需要用桩基础。此时为缩短工期，常将打桩工程安排在准备阶段进行。

对于厂房的设备基础，由于其与厂房柱基础施工顺序的不同，常常会影响到主体结构的安装方法和设备安装投入的时间，因此需要根据不同的情况决定。通常有以下三种方案。

① 当厂房柱基础的埋置深度大于设备基础埋置深度时，采用"封闭式"施工，即厂房柱基础先施工，设备基础后施工。

通常，当厂房施工处于雨季或冬季时，或设备基础不大，在厂房结构安装后对厂房结构稳定性并无影响时，或对于较大较深的设备基础采用了特殊的施工方法（如沉井时），可采用“封闭式”施工。

② 当设备基础埋置深度大于厂房基础的埋置深度时，通过采用“开敞式”施工，即厂房柱基础后施工和设备基础先施工。

③ 同时施工，只有当设备基础较大较深，其基坑的挖土范围已经与柱基础的基坑挖土范围连成一片或深于厂房柱基础，以及厂房所在地点土质不佳时，方采用厂房柱基础与设备基础同时施工的顺序。

在单层工业厂房基础施工前，和民用房屋一样，也要先处理好其下部的松软土、洞穴等，然后分段进行施工。在安排各分项工程之间的搭接时，应根据当时的气温条件，加强对钢筋混凝土垫层和基础的养护，在基础混凝土达到拆模强度后方可拆模，并及早进行回填土，从而为现场预制工程创造条件。

(2) 预制工程的施工顺序　单层工业厂房构件的预制方式，一般采用加工厂预制和现场预制相结合的方法。通常对于重量较大或运输不便的大型构件，可在拟建车间现场就地预制，如柱、托架梁、屋架、吊车梁等中小型构件可在加工厂预制，但在具体确定预制方案时，应结合构件技术特征、当地的生产、施工、运输条件等多方面因素进行技术经济分析之后确定。一般来说，预制构件的施工顺序与结构吊装方案有关。

① 场地狭小、工期又允许时，构件制作可分别进行。先预制柱和吊车梁，待柱和梁安装完毕后再进行屋架预制。

② 场地宽敞时，在柱、梁制完后即进行屋架预制。

③ 场地狭小工期又紧时，可将柱和梁等构件在拟建车间内就地预制，同时在车间外进行屋架预制。

现场后张法预应力屋架的施工顺序为：场地平整夯实支模→扎筋→预留孔道→浇筑混凝土→养护→拆模→预应力筋张拉→锚固→放张→灌浆。

(3) 结构安装工程的施工顺序　结构安装施工的顺序取决于吊装方法。采用分件吊装法时，顺序为第一次开行吊装柱，校正固定，灌缝混凝土强度达到70%后，第二次开行吊装吊车架、连系梁和基础梁，第三次开行吊装屋盖构件。采用综合吊装法时，顺序依次为吊装第一节间四根柱，校正固定后安装吊车梁及屋盖等构件，如此至整个车间安装完毕。

(4) 围护工程的施工顺序　围护工程阶段的施工包括内外墙体砌筑、搭脚手架、安装门窗框和屋面工程等。在厂房结构安装工程结束后，或安装完一部分区段后即可开始内外墙砌筑工程的分段施工。脚手架应配合砌筑和屋面工程搭设，在室外装饰之后、散水坡施工前拆除。屋面工程的顺序同混合结构居住房屋的屋面施工顺序。

(5) 装饰工程的施工顺序　具体分为室内装饰和室外装饰。

一般单层厂房的装饰工程与其他施工过程穿插进行。水暖电气安装工程与混合结构居住房屋的施工顺序基本相同，但应注意空调设备安装的安排。

这些仅适用于一般情况。由于结构、现场条件、施工环境不同，均会对施工过程和顺序产生不同影响，因此须根据施工特点和具体情况合理确定施工顺序。

5.2.4　选择施工方法和施工机械

选择施工方法和施工机械是施工方案中的关键问题。它直接影响施工进度、施工质量和安全，以及工程成本。编制施工组织设计时，必须根据工程项目的建筑结构、抗震要求、工程量的大小、工期长短、资源供应情况、施工现场的条件和周围环境，制定出可行方案，并且进行技术经济比较，确定出最优方案。

5.2.4.1 选择施工方法

选择施工方法时着重考虑影响整个单位工程施工的分部分项工程，如工程量大的且在单位工程中占重要地位的分部（分项）工程，施工技术复杂或采用新技术、新工艺及对工程质量起关键作用的分部（分项）工程和不熟悉的特殊结构工程或由专业施工单位施工的特殊专业工程的施工方法。

通常，施工方法选择的内容如下。

（1）土石方工程

① 计算土石方工程量，确定土石方开挖或爆破方法，选择土石方施工机械。

② 确定放坡坡度系数或土壁支撑形式和支设方法。

③ 选择排除地面、地下水的方法，确定排水沟、集水井或井点布置。

④ 确定土石方平衡调配方案。

（2）基础工程

① 基础垫层、混凝土基础和钢筋混凝土基础施工的技术要求，以及地下室施工的技术要求。

② 桩基础施工方法及施工机械选择。

（3）砌筑工程

① 墙体的砌筑方法和质量要求。

② 弹线及皮数杆的控制要求。

③ 确定脚手架搭设方法及安全网的挂设方法。

（4）钢筋混凝土工程

① 确定模板类型及支模方法，对于复杂的工程还需要进行模板设计及绘制模板放样图。

② 选择钢筋的加工、连接和支设方法。

③ 选择混凝土的制备、输送及浇筑顺序和方法，确定混凝土施工设备的类型和规格，确定施工缝的留设位置。

④ 确定预应力混凝土的施工方法、控制应力和张拉设备等。

（5）结构安装工程

① 确定结构安装方法和起重机械。

② 确定构件运输及堆放要求。

（6）屋面工程

① 屋面各个分项工程施工的操作要求。

② 确定屋面构件的运输与安装方式。

（7）装饰工程

① 各种装修的操作要求和方法。

② 选择材料运输方式及储存要求。

5.2.4.2 选择施工机械

选择施工方法必然涉及施工机械的选择问题。机械化施工是改变建筑工业生产落后面貌，实现建筑工业化的基础，因此施工机械的选择是施工方法选择的中心环节。选择施工机械时，应着重考虑以下几方面。

① 选择施工机械时，应首先根据工程特点选择适宜的主导工程的施工机械，如在选择装配式结构安装用的起重机类型时，如果工程量较大而又集中，可以采用生产率较高的塔式起重机，但当工程量较小或工程量虽大却相当分散，则采用无轨自行式起重机较经济；在选择起重机型号时，应使起重机在起重臂外伸长度一定的条件下能适应起重量及安装高度的要求。

② 几种辅助机械或运输工具应与主导机械的生产能力协调配套，以充分发挥主导机械的效率。如土方工程中采用汽车运土时，汽车的载重量应为挖土机斗容量的整数倍，汽车的数量应保证挖土连续工作。

③ 在同一工地上，应力求施工机械的种类和型号少一些，以利于机械管理。为此，工程量大且分散时，宜采用多种用途机械施工，如挖掘机既可挖土，又能用于装卸、起重。

④ 机械选择应考虑充分发挥施工单位现有机械的能力。当本单位的机械能力不能满足工程需要时，则应购置或租赁所需新型机械或多用途机械。

5.2.4.3　施工方案的技术经济评价

对施工方案进行技术经济评价是选择最优施工方案的重要环节之一。因为任何一个分部（分项）工程，都有几个可行的施工方案，而施工方案的技术经济评价的目的就是对每一个分部（分项）工程的施工方案进行优选，选出一个工期短、质量好、材料省、劳动力安排合理、工程成本低的最优方案。

施工方案的技术经济评价涉及的因素多而复杂，一般只需对一些主要分部分项工程的施工方案进行技术经济比较，当然有时也需对一些重大工程项目的总体施工方案进行全面的技术经济评价。

一般来说，施工方案的技术经济评价有定性分析评价和定量分析评价两种。

(1) 定性分析评价　施工方案的定性技术经济分析评价是结合施工实际经验，对若干施工方案的优缺点进行分析比较，如技术上是否可行、施工复杂程度和安全可靠性如何、劳动力和机械设备能否满足需要，是否能充分发挥现有机械的作用、保证质量的措施是否完善可靠、对冬季施工带来多大困难等。

(2) 定量分析评价　施工方案的定量技术经济分析评价是通过计算各方案的主要技术经济指标，进行综合比较分析，从中选择技术指标较佳的方案。定量分析常分为以下两种方法。

① 多指标分析法。它是用价值指标、实物指标和工期指标等一系列单个的技术经济指标，对各个方案进行分析对比从中选优的方法。

定量分析的指标通常有：

a. 工期指标。当要求工程尽快完成以便尽早投入生产或使用时，选择施工方案就要在确保工程质量、安全和成本较低的条件下，优先考虑缩短工期。

b. 劳动量指标。它能反映施工机械化程度和劳动生产率水平。通常，在方案中劳动消耗越小，机械化程度和劳动生产率越高。劳动消耗指标以工日数计算。

主要材料消耗指标，反映若干施工方案的主要材料节约的情况。

c. 成本指标。反映施工方案的成本高低，一般需计算方案所用直接费和间接费。成本指标 C 可由下式计算。

$$C=\text{直接费}\times(1+\text{综合费率}) \tag{5-1}$$

其中直接费＝分部分项工程直接费×(1＋其他直接费率)

式中，C 为完成某项工程所需的总费用。综合费率应考虑间接费、技术装备费或某些其他费用。它与建设地区、工程类型、专业工程性质、承包方式等有关。

d. 投资额指标。当选定的施工方案需要增加新的投资时，则需设增加投资额的指标，进行比较。

【例 5-1】 拟开挖钢筋混凝土结构综合楼的基坑，其平面尺寸为 147.5m×124.46m，坑深为 3.71m，土质为二、三类土，土方量为 9000m^3，因场地狭小，挖出的土除就地存放 1200m^3 准备回填之用外，其余土须用汽车及时运走。根据现有劳动力和机械设备条件，可以采用以下两种施工方案。在两种方案中，挖掘机与拖车进出场按 0.5 台班考虑，挖掘每天安排一个台班，每班需普工 2 人配合，普工工资标准为 60.00 元/工日。现场安全文明施工措施等其他直接费用为基坑挖掘费用的 6.9%，管理费等综合取费率按 15%考虑。

解 方案 1：W1-100 型反铲挖掘机挖土

采用该方案不需开挖斜道。W1-100 型反铲挖掘机的台班生产率为 529m^3，每台班租赁费 1728.80 元（含二名操作工人工资在内）。基坑边坡修整与清底需普工劳动量 51 工日。

① 工期指标＝9000/529＋0.5≈18(班)＝18(天)

② 劳动量指标＝2×18＋51＝87(工日)

③ 成本指标

基坑挖掘费用＝18×1728.80＋87×60.00＝36338.40(元)

基坑开挖直接费用＝36338.40×(1＋6.9%)＝38845.75(元)

基坑开挖总费用＝38845.75×(1＋15%)＝44672.61(元)

方案 2：W-50 型正铲挖掘机挖土

采用该方案需先开挖一条供挖掘机及汽车出入的斜道，斜道土方量约为 110m^3。W-50 型正铲挖掘机台班生产率为 518m^3，每台班租赁费为 1750.50 元（含两名操作工人工资在内）。斜道回填按 1 天考虑，需普工劳动量 33 工日。基坑边坡修整与清底需普工劳动量 42 工日。

① 工期指标＝(9000＋110)/518＋1＋0.5≈19(班)＝19(天)

② 劳动量指标＝2×19＋33＋42＝113(工日)

③ 成本指标

基坑挖土费用＝19×1750.50＋113×60.00＝40039.50(元)

基坑开挖直接费用＝40039.50×(1＋6.9%)＝42802.23(元)

基坑开挖总费用＝42802.23×(1＋22.5%)＝52432.73(元)

两种方案的技术经济指标计算结果汇总见表 5-1。

表 5-1 两种基坑开挖方案的技术经济指标比较

开挖方案	工期/天	劳动量/工日	成本/元	方案说明
方案 1	18	87	44672.61	反铲挖掘机 W1-100 型
方案 2	19	113	52432.73	正铲挖掘机 W-50 型

注：考虑两方案的机械进出场费用、土方运输费用相同未计入比较指标中。

从表5-1中可以看出，方案1各指标均较优，故采用方案1。

② 综合指标分析方法。综合指标分析方法是以多指标为基础，将各指标的值按照一定的计算方法进行综合后得到一综合指标进行评价。

该方法首先根据多指标中各个指标在评价中重要性的相对程度，分别定出权重值W_j，再用同一指标依据其在各方案中的优劣程度定出其相应的分值C_{ij}，设有m个方案和n种指标，则第i方案的综合指标A_i为

$$A_i=\sum_{j=1}^{n}C_{ij}W_j \tag{5-2}$$

式中，$i=1,2,\cdots,m$；$j=1,2,\cdots,n$，综合指标值最大者为最优方案。

5.3 施工进度计划

5.3.1 施工进度计划概述

施工进度计划是在既定施工方案的基础上，根据规定工期和各种资源供应条件，按照施工过程的合理施工顺序及组织施工的原则，用横道图或网络图，对一个工程从开始施工到工程全部竣工，确定其全部施工过程在时间上和空间上的安排和相互配合关系。

5.3.1.1 施工进度计划的作用

工程项目施工进度计划的作用是：

① 控制单位工程的施工进度，保证在规定工期内完成满足质量要求的工程任务。

② 确定单位工程的各个施工过程的施工顺序、施工持续时间及相互衔接和合理配合关系。

③ 为编制季度、月度生产作业计划提供依据。

④ 确定劳动力和各种资源需要量计划和编制施工准备工作计划的依据。

5.3.1.2 施工进度计划的编制依据

编制施工进度计划，主要依据下列资料：

① 经过审批的建筑总平面图及单位工程全套施工图以及地质、地形图、工艺设置图、设备及其基础图、采用的标准图等图纸及技术资料。

② 施工组织总设计对本单位工程的有关规定。

③ 施工工期要求及开、竣工日期。

④ 施工条件、劳动力、材料、构件及机械的供应条件、分包单位的情况等。

⑤ 确定的重要分部分项工程的施工方案，包括确定施工顺序、划分施工段、确定施工起点流向、施工方法、质量及安全措施等。

⑥ 劳动定额及机械台班定额。

⑦ 其他有关要求和资料，如工程合同等。

5.3.1.3 施工进度计划的表示方法

施工进度计划一般用图表来表示，有两种形式的图表：横道图和网络图。横道图的形式见表5-2。

表 5-2　单位工程施工进度横道图表

序号	分部分项工程名称	工程量		时间定额	劳动量		需用机械		每天工作班次	每班工人数	工作天数	施工进度						
		单位	数量		工种	数量/工日	机械名称	台班数				月					月	
												5	10	15	20	25	5	10

从表中可看出，它由左右两部分组成，左边部分列出各种计算数据，如分部分项工程名称、相应的工程量、采用的定额、需要的劳动量或机械台班数、每天施工的工人数和施工的天数等。右边部分是从规定的开工之日起到竣工之日止的日历表。

5.3.2　施工进度计划的编制步骤和依据

5.3.2.1　划分施工过程

编制进度计划时，首先应按照图纸和施工顺序将拟建单位工程的各个施工过程列出，并结合施工方法、施工条件、劳动组织等因素，加以适当调整，使其成为编制施工进度计划所需的施工过程。

通常施工进度计划表中只列出直接在建筑物（或构筑物）上进行施工的砌筑安装类施工过程，而不列出构件制作和运输，如门窗制作和运输等制备类、运输类施工过程。但当某些构件采用现场就地预制方案，单独占有工期且对其他分部分项工程的施工有影响或某运输工作需与其他分部分项工程的施工密切配合，如楼板随运随吊时，也需将这些制备和运输类施工过程列入。

在确定施工过程时，应注意以下几个问题。

① 施工过程划分的粗细程度，主要根据单位工程施工进度计划的客观作用。对控制性施工进度计划，项目划分得粗一些，通常只列出分部工程名称。如混合结构居住房屋的控制性施工进度计划，只列出基础工程、主体工程、屋面工程和装修工程四个施工过程；而对于实施性的施工进度计划，项目划分得要细一些，通常要列到分项工程，如上面所说的屋面工程还要划分为找平层、隔气层、保温层、防水层等分项工程。

② 施工过程的划分要结合所选择的施工方案。如结构安装工程，若采用分件吊装法，根据施工过程的名称、数量和内容及其安装顺序应按照构件来确定；若采用综合吊装法，根据施工过程应按施工单元（节间、区段）来确定。

③ 注意适当简化施工进度计划内容，避免工程项目划分过细、重点不突出。因此，可考虑将某些穿插性分项工程合并到主要分项工程中去，如安装门窗框可以并入砌墙工程；而对在同一时间内由同一工程队施工的过程可以合并，如工业厂房中的钢窗油漆、钢门油漆、钢支撑油漆、钢楼梯油漆合并为钢构件油漆一个施工过程；对于次要的、零星的分项工程，可合并为“其他工程”一项列入。

④ 水暖电卫工程和设备安装工程通常由专业工作队伍负责施工。因此，在施工进度计划中，只要反映出这些工程与土建工程如何配合即可，不必细分。

⑤ 所有施工过程应大致按施工顺序先后排列，所采用的施工项目名称可参考现行定额手册上的项目名称。

总之，划分施工过程要粗细得当。最后，根据所划分的施工过程列出施工过程（分部分项工程）一览表，见表5-3。

表5-3 分部分项工程一览表

项次	分部分项工程名称	项次	分部分项工程名称
一	地下室工程	二	大模板主体结构工程
1	挖土	5	壁板吊装
2	混凝土垫层	6	…
3	地下室顶板	⋮	
4	回填土		

5.3.2.2 计算工程量

在工程量计算规则相同的情况下，计算工程量时一般可以采用预算文件或招投标时的工程量数据，但应注意有些项目的工程量应按实际施工方案作适当调整。如计算柱基土方工程量时，应根据土壤的级别和采用的施工方法（单独基坑开挖、基槽开挖还是大开挖，放边坡还是加支撑）等进行计算。工程量计算时应注意以下几个问题：

① 各分部分项工程的工程量计算单位应与企业施工定额手册中所规定单位相一致，以避免计算劳动力、材料和机械设备、机具数量时进行换算，产生错误。

② 结合选定的施工方法和安全技术要求计算工程量。

③ 结合施工组织要求，分区、分项、分段、分层计算工程量。

④ 采用预算文件或招投标时的工程量数据时，应按施工过程的划分情况将有关项目的工程量汇总。如“砌筑砖墙”一项要将预算中按内墙、外墙，按不同墙厚、不同砌筑砂浆品种和强度等级计算的工程量进行汇总。

5.3.2.3 确定劳动量和机械台班数量

劳动量和机械台班数量应当根据分部分项工程的工程量、施工方法和现行的施工定额，并结合当时当地的具体情况加以确定。一般应按下式计算：

$$P=Q/S \tag{5-3}$$

或

$$P=QH \tag{5-4}$$

式中 P——完成施工过程所需的劳动量（工日）或机械台班数量（台班）；

Q——完成某施工过程的工程量；

S——某施工过程的产量定额；

H——某施工过程的时间定额。

【例5-2】 已知某工业厂房的柱基土方为3240m^3，采用人工挖掘，每工产量定额为65m^3，则完成基坑所需总劳动量为：

$$P=\frac{Q}{S}=\frac{3240}{6.5}=499(\text{工日})$$

若已知时间定额为0.154工日/m^3，则完成挖基坑所需总劳动量为：

$$P=QH=3240\times0.154=499(\text{工日})$$

在使用定额时，常遇到定额所列项目的工作内容与编制施工进度计划所列项目不一致的情况，此时应当换算成平均定额。

查用定额时，若定额对同一工种不一样时，可用其平均定额。当同一性质不同类型分项工程的工程量相等时，平均定额可用其绝对平均值，见式（5-5）。

$$H=\frac{H_1+H_2+\cdots+H_n}{n} \tag{5-5}$$

式中 H_1，H_2，…，H_n——同一性质不同类型分项工程时间定额；

H——平均时间定额；

n——分项工程的数量。

当同一性质不同类型分项工程的工程量不相等时，平均定额应用加权平均值，其计算公式为：

$$S=\frac{Q_1+Q_2+\cdots+Q_n}{\frac{Q_1}{S_1}+\frac{Q_2}{S_2}+\cdots+\frac{Q_n}{S_n}}=\frac{\sum_{i=1}^{n}Q_i}{\sum_{i=1}^{n}\frac{Q_i}{S_i}} \tag{5-6}$$

式中 Q_1，Q_2，…，Q_n——同一性质不同类型分项工程的工程量，其他符号同前。

【例 5-3】 钢门窗油漆一项由钢门油漆和钢窗油漆两项合并而成，已知 Q_1 为钢门面积 368.52m^2，Q_2 为钢窗面积 889.66m^2，钢门油漆的产量定额 S_1 为 11.2m^2/工日，钢窗油漆的产量定额 S_2 为 14.63m^2/工日。求平均产量定额为

解

$$S=\frac{Q_1+Q_2}{\frac{Q_1}{S_1}+\frac{Q_2}{S_2}}=\frac{368.52+889.66}{\frac{368.52}{11.2}+\frac{889.66}{14.63}}=13.43(\text{m}^2/\text{工日})$$

对于有些采用新技术或特殊的施工方法的定额，在定额手册中未列入的其定额可参考类似项目或实测确定。

对于“其他工程”项目所需劳动量，可根据其内容和数量，并结合工程具体情况，以占总的劳动量的百分比（一般为10%～20%）计算。

水暖电卫、设备安装工程项目，一般不计算劳动量和机械台班需要量，仅安排与土建工程配合的进度。

5.3.2.4 确定各施工过程的施工天数

计算各分部分项工程施工天数的方法有以下两种。

根据工程项目经理部计划配备在该分部分项工程上的施工机械数量和各专业工人人数确定，其计算公式如下：

$$t=\frac{P}{RN} \tag{5-7}$$

式中 t——完成某分部分项工程的施工天数；

P——某分部分项工程所需的机械台班数量或劳动量；

R——每班安排在某分部分项工程上的施工机械台数或劳动人数；

N——每天工作班次。

【例 5-4】 某工程砌筑砖墙，需要总劳动量 160 工日，一班制工作，每天出勤人数为 22

人（其中瓦工 10 人，普工 12 人）。求施工天数？

解
$$t=\frac{P}{RN}=\frac{160}{22\times1}\approx7(\text{天})$$

在安排每班工人数和机械台数时，应综合考虑各分项工程工人班组的每个工人都应有足够的工作面（不能小于最小工作面），以发挥高效率并保证施工安全；各分项工程在进行正常施工时所必需的最低限度的工人队组人数及其管理组合（不能小于最小劳动组合），以达到最高的劳动生产率。

根据工期要求倒排进度。首先根据规定的总工期和施工经验，确定各分部分项工程的施工时间，然后再按各分部分项工程需要的劳动量或机械台班数量，确定每一分部分项工程每个工作班所需要的工人数或机械台数，公式如下：

$$R=\frac{P}{tN} \tag{5-8}$$

【例 5-5】 某单位工程的土方工程采用机械施工，需要 87 个台班完成。求当工期为 8 天时，所需挖掘机的台数。

解
$$R=\frac{P}{tN}=\frac{87}{8\times1}\approx11(\text{台班})$$

通常计算时均先按一班制考虑，如果每天所需机械台数或工人人数，已超过施工单位现有人力、物力或工作面限制时，则应根据具体情况和条件从施工技术和组织上采取措施，如增加工作班次，最大限度地组织立体交叉、平行流水施工，加早强剂提高混凝土早期强度等。

5.3.2.5 编制施工进度计划的初始方案

编制施工进度计划时，必须考虑各分部分项工程的合理施工顺序，尽可能组织流水施工，力求主要工种的工作队连续施工，其编制方法如下。

划分主要施工流水组（分部工程），组织流水施工。首先安排其中主导施工过程的施工进度，使其尽可能连续施工，其他穿插施工过程尽可能与它配合、穿插、搭接或平行作业，如砖混结构房屋中的主体结构工程，其主导施工过程为砌筑和楼板安装。

配合主要施工流水组，安排其他施工流水组（分部工程）的施工进度。

按照工艺的合理性和工序间尽量穿插、搭接或平行作业方法，将各施工流水组（分部工程）的流水作业图表最大限度地搭接起来，即得单位工程施工进度计划的初始方案。

5.3.2.6 进度计划的检查与调整

检查与调整的目的在于使初始方案满足规定的目标，一般从以下几方面进行检查与调整。

① 各施工过程的施工顺序、平行搭接和技术间歇是否合理。

② 工期方面：初始方案的总工期是否满足规定的工期。

③ 劳动力方面：主要工种工人是否满足连续、均衡施工。

④ 物资方面：主要机械、设备、材料等的利用是否均衡，施工机械是否充分利用。

经过检查，对不符合要求的部分，需进行调整。调整的方法一般有：增加或缩短某些分项工程的施工时间；在施工顺序允许的情况下，将某些分项工程的施工时间向前或向后移动。必要时，还可以改变施工方法或施工组织。

应当指出，上述编制施工进度计划的步骤不是孤立的，而是互相依赖、互相联系的，有的可以同时进行。还应看到，由于建筑施工是一个复杂的生产过程，受到周围客观条件影响的因素很多。在施工过程中，由于劳动力和机械、材料等物资的供应及自然条件等因素的影响而经常不符合原计划的要求。因而在工程进展中，应随时掌握施工动态，经常检查，不断调整计划。

施工进度计划的编制程序如图 5-8 所示。

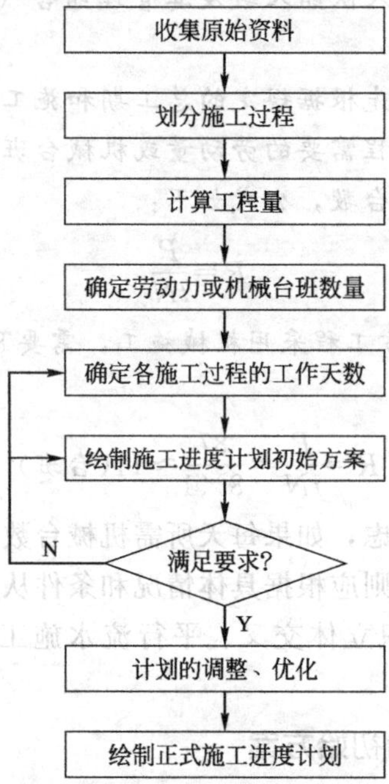

图 5-8　施工进度计划的编制程序

5.3.3　资源需要量计划的编制

各项资源需要量计划可用来确定建筑工地的临时设施，并按计划供应材料、调配劳动力，以保证施工按计划顺利进行。在单位工程施工进度计划正式编制完后，就可以着手编制各项资源需要量计划。

5.3.3.1　劳动力需要量计划

劳动力需要量计划，主要是作为安排劳动力的平衡、调配和衡量劳动力耗用指标，安排生活福利设施的依据，其编制方法是将施工进度计划表内所列各施工过程每天（或旬、月）所需工人人数按工种汇总而得，其表格形式见表 5-4。

表 5-4　劳动力需要量计划

序号	分项工程名称	工种	需要量		需要时间						备注
			单位	数量	×月			×月			
					上旬	中旬	下旬	上旬	中旬	下旬	

5.3.3.2 主要材料需要量计划

主要材料需要量计划，是备料、供料和确定仓库、堆场面积及组织运输的依据。其编制方法是将施工进度计划表中各施工过程的工程量，按材料品种、规格、数量、使用时间计算汇总而得。其表格形式见表 5-5。

表 5-5 主要材料需要量计划

序号	材料名称	规格	需要量		供应时间	备注
			单位	数量		

对于某分部分项工程是由多种材料组成时，应按各种材料分类计算，如混凝土工程应换算成水泥、砂、石、外加剂和水的数量列入表格。

5.3.3.3 构件和半成品需要量计划

建筑结构构件、配件和其他加工半成品的需要量计划主要用于落实加工订货单位，并按照所需规格、数量、时间，组织加工、运输和确定仓库或堆场，可根据施工图和施工进度计划编制，其表格形式见表 5-6。

表 5-6 构件和半成品需要量计划

序号	构件半成品名称	规格	图号、型号	需要量		使用部位	加工单位	供应日期	备注
				单位	数量				

5.3.3.4 施工机械需要量计划

施工机械需要量计划主要用于确定施工机械的类型、数量、进场时间，可据此落实施工机械来源、组织进场。其编制方法为，将单位工程施工进度表中的每一个施工过程、每天所需的机械类型、数量和施工日期进行汇总，即得施工机械需要量计划，其格式见表 5-7。

表 5-7 施工机械需要量计划

序号	机械名称	类型、型号	需要量		货源	使用起止日期	备注
			单位	数量			

5.3.4 施工准备工作计划

施工准备是以施工项目为对象而进行的全面施工准备工作总称。准备工作是项目施工的前提和基础，也是加强项目管理和目标控制的关键。

施工准备工作按不同划分标准有不同的类型。

5.3.4.1 按施工范围分类

（1）全场施工准备　全场施工准备是以一个建设项目为对象所进行的全面施工准备。它是为整个建设项目施工服务的准备工作，同时也要兼顾单项工程施工准备工作。

（2）单项工程施工准备　单项工程施工准备是以一个单项工程为对象所进行的施工准备工作。它是为单项工程施工服务的准备工作，同时也要兼顾单位工程施工条件准备。

（3）单位工程施工条件准备　单位工程施工条件准备是以一个单位工程为对象而进行的施工条件准备。

（4）分部（项）工程作业条件准备　分部（项）工程作业条件准备是以一个分部（项）工程或冬雨季施工项目为对象所进行的作业条件准备。

5.3.4.2 按施工阶段分类

（1）开工前施工准备　开工前施工准备是在工程项目正式开工之前所进行的全面施工准备工作，它既可能是全场性施工准备，又可能是单项工程施工准备。

（2）施工阶段前施工准备　各施工阶段前施工准备是在项目开工之后、每个阶段之前所进行的相应施工准备工作。为落实项目施工准备工作，加强对其检查和监督，必须根据施工准备工作的项目名称、具体内容、完成时间和负责人员，编制出项目施工准备工作计划。

施工准备工作计划通常以表格的形成列出，见表5-8。

表5-8　施工准备工作计划一览表

序号	施工准备工作内容	工程量		负责部门/负责人	进度安排										备注
		单位	数量		月		月			月			月		
					中旬	下旬	上旬	中旬	下旬	上旬	中旬	下旬	上旬	中旬	

5.4 施工平面图

建设工程项目施工平面图是对一个建筑物或构筑物的施工现场的平面规划和空间布置图。它是根据工程规模、特点和施工现场的条件，按照一定的设计原则，来正确地解决施工期间所需的各种暂设工程和其他临时设施等同永久性建筑物和拟建工程之间的合理位置关系。其主要作用表现在：单位工程施工平面图是进行施工现场布置的依据，是实现施工现场有组织、有计划进行文明施工的先决条件，因此也是施工组织设计的重要组成部分。贯彻和执行合理施工平面布置图，会使施工现场井然有序，施工顺利进行，保证进度，提高效率和经济效益；反之，则造成不良后果。单位工程施工平面图的绘制比例一般为（1∶500）～（1∶2000）。

5.4.1 施工平面图设计内容

① 建筑物总平面图上已建的地上、地下一切房屋、构筑物以及其他设施（道路和各种

管线等）的位置和尺寸。

② 测量放线标桩位置、地形等高线和土方取弃地点。

③ 自行式起重机开行路线、轨道式起重机轨道布置和固定式垂直运输设备位置。

④ 各种加工厂、搅拌站、材料、加工半成品、构件、机具的仓库或堆场。

⑤ 生产和生活性福利设施的布置。

⑥ 场内道路的布置和引入的铁路、公路和航道位置。

⑦ 临时给水管线、供电线路、蒸气及压缩空气管道等布置。

⑧ 一切安全及防火设施的位置。

5.4.2　施工平面图设计的依据

在进行施工平面图设计前，首先应认真研究施工方案，并对施工现场作深入细致的调查研究，而后应对施工平面图设计所依据的原始资料进行周密的分析，使设计与施工现场的实际情况相符，从而使其确实起到指导施工现场的作用。施工平面图所依据的主要资料如下。

（1）建筑、结构设计和施工组织设计时所依据的有关拟建工程的当地原始资料

① 自然条件调查资料。气象、地形、水文及工程地质资料，主要用于布置地表水和地下水的排水方案，确定易燃、易爆及有碍人身健康的设施的布置，安排雨季施工期间所需的设施。

② 技术经济调查资料。包括交通运输、水源、电源、物资资料、生产和生活基地情况。它对布置水、电管线和道路等具有重要作用。

（2）建筑设计资料

① 建筑总平面图。图上包括一切地上、地下拟建的房屋和构筑物。它是正确确定临时房屋和其他设施位置，以及修建工地运输道路和解决排水等所需的资料。

② 一切已有和拟建的地下、地上管道位置。在设计施工平面图时，可考虑利用这些管道或需考虑提前拆除或迁移，并需注意不得在拟建的管道位置上面建临时建筑物。

③ 建筑区域的竖向设计和土方平衡图。它们是布置水、电管线和安排上方的挖填、取土或弃土地点的重要依据资料。

④ 拟建工程的有关施工图设计资料。

（3）施工资料

① 单位工程施工进度计划，从中可了解各个施工阶段的情况，以便分阶段布置施工现场。

② 施工方案，据此可确定垂直运输机械和其他施工机具的位置、数量和规划场地。

③ 各种材料、构件、半成品等需要量计划，以便确定仓库和堆场的面积、形式和位置。

5.4.3　施工平面图设计的原则

① 在保证施工顺利进行的前提下，现场布置尽量紧凑、节约用地。

② 合理布置施工现场的运输道路及各种材料堆场、加工厂、仓库位置、各种机具的位置，尽量使得运距最短，从而减少或避免二次搬运。

③ 力争减少临时设施的数量，降低临时设施费用。

④ 临时设施的布置，尽量便利于工人的生产和生活，使工人至施工区的距离最短，往

返时间最少。

⑤ 符合环保、安全和防火要求。

根据上述基本原则并结合施工现场的具体情况，施工平面图的布置可有几种不同的方案，需进行技术经济比较，从中选出最经济、最安全、最合理的方案。方案比较的技术经济指标一般有：施工用地面积、施工场地利用率、场内运输道路总长度、各种临时管线总长度、临时房屋的面积、是否符合国家规定的技术和防火要求等。

5.4.4 施工平面图设计的步骤

单位工程施工平面图设计的一般步骤如图 5-9 所示。

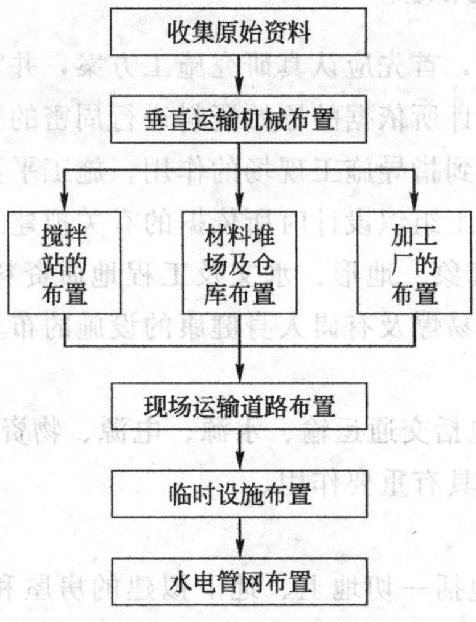

图 5-9 施工平面图设计步骤

5.4.4.1 确定垂直运输机械的位置

垂直运输机械的位置直接影响仓库、搅拌站、各种材料和构件等的位置及道路和水、电线路的布置等。因此，它的布置是施工现场全局的中心环节，必须首先确定。由于各种起重机械的性能不同，其机械的布置位置亦不相同。

(1) 有轨式起重机（塔吊）的布置　有轨式起重机是集起重、垂直提升、水平输送三种功能为一身的机械设备。一般沿建筑物长向布置，其位置尺寸取决于建筑物的平面形状、尺寸、构件重量、起重机的性能及四周的施工场地的条件等。通常轨道布置方式有以下四种，如图 5-10 所示。

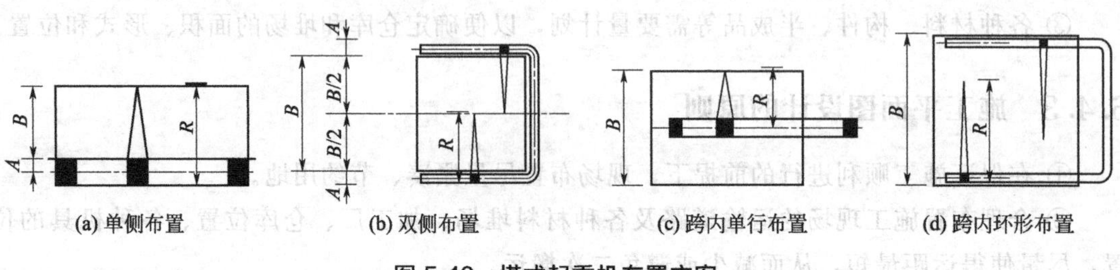

图 5-10 塔式起重机布置方案

① 单侧布置。当建筑物宽度较小，构件重量不大，选择起重力矩在 450kN·m 以下的

塔式起重机时，可采用单侧布置方式。其优点是轨道长度较短，并有较宽敞的场地堆放构件和材料。当采用单侧布置时，其起重半径 R 应满足下式要求，即

$$R \geqslant B+A \tag{5-9}$$

式中 R——塔式起重机的最大回转半径，m。

B——建筑物平面的最大宽度，m。

A——建筑物外墙皮至塔轨中心线的距离。一般当无阳台时，A＝安全网宽度＋安全网外侧至轨道中心线距离；当有阳台时，A＝阳台宽度＋安全网宽度＋安全网外侧至轨道中心线距离。

② 双侧布置或环形布置。当建筑物宽度较大，构件较重时，应采用双侧布置或环形布置，此时起重半径应满足下式要求

$$R \geqslant B/2+A \tag{5-10}$$

式中符号意义同前。

③ 跨内单行布置。由于建筑物周围场地狭窄，不能在建筑物外侧布置轨道，或由于建筑物较宽，构件较重时，塔式起重机应采用跨内单行布置才能满足技术要求，此时最大起重半径应满足下式

$$R \geqslant B/2 \tag{5-11}$$

式中符号意义同前。

④ 跨内环形布置。当建筑物较宽，构件较重，塔式起重机跨内单行布置不能满足构件吊装要求，且塔吊不可能在跨外布置时则选择这种布置方案。塔式起重机的位置及尺寸确定之后，应当复核起重量、回转半径、起重高度三项工作参数是否能够满足建筑吊装技术要求。若复核不能满足要求，则调整上述各公式中 A 的距离，若 A 已是最小安全距离时，则必须采取其他的技术措施，最后绘制出塔式起重机服务范围。它是以塔轨两端有效端点的轨道中点为圆心，以最大回转半径为半径画出两个半圆，连接两个半圆，即为塔式起重机服务范围，如图 5-11 所示。

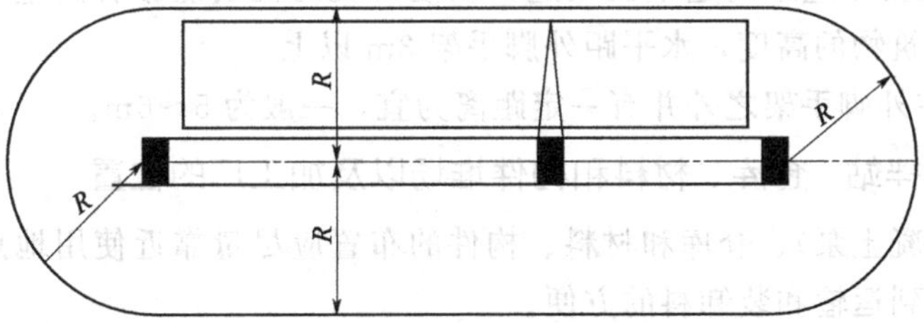

图 5-11 塔吊服务范围示意图

在确定塔式起重机服务范围时，最好将建筑物平面尺寸包括在塔式起重机服务范围内，以保证各种构件与材料直接吊运到建筑物的设计部位上，尽可能不出现死角，如果实在无法避免，则要求死角越小越好。同时在死角上应不出现吊装最重、最高的预制构件，并且在确定吊装方案时，提出具体的技术和安全措施，以保证这部分死角的构件顺利安装，有时将塔吊和龙门架同时使用，以解决这一问题，如图 5-12 所示。但要确保塔吊回转时不能有碰撞的可能，确保施工安全。

此外，在确定塔吊服务范围时应考虑有较宽的施工用地，以便安排构件堆放，搅拌设备出料斗能直接挂勾后起吊，主要施工道路也宜安排在塔吊服务范围内。

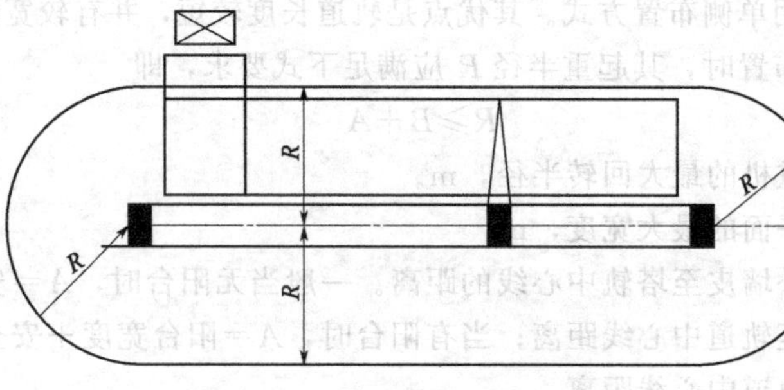

图 5-12 塔吊龙门架配合示意图

（2）自行无轨式起重机械的布置　自行无轨式起重机械分履带式、轮胎式和汽车式三种起重机。它一般不作垂直提升运输和水平运输之用，专门用于构件装卸和起吊各种构件，适用于装配式单层工业厂房主体结构的吊装，亦可用于混合结构大梁等较重的构件的吊装。其吊装的开行路线及停机位置主要取决于建筑物的平面布置、构件重量、吊装高度和吊装方法等。

（3）固定式垂直运输机械的布置　固定式垂直运输机械（井架、龙门架）的布置，主要根据机械性能、建筑物的平面形状和尺寸、施工段划分的情况、材料来向和已有运输道路情况而定。布置的原则是：充分发挥起重机械的能力，并使地面和楼面的水平运距最小。布置时应考虑以下几个方面：

① 当建筑物各部位的高度相同时，应布置在施工段的分界线附近。

② 当建筑物各部位的高度不同时，应布置在高低分界线较高部位的一侧。

③ 井架、龙门架的位置以布置在窗口处为宜，以避免砌墙留槎和减少井架拆除后的修补工作。

④ 井架、龙门架的数量要根据施工进度，垂直提升的构件和材料数量、台班工作效率等因素计算确定，其服务范围一般为 50～60m。

⑤ 卷扬机的位置不应距离起重机太近，以便司机的视线能够看到整个升降过程。一般要求此距离大于建筑物的高度，水平距外脚手架 3m 以上。

⑥ 井架应立在外脚手架之外并有一定距离为宜，一般为 5～6m。

5.4.4.2　确定搅拌站、仓库、材料和构件堆场以及加工厂的位置

搅拌站（或混凝土泵）、仓库和材料、构件的布置应尽量靠近使用地点或在起重机服务范围以内，并考虑到运输和装卸料的方便。

根据起重机械的类型，材料、构件堆场位置的布置有以下几种。

① 当采用固定式垂直运输机械时，首层、基础和地下室所有的砖、石等材料宜沿建筑物四周布置，并距坑、槽边不小于 0.5m，以免造成槽（坑）土壁的坍方事故，二层以上的材料、构件应布置在垂直运输机械的附近。当多种材料同时布置时，对大宗的、重量大的先期使用的材料，应尽可能靠近使用地点或起重机附近布置，而少量的、轻的和后期使用的材料，则可布置得远一点，混凝土、砂浆搅拌站、仓库应尽量靠近垂直运输机械。对于采用商品混凝土的工程，要合理安排混凝土运输和泵送机械的位置。

② 当采用自行有轨式起重机械时，材料和构件堆场位置以及搅拌站出料口的位置，应布置在塔式起重机有效服务范围内。

③ 当采用自行无轨式起重机械时，材料、构件堆场、仓库及搅拌站的位置，应沿着起

重机开行路线布置，且其位置应在起重臂的最大外伸长度范围内。

④ 任何情况下，搅拌机应有后台上料的场地，搅拌站所用材料水泥、砂、石、水泥罐等都应布置在搅拌机后台附近。当混凝土基础的体积较大时，混凝土搅拌站可以直接布置在其坑边缘附近，待混凝土浇筑完后再转移，以减少混凝土的运输距离。

⑤ 混凝土搅拌机每台需有 $25m^3$ 左右面积，冬季施工时，面积 $50m^2$ 左右，砂浆搅拌机每台 $15m^2$ 左右面积，冬季施工时 $30m^2$ 左右。

5.4.4.3 现场运输道路的布置

现场主要道路应尽可能利用永久性道路的路基，在土建工程结束之前再铺路面。现场道路布置时应保证行驶畅通，使运输道路有回转的可能性。因此，运用路线最好围绕建筑物布置成一条环形道路，道路宽度一般不小于 4.0m，主干道路宽度不小于 6.0m，道路两侧一般结合地形设排水沟，沟深不小于 0.4m，沟宽不小于 0.3m，施工现场最小道路宽度见表 5-9。

表 5-9 施工现场道路最小宽度

序号	车辆类型及要求	道路宽度/m
1	汽车单行道	≥4.0
2	汽车双行道	≥6.0
3	平板拖车单行道	≥4.0
4	平板拖车双行道	≥8.0

5.4.4.4 临时设施的布置

临时设施分为生产性临时设施（如木工棚、钢筋加工棚、水泵房等）和非生产性临时设施（如办公室、工人休息室、开水房、食堂、厕所等）。布置时应考虑使用方便、有利施工、合并搭建、符合安全的原则。

① 生产设施（木工棚、钢筋加工棚）宜布置在建筑物四周稍远位置，且应有一定的材料、成品的堆放场地。

② 易飞扬细颗粒材料仓库或堆放及其制备的场地应设在下风向。

③ 防水卷材及胶结料的位置应离开易燃仓库或堆场，宜布置在下风向。

④ 办公室应靠近施工现场，设在工地入口处。工人休息室靠近工人作业区，宿舍应布置在安全的上风侧，收发室宜布置在入口处等。

临时宿舍、文化福利、行政管理房屋面积参考见表 5-10。

表 5-10 临时宿舍、文化福利、行政管理房屋最少面积参考表

序号	行政生活福利建筑物名称	单位	最少面积
1	办公室	m^2/人	3.5
2	单层宿舍	m^2/人	2.6～2.8
3	食堂兼礼堂	m^2/人	0.9
4	医务室	m^2/人	0.06(≥$30m^2$)
5	浴室	m^2/人	0.10
6	俱乐部	m^2/人	0.10
7	门卫室	m^2/人	6～8

5.4.4.5 水电管网的布置

(1) 施工水网的布置

① 施工现场用水量。应考虑现场的各类用水需要，包括施工用水、施工机械用水、施工现场生活用水量、生活区生活用水量和消防用水量。其用量应按有关用水定额指标确定。

② 施工临时给水管布置。一般由建设单位的干管或自行布置的干管接到用水地点，布置时应力求管网总长度短，管径的大小和水龙头数目需视工程规模大小通过计算确定。管道可埋置于地下，也可以铺设在地面上，视当时的气温条件和使用期限的长短而定，其布置形式有环形、枝形、混合式三种。

③ 现场消防布置。消火栓供水管网应按防火要求布置于室外，消火栓应沿道路设置，距道路应不大于2m，距建筑物外墙不应小于5m，也不应大于25m，消火栓的间距不应超过120m，工地消火栓应设有明显的标志，且周围3m以内不准堆放建筑材料。

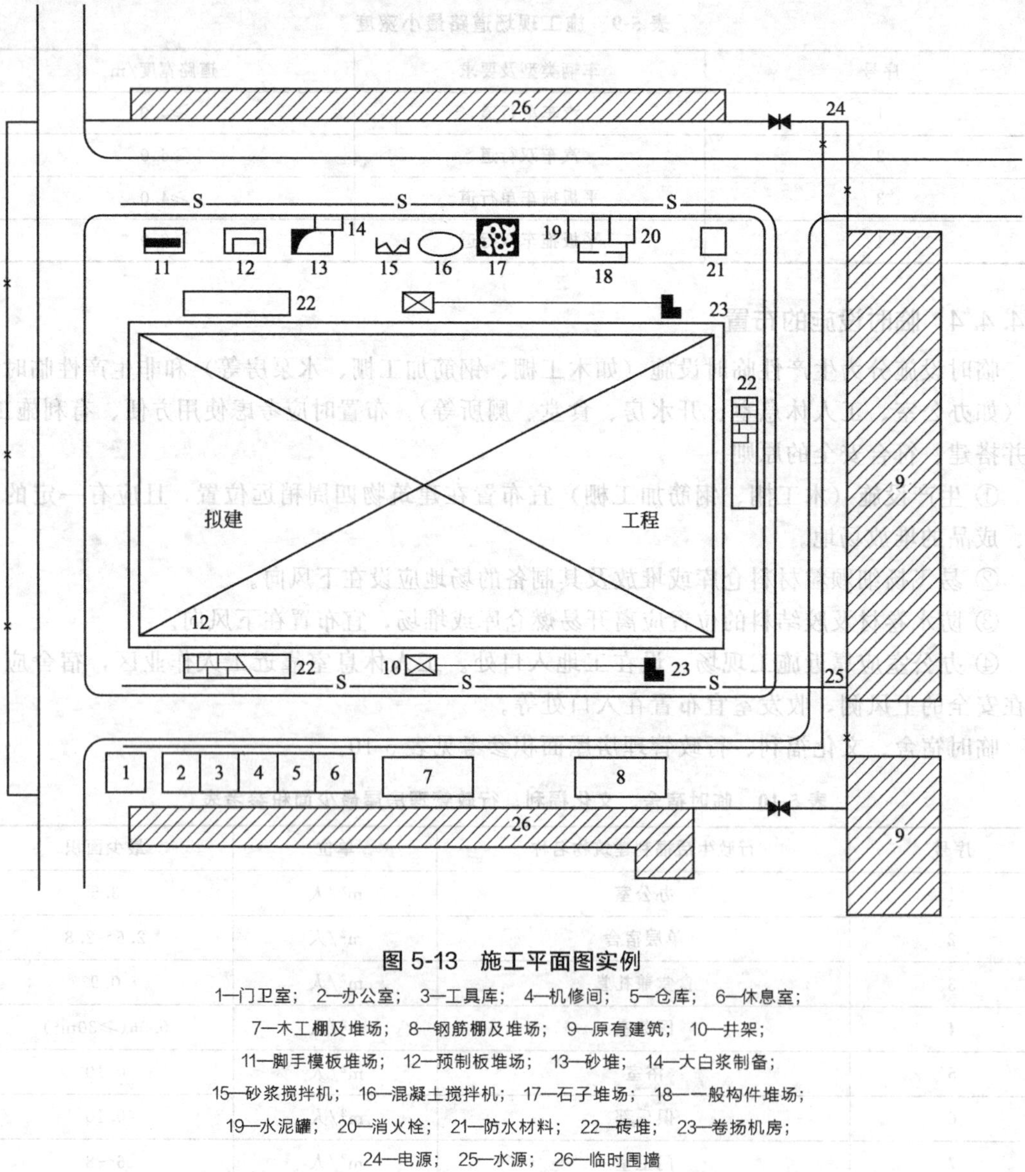

图 5-13 施工平面图实例

1—门卫室；2—办公室；3—工具库；4—机修间；5—仓库；6—休息室；
7—木工棚及堆场；8—钢筋棚及堆场；9—原有建筑；10—井架；
11—脚手模板堆场；12—预制板堆场；13—砂堆；14—大白浆制备；
15—砂浆搅拌机；16—混凝土搅拌机；17—石子堆场；18—一般构件堆场；
19—水泥罐；20—消火栓；21—防水材料；22—砖堆；23—卷扬机房；
24—电源；25—水源；26—临时围墙

④ 为了排除地面水和地下水，应及时修通永久性下水道，并结合现场地形在建筑物周围设置排泄地面水和地下水沟渠。

(2) 施工供电的布置

① 施工供电。施工现场用电量应考虑机械设备动力用电和厂区内各类照明用电，按照“总配电箱→分配电箱→开关箱”三级配电模式，并设计两级漏电保护。重要用电设备要做到“一机一闸”。

② 为了维修方便，施工现场一般采用架空配电线路，且要求现场架空线与施工建筑物水平距离不小于10m，电线与地面距离不小于6m，跨越建筑物或临时设施时，垂直距离不小于2.5m。现场线路应尽量架设在道路的一侧，且尽量保持线路水平，以免电杆受力不均，在低压线路中，电杆间距应为25～40m，分支线及引入线均应由电杆处接出，不得由两杆之间接线。

③ 单位工程施工用电应在全工地性施工总平面图中一并考虑。一般情况下，计算出施工期间的用电总数，提供给建设单位解决，不另设变压器。只有独立的单位工程施工时，才根据计算出的现场用电量选用变压器，其位置应远离交通要道口处，布置在现场边缘高压线接入处，四周用铁丝网围住。

必须指出，建筑施工是一个复杂多变的生产过程，各种施工机械、材料、构件等随着工程的进展而逐渐进场，又随着工程的进展而不断消耗、变动，因此在整个施工过程中，工地上的实际布置情况是随时变动着的。为此，对于大型建筑工程、施工期限较长或建筑工地较为狭窄的工程，就需要按施工阶段来布置几张施工平面图，以便能把不同施工阶段内工地上的合理布置情况反映出来。图5-13为某建设工程项目施工平面图实例。

5.5 施工组织设计实例

5.5.1 工程概况和特点

5.5.1.1 工程概况

本工程位于我国某城市市区，是由三个单元组成的一字形住宅。建筑面积22970m²，全长147.5m，宽12.46m，檐高41.00m，最高点（电梯井顶）43.58m。地下室为2.7m高的箱形结构设备层，上部主体结构共14层，层高2.9m，每单元设两部电梯，平、剖面简图如图5-14所示。

工程结构：本工程采用内浇外挂的大模板的结构形式，现浇钢筋混凝土地下室基础，基础以下为无筋混凝土垫层。

装饰和防水：一般水泥砂浆地面，室内墙面为混合砂浆打底、刮白罩面。天棚为混凝土板下混合砂浆打底刮白罩面。外墙面装饰随壁板在预制厂做好。屋面防水为SBS改性沥青卷材防水。

水暖设施：为一般给水、排水设施和热水采暖系统。

电源：从小区变配电站分两路接入楼内配电箱。

本工程主要工程量见表5-11。

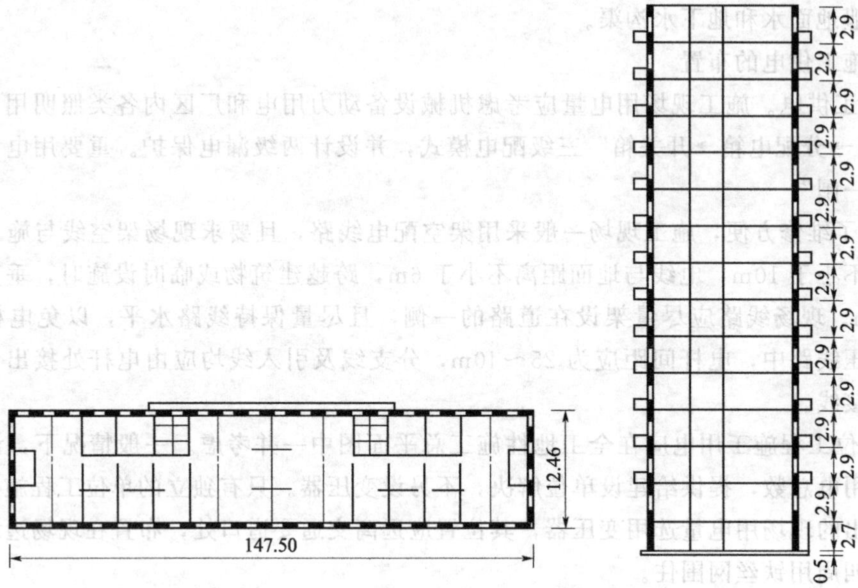

图 5-14 某大模板住宅平面、剖面示意图

表 5-11 主要工程量一览表

项次	工程名称	单位	工程量	项次	工程名称	单位	工程量
一	地下室工程			11	楼梯休息板吊装	块	354
1	挖土	m^3	9000	12	阳台栏板吊装	块	2330
2	混凝工程	m^3	216	13	门头花饰吊装	块	672
3	楼板	块	483	三	装饰工程		
4	回填土	m^3	1200	14	楼地面豆石混凝土垫层	m^2	19800
二	大模板主体结构工程			15	棚板刮白	m^2	21625
5	壁板吊装	块	1596	16	墙面刮白	m^2	60290
6	内墙隔板混凝土	m^3	1081	17	屋面找平	m^2	60290
7	通风道吊装	块	495	18	铺防水卷材	m^2	3668
8	圆孔板吊装	块	5329	19	木门窗	扇	2003
9	阳台板吊装	块	637	20	钢门窗	扇	1848
10	垃圾道吊装	块	84	21	玻璃油漆	m^2	7728/22364

5.5.1.2 施工条件

（1）施工期限 5月10日进场，开始施工准备工作，12月15日前竣工。

（2）自然条件 工程施工期间各月份的平均气温为：5月20℃；6月25℃；7月28℃；8月28℃；9月28℃；10月20℃；11月15℃；12月10℃。

工程土质：亚砂土，地下水位－6.0m，主导风向偏西。

（3）技术经济条件 交通运输：工地北侧为市区街道，施工中所用的主要材料与构件均可经公路直接运进工地。

全部预制构件均在场外加工厂生产。现场所需的水泥、砖、石、砂、石灰等主要材料由公司材料供应部门按需要计划供应。钢门窗由金属结构厂供应。

施工中用水、电均可从附近已有的水网、电路中引来。

施工期间所需劳动力均能满足需要。由于本工程距施工公司的生活基地不远，在现场不需设置工人居住的临时房屋。

5.5.1.3　工程特点

本工程的特点是结构新、层数多、土方工程量大、工期短，因此要特别注意主体工程和基坑土方工程开挖的施工规划。

根据本工程的工期要求和工程特点，拟定控制工期为：准备工作 1 个月，地下工程 1 个月，主体结构工程 2 个半月，装饰与主体穿插进行。

5.5.2　施工方案

几个主要项目施工方案选择如下。

5.5.2.1　基坑土方开挖

本工程基坑长 147.5m，宽 12.46m，深 3.7m，土质为Ⅱ类土。地下水位较低，基坑四周比较狭窄，修整边坡困难，故选用 W-100 型反铲挖土机。

挖土机的数量的确定：

$$b=\frac{Q}{S}\times\frac{1}{TNK} \tag{5-12}$$

式中　b——挖土机数量；

Q——土方工程量，900m^3；

S——挖土机生产率，529m^3/台班；

T——工期，取 20 天；

N——每天工作班数，取 1 班；

K——时间利用系数，取 0.9。

挖土机的数量为 0.95 台，取用 1 台挖土机。

挖土流向由西向东，反铲倒退挖土，汽车停在基坑南北两侧装土，挖土机最后在东侧退出。挖土机的开行路线如图 5-15 所示。

开挖尺寸：考虑地下室钢筋混凝土墙壁支模的操作方便，坑底尺寸比设计尺寸每边放出 50cm；基坑边坡的坡度选用 1∶0.75。

挖土时，随挖随清理，同时为了防止用水流入槽内，在基坑上口做好小护堤，在基底东西两侧各挖一个集水坑，准备污水泵进行抽水，排向道路旁排水沟，流入雨水井。

5.5.2.2　地下室施工

地下室基础底板厚 50cm，外墙厚 28cm，内纵墙厚 20cm，内横墙厚 18cm，外墙为陶粒混凝土，混凝土强度等级为 C20。

模板：底板外模采用预制定型木模板，墙板采用钢模板。

混凝土：设一临时搅拌站，专供浇筑基础底板混凝土。

混凝土、模板、钢筋等垂直运输采用地上结构施工用的塔吊，因此要提前进场一台塔

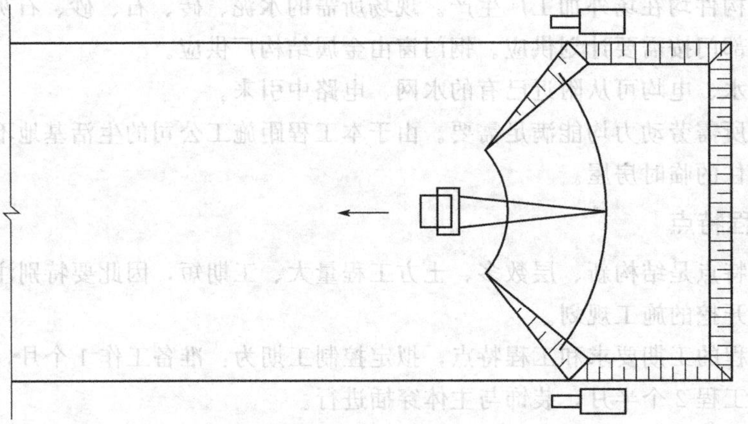

图 5-15　挖土机开行路线示意图

吊。地下室施工流向也是由西向东。

施工顺序：外墙 ⟶ 横墙 ⟶ 纵墙 ⟶ 扣板
　　　　　└⟶ 砌窨井 ⟶ 回填土

5.5.2.3　主体结构工程施工

大模板采用定型模板。钢筋在现场集中配料、焊成网片，混凝土采用搅拌站集中搅拌，水平运输用小翻斗车。

根据该工程的高度、外形、平面尺寸和构件的最大重量，以及公司机械供应情况，选用塔式起重机作为主体结构施工的水平、垂直运输机械。

(1) 起重机型号的选择

① 起重量

$$Q \geqslant Q_1 + Q_2 \tag{5-13}$$

式中　Q_1——构件的质量（最重构件），本工程预制山墙板 5.646t；

Q_2——索具的质量，取 0.3t。

故 $Q \geqslant 5.46 + 0.3 = 5.76$(t)

② 起重高度

$$H = h_1 + h_2 + h_3 + h_4 \tag{5-14}$$

式中　h_1——安装层顶面高度，取 43.58m；

h_2——安装间隙，取 0.5m；

h_3——构件吊装后，绑扎点至构件底面的距离，取 3.2m；

h_4——索具高度，取 1.5m。

③ 回转半径

$$R \geqslant R_1 + R_2 + R_3 \tag{5-15}$$

式中　R_1——起重中心轴至内侧轨道中心的距离，取 2m；

R_2——内侧轨道中心至建筑物边缘的距离，取 1.5m；

R_3——建筑物宽度，为 12.3m。

$$R \geqslant 2 + 1.5 + 12.3 = 15.8\text{(m)}$$

选用 TQ60/80（3～8t）型起重机，性能见表 5-12。

表 5-12　TQ60/80 塔式超重机技术规格性能表

塔级	超重臂长度/m	幅度/m	起重量/t	超重高度/m
高塔 60t·m	30	30	2	50
		14.6	4.1	68
	25	25	2.4	49
		12.3	4.9	65
	20	20	3	48
		10	6	60
	15	15	4	47
		7.7	7.8	56
中塔 70t·m	30	30	2	40
		14.6	4.1	58
	25	25	2.8	39
		12.3	5.7	55
	20	20	3.5	38
		10	7	50
	15	15	4.7	37
		7.7	9	46
低塔 80t·m	30	30	2	30
		14.6	4.1	48
	25	25	3.2	29
		12.3	6.5	45
	20	20	4	28
		10	8	40
	15	15	5.3	27
		7.7	10.4	36

（2）起重机数量的确定

$$B=\frac{Q}{S}\times\frac{1}{TNK} \tag{5-16}$$

式中　B——起重机需要台数；

Q——主体工程要求的最大施工强度，取 2064 吊次，计算见表 5-13；

T——工期每层 4 天（按主体结构施工控制进度要求）；

S——起重机台班产量定额，取 100 次/台班；

N——每天班次，取 2 班次；

K——时间利用系数，取 0.9。

$$B=\frac{2064}{100}\times\frac{1}{4\times2\times0.9}=2.86\approx3(台)$$

表 5-13 最大施工强度统计表

塔吊项目	单位	标准单元一层吊次
横墙混凝土	m^3	234
纵墙混凝土	m^3	105951 吊次
板缝混凝土	m^3	24
外墙壁板	块	114
隔断墙板	块	114
楼板、阳台	块	396
通风道、垃圾道	根	39
楼梯板	件	24
钢筋片	片	144(18 吊次)
钢模板	吊	288
其他、安全网架	吊	120
总吊次	吊	2064

三台塔吊设在建筑物北侧同一轨道上，分别负责一个单元的垂直运输。

(3) 起重能力复核　最重的构件 Q_1 和最远构件 Q_2，其距离如图 5-16 所示。

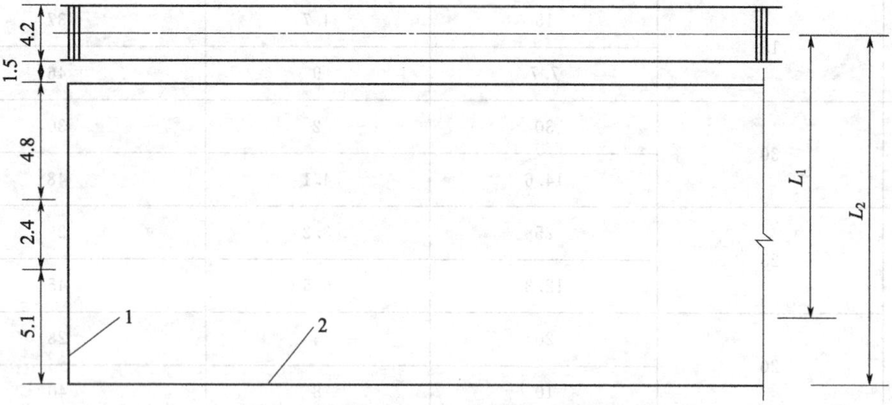

图 5-16 塔吊起重能力复核示意图

1—山墙板（质量 5.46t）；2—侧板（质量 4.18t）

① 当起吊最重构件 Q_1（山墙板）

$$L_1Q_1=\left(\frac{1}{2}\times4.2+1.5+4.8+2.4+\frac{1}{2}\times5.1\right)\times(5.46+0.3)=76.89\text{t}\cdot\text{m}<80\text{t}\cdot\text{m}$$

② 当起吊最重构件 Q_2（侧板）

$$L_2Q_2=\left(\frac{1}{2}\times4.2+1.5+4.8+2.4+5.1\right)\times(4.18+0.3)=71.23\text{t}\cdot\text{m}<80\text{t}\cdot\text{m}$$

塔吊能满足吊装要求。

结构施工中，在每层 3、23、33 轴线墙上留施工洞，作为装饰施工的运输道路。

5.5.2.4 室内装修

当主体结构进行到四层时，即插入底板勾缝及室内细石混凝土地面施工。总的施工流向自下而上，施工顺序是先湿作业，后干作业；先地面后顶棚；先室内后室外；先房屋后管道，最后退出。

垂直运输机械选用三座龙门架。

5.5.3 施工进度

整个工程包括施工准备工作以及地下结构、主体结构和装饰三个阶段。项目的划分见进度表。施工准备安排一个月（其内容见施工准备工作计划）。

5.5.3.1 施工准备阶段

该单位工程的施工准备工作主要有技术资料准备、劳动组织准备、物资准备和现场准备，见表 5-14。

表 5-14 施工准备工作计划表

序号	准备工作项目	简要内容	负责单位	负责人	起止日期	
					日/月	日/月
一	技术资料准备	1. 熟悉图纸、图纸会审 2. 调查研究自然和经济技术条件 3. 编制单位工程施工组织设计	技术科	×××		5 月初
二	劳动组织准备	1. 建立组织机构 2. 组织劳动力进场(见劳动力计划表) 3. 计划交底、开好会	计划科 技术科	×××		5 月初 5 月初
三	物资准备	1. 预制件加工(见构件计划表) 2. 材料计划(见材料计划表) 3. 机具计划(见机具计划表)	材料科、供应科 供应科 机械动力科	×××		5 月初 5 月初 5 月初
四	现场准备	1. 拆迁地上建筑物 2. 按平面图要求伐木 3.“三通一平” 4. 铺塔吊轨道、塔吊安装就位 5. 修建暂建工程(见平面图) 6. 测量放线	施工队 施工队 施工队 施工队 施工队 测量组	×××		25/5 1/6 31/5 31/7 15/5 30/5

劳动力需要量计划见表 5-15。

表 5-15 劳动力需要量计划表

序号	工程名称	最高人数	日期							
			5 月	6 月	7 月	8 月	9 月	10 月	11 月	12 月
1	木工	75	15	15	75	75	75	75	75	75

续表

序号	工程名称	最高人数	日期							
			5月	6月	7月	8月	9月	10月	11月	12月
2	瓦工	50				50	50	50		
3	混凝土工	190			90	90				
4	抹灰工	165				80	165	165	80	78
5	钢筋工	60			60	60	60	60	60	190
6	架子工	36				36	36	36	12	
7	吊装工	36			36	36	36	36		
8	电焊工	12				12	12	12		
9	油工	75			12	75	75	75	75	
10	电工	30	1	10	30	30	30	30	30	30
11	水暖工	60	60	60	60	60	60	60	60	60
12	毡工	15						15		
13	壮工	130	30	110	130	94	94	94	46	50
14	总计		115	195	493	698	783	898	378	218

物资准备的主要机具计划见表5-16。

表5-16 物资准备的主要机具计划表

序号	机具名称	规格	单位	数量	计划进场时间	备注
1	挖土机	W-100反铲	台	1	5月底	汽车配套
2	推土机	大	台	1	5月底	
3	塔吊	TQ60/80	台	3	6月10日1台、7月10日2台	
4	钢模板	全套	块	153	6月底	另详
5	污水泵	3	台	2	6月初	
6	高压水泵	扬程50	台	2	7月下旬	
7	龙门井架	高程55	台	3	8月上旬	
8	卷扬机	3t	台	3	8月上旬	
9	搅拌机	$400m^3$	台	3	6月中旬	
10	装载机	直流	台	3	6月中旬	
11	切断机		台	1	6月中旬	
12	电焊机	3t	台	10	7月上旬	

续表

序号	机具名称	规格	单位	数量	计划进场时间	备注
13	外用电槽	ϕ70、ϕ50	台	2	10 月上旬	
14	倒练	电	台	110	10 月中旬	
15	振捣器		台	15	6 月底	
16	冲击电钻		台	20	8 月中	
17	冲压机		台	4	8 月初	
18	安全网		片	400	8 月初	
19	手提扬升机		台	6	8 月初	
20	翻斗车		台	10	7 月中	
21	电缆	$3\times50m/m^2$	m	300	7 月底	
22	电缆	$3\times25m/m^2$	m	300	7 月底	
23	电焊把线		m	900	7 月底	
24	照明电缆		m	600	7 月底	
25	钢绳		m	6000	7 月底	

主要建筑材料需要量计划见表 5-17。

表 5-17 主要建筑材料需要量计划表

项目	材料名称	规格	单位	数量	供应日期
1	水泥	400#	t	3000	6 月初陆续进场
2	砂	中、粗	m^3	6000	6 月初陆续进场
3	石子	1.5～2.5	m^3	5000	6 月初陆续进场
4	石子		t	500	6 月初陆续进场
5	沥青	3#	t	41	8 月中进场
6	油毡	300g	m	21000	8 月中进场
7	木模	另详	m^3	580	5 月末进场
8	钢筋	另详	t	673	6 月初陆续进场
9	钢窗	另详	扇	1765	7 月初进场
10	钢门	另详	扇	183	7 月初进场
11	木窗	另详	扇	1800	7 月初进场
12	木门	另详	扇	203	7 月初进场

预制厂生产的主要构件进场计划见表 5-18。

表 5-18 预制厂生产的主要构件进场计划表

楼层	月份	进场日期	名称 / 板号 / 施工段	外墙板												山墙板												
				W.B 33(4) 甲	W.B 33(4) 甲反	W.B 33.1 甲	W.B 33(4) 甲	W.B 33.3	W.B 27.1 甲	W.B 21.1 甲	W.B 21(4)	W.B 27(11)	W.B 39(4) 甲	W.B 29(13) 甲	一层小计	S.B 24.1	S.B 24.1 甲	S.B 24.1	S.B 24.4	S.B 4.5	S.B 24.5 反	S.B 24.6	S.B 24.5 反	S.B 24.7	S.B 24.7 反	S.B 27.10	一层小计	各层合计
1层	8	1日至4日	Ⅰ	2	2	6	2		1	2	1	4	2	6		1			1			2	1		1	2		
			Ⅱ	2	2	5	2	1	1	2	1	4	2	6			2	2		2	2	2	2			2		
			Ⅲ	2	2	6	2		1	2	1	4	2	6		1			1			1	2	1		2		
			小计	6	6	17	6	1	3	6	3	12	6	18	84	2	2	2	2	2	2	5	5	1	1	6	30	114
2层	8	1日至4日	Ⅰ	2	2	6	2		2	2		6	2	4		1			1		1	2	1		1	2		
			Ⅱ	2	2	6	2		2	2		6	2	4			1	1		1	1	2	2			2		
			Ⅲ	2	2	6	2		2	2		6	2	4		1	1	1	1	1		1	2	1		2		
			小计	6	6	18	6		6	6		18	6	12	84	2	2	2	2	2	2	5	5	1	1	6	30	114
3层	8	1日至12日	Ⅰ	2	2	6	2		2	2		6	2	4		1			1		1	2	1		1	2		
			Ⅱ	2	2	6	2		2	2		6	2	4			1	1		1	1	2	2			2		
			Ⅲ	2	2	6	2		2	2		6	2	4		1	1	1	1	1		1	2	1		2		
			小计	6	6	18	6		6	6		18	6	12	84	2	2	2	2	2	2	5	5	1	1	6	30	114
4层	8	1日至16日	Ⅰ	2	2	6	2		2	2		6	2	4		1			1		1	2	1		1	2		
			Ⅱ	2	2	6	2		2	2		6	2	4			1	1		1	1	2	2			2		
			Ⅲ	2	2	6	2		2	2		6	2	4		1	1	1	1	1		1	2	1		2		
			小计	6	6	18	6		6	6		18	6	12	84	2	2	2	2	2	2	5	5	1	1	6	30	114
5～14层	8～10	8月17日至10月6日		5层至14层构件与4层相同：数量10×114＝1140块，进场时间：5层8月17～20日；6层8月21～24日；7层8月25日～9月3日；8层9月4～7日；9层9月8日～11日；10层9月12日～9月15日；11层9月16～19日；12层9月20～23日；13层9月24日～10月2日；14层10月3～6日																								
			合计	84	84	251	84	1	81	84	3	246	84	174	1176	28	28	28	28	28	28	70	70	25	14	84	420	1596

5.5.3.2 地下工程施工阶段

场地平整后，挖土机进场，所需时间为

$$T=\frac{Q}{NS}=\frac{9000}{1\times 529}\approx 17\text{天}$$

一台挖土机需技工一人、普工二人，另配三人清底修坡。

挖土、浇垫层混凝土与浇底板混凝土搭接进行。绑钢筋、立墙模、浇墙混凝土、安装地下室顶板等，组织流水施工。

5.5.3.3 主体工程施工阶段

每个单元分成四个流水段，进行流水施工。流水段划分如图 5-17 所示。

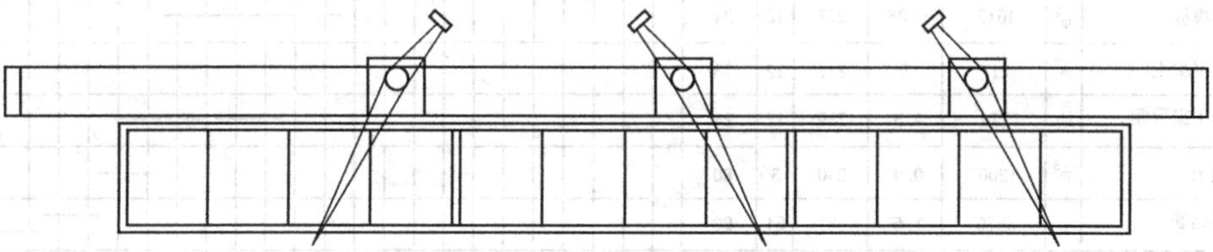

图 5-17 流水施工段划分示意图

每个单元一个混合队，三个单元同时施工，采用自西端向东端连续的流水施工方向。每一施工层工期为 4 天，标准层流水组织见表 5-19。

表 5-19 标准层流水组织

项目名称	第一天			第二天			第三天			第四天			第五天			第六天			第七天		
	1	2	3	1	2	3	1	2	3	1	2	3	1	2	3	1	2	3	1	2	3
	Ⅰ			Ⅱ			Ⅲ			Ⅳ											
横墙支模、吊壁板		Ⅰ			Ⅱ			Ⅲ			Ⅳ										
浇注横墙混凝土			Ⅰ			Ⅱ			Ⅲ			Ⅳ									
横墙混凝土养护				Ⅰ			Ⅱ			Ⅲ			Ⅳ								
横墙拆模、纵墙钢筋、支模					Ⅰ			Ⅱ			Ⅲ			Ⅳ							
浇纵墙混凝土						Ⅰ			Ⅱ			Ⅲ			Ⅳ						
扣边板、阳台							Ⅰ			Ⅱ			Ⅲ			Ⅳ					
纵墙拆模、养护、扣板								Ⅰ			Ⅱ			Ⅲ			Ⅳ				
安装隔板、阳台、楼板									Ⅰ			Ⅱ			Ⅲ			Ⅳ			
安装隔板、阳台、楼板										Ⅰ			Ⅱ			Ⅲ			Ⅳ		
圈梁、板缝支模、钢筋											Ⅰ			Ⅱ			Ⅲ			Ⅳ	
灌缝抹找平层、放线												Ⅰ			Ⅱ			Ⅲ			Ⅳ
上层绑钢筋、门口就位													Ⅰ			Ⅱ			Ⅲ		

注：Ⅰ、Ⅱ、Ⅲ、Ⅳ为施工段。

5.5.3.4 装饰工程施工阶段

室内墙面抹灰、顶板抹灰随主体结构进行。地面工程自下而上进行。楼梯抹灰最后做。主体封顶后，即开始屋面工程。

外装饰分两段，一般由六层开始，向下进行至一层；第二段由十四层开始至七层。在主体结构工程施工的同时，水、暖、电工程穿插进行。

本工程施工进度见表 5-20。

表 5-20 施工进

分部分项工程名称				工程量		时间定额	劳动量	工作天数	工作人数	6 月								7 月												8 月					
				单位	数量					11	13	15	17	19	21	23	25	2	4	6	8	10	12	14	16	18	20	22	24	1	3	5	7	9	11
1	地下结构部分		土方开挖	m^3	9000	529	102	17	6																										
2			浇基础垫层	m^3	216	0.57	123	3	40																										
3			绑基础钢筋	t	50	1.5	75	2	36																										
4			浇底板混凝土	m^3	1080	0.57	616	6	102																										
5			绑墙钢筋	t	270	1.5	405	12	34																										
6			墙大模板	m^2	4615	0.06	277	12	24																										
7			浇墙混凝土	m^2	217	1	217	12	18																										
8			吊地下室顶棚	块	278	0.5	239	12	24																										
9			回填土	m^3	1200	0.9	240	3	80																										
10	主体结构部分		绑墙钢筋	t	3870	1.5	581	64	90																										
11			墙大模板	m^2	54016	0.06	3240	64	51																										
12			立门口	樘	1670	0.1	167	64	3																										
13			外壁板吊装	块	1710	1	1710	64	26																										
14			浇墙混凝土	m^3	4599	1	4599	64	72																										
15			内墙板吊装	块	1106	1	1106	64	17																										
16			楼板吊装	块	7163	0.5	3852	64	56																										
17			板缝梁模板	m^2	5843	0.5	2920	64	45																										
18			绑板缝梁钢筋	t	111	20	2220	64	35																										
19			浇板缝梁混凝土	m^3	702	2	1404	64	22																										
20	装饰部分	屋面工程	铺焦渣	m^3	128	2.03	260	2	130																										
21			抹找平层	m^2	1838	0.15	275	6	46																										
22			铺卷材	m^2	1838	0.15	275	8	34																										
23		室内装饰	墙面抹灰修理	m^2	120000	0.05	6000	64	94																										
24			顶板勾缝抹灰	m^2	21760	0.05	1088	64	17																										
25			厨房抹灰	m^2	2130	0.5	1015	64	16																										
26			细石混凝土地面	m^2	27000	0.2	5400	64	84																										
27			门窗安装	扇	1670	0.2	360	28	13																										
28			门窗油漆玻璃	m^2	6666 / 22400	0.06 / 0.15	400 / 3360	28	15 / 120																										
29			楼梯栏杆扶手	m	530	0.5	265	20	14																										
30			楼梯抹灰	m^2	1077	0.5	540	20	27																										
31			喷浆	m^2	181100	0.004	324	28	12																										
32		室外装饰	外墙抹水泥	m^2	3962	0.51	2000	52	38																										
33			外墙水刷石	m^2	2031	0.50	1015	8	117																										
34			散水台阶抹灰	m^2	160	1	160	4	40																										
35	水电安装																																		
36	其他工程						4000																												

度计划表

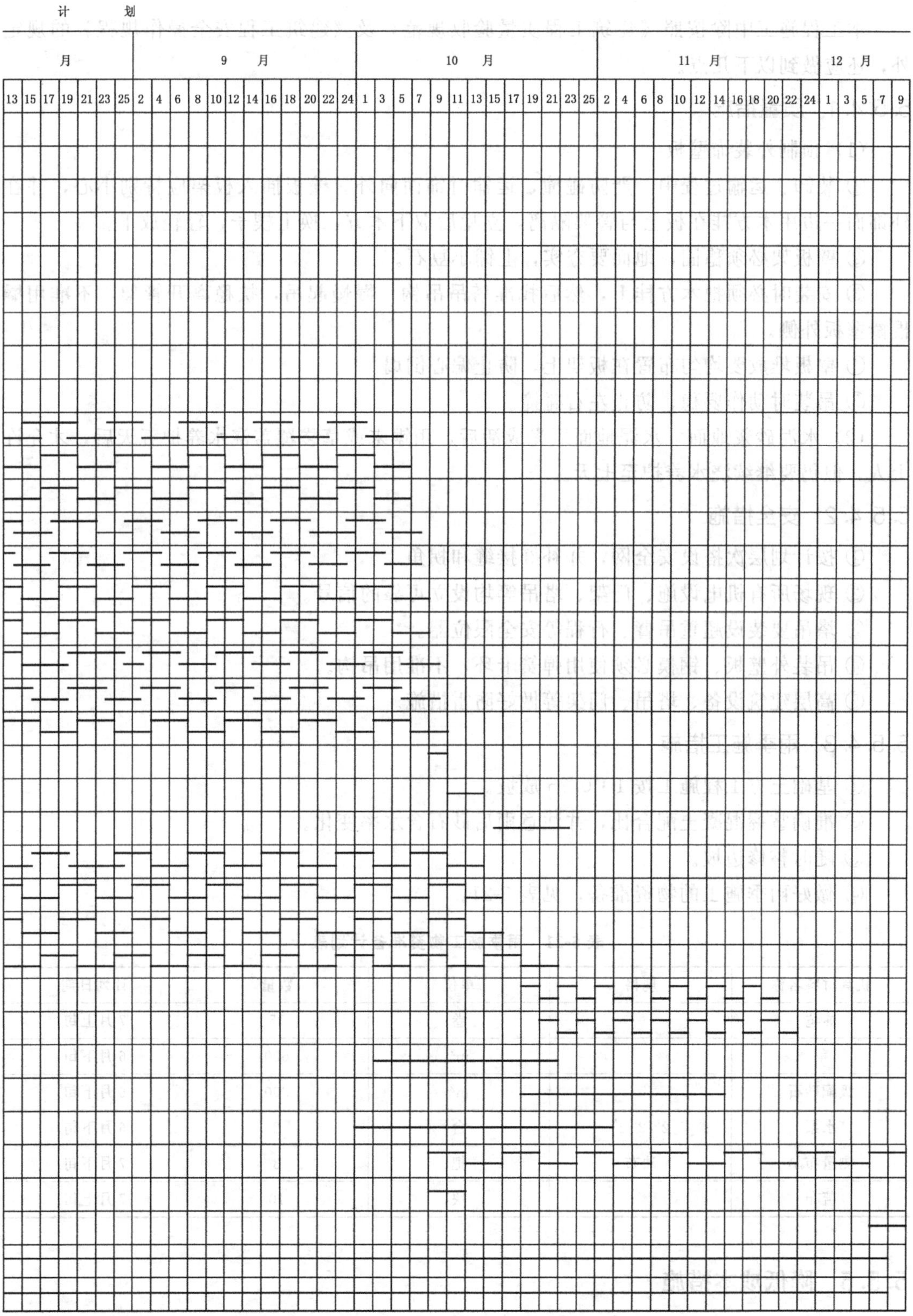
计 划
月
9 月
10 月
11 月
12 月
13 15 17 19 21 23 25
2 4 6 8 10 12 14 16 18 20 22 24
1 3 5 7 9 11 13 15 17 19 21 23 25
2 4 6 8 10 12 14 16 18 20 22 24
1 3 5 7 9

5.5.4 质量和安全措施

本工程施工中除按照《建筑工程质量验收规范》及《建筑工程安全操作规程》的规定外，还应做到以下几点。

5.5.4.1 质量措施

（1）预制外装饰壁板

① 装卸、运输过程中，严防碰撞，运输时饰面向外。壁板插入板架应特别小心，并在外饰面一边用木方挂在板上与管架隔离，立稳后取下木方，换上楔子，轻轻放下。

② 壁板架必须稳固，地面要夯实，上铺小豆石。

③ 安装时必须把木方挂上，然后找准塔吊吊钩，慢慢起吊，扶稳离开管架，不准用撬棍撬壁板外侧。

④ 壁板堆放要均匀布置在板架上，防止偏心倒塌。

⑤ 吊装时动作要稳，防止左右碰撞。

（2）水泥砂浆地面　水泥地面压光成活后，用锯末或草袋覆盖浇水养护五天后，才允许上人，但仍要继续浇水养护至七天。

5.5.4.2 安全措施

① 按计划层次搭设安全网，并补好接缝和拐角。

② 现场所有机电设施、门架、塔吊等均设立可靠的信号。

③ 塔吊要装设超重吊臂、行程等安全限位器。

④ 吊装外壁板、钢模必须使用弹簧卡环，不准用吊钩。

⑤ 高层建筑设备、塔吊、门架等做好防雷措施。

5.5.4.3 雨季施工措施

① 基础土方工程施工按 1∶0.75 放坡。

② 准确掌握混凝土配合比，并注意雨后砂石含水率变化。

③ 随时整修边坡。

④ 做好雨季施工的物资准备，见表 5-21。

表 5-21　雨季施工物资准备计划表

机具材料名称	规格	单位	数量	计划日期
油毡		卷	15	7月上旬
苇		m^2	600	6月下旬
级配砂石		m^2	300	6月下旬
水泵	2′/2′-3″	台	2	6月下旬
测量布伞	油布	把	3	7月下旬
苫布		块	10	7月上旬

5.5.5 降低成本措施

本工程降低成本措施见表 5-22。

表 5-22 降低成本措施表

序号	项目	单位	数量	措施	节约数量	金额/元
1	改变外装修设计	m^2	45000	外壁板干黏石装修由工地粘合改为预制厂	2000	3400
2	加强施工管理节约水泥 3%	t	3000	1. 加减水剂 2. 限额领料 3. 落地灰收起再用 4. 仓库底灰经常收起	90	4050
3	降低砂子损耗	m^3	6000	加强管理，节省运输、现场使用的损耗	120	1800
4	钢筋统一下料，加工节约 3%	t	673	用对焊、点焊、冷拉	202	14140
5	加强管理			降低非生产人员比例，节省开支		5000
6	合计					28390

5.5.6 施工平面图

5.5.6.1 起重机械的布置

将三台塔式起重机布置在楼北侧同一轨道上。装修时，在楼南侧 9-10、24-25、36-37 轴间设置三座龙门架，利用阳台做材料入口。

该工程施工平面图如图 5-18 所示。

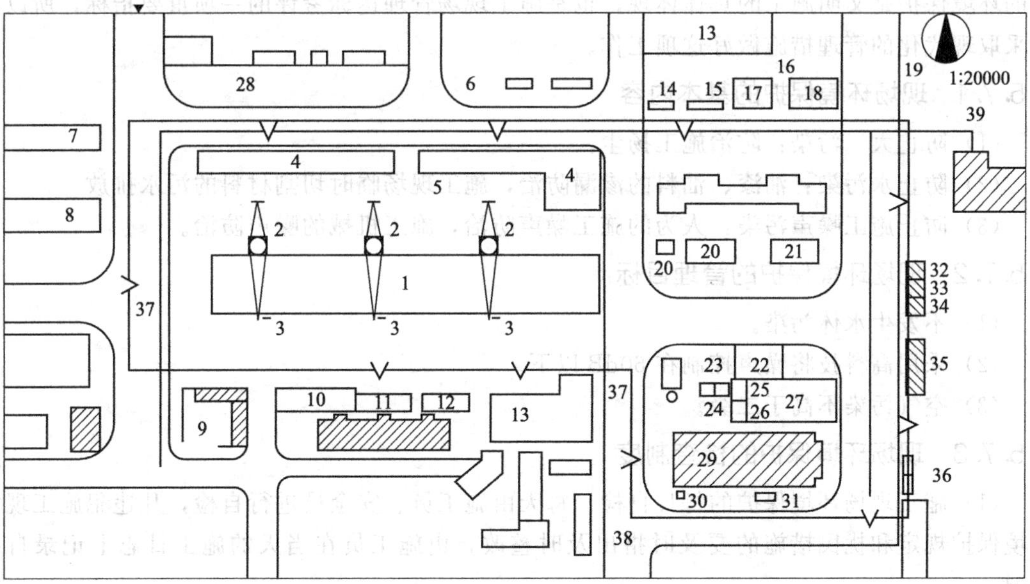

图 5-18 大模板住宅施工平面图

1—拟建工程；2—塔式起重机；3—龙门架；4—壁板堆场；5—钢模板堆场；6—空心板堆场；7—水磨石区；8—砂石堆；9—液化气站；10—杉槁堆场；11—管材堆场；12—木工棚；13—木料堆场；14—烘干炉；15—消防站；16—材料库；17—水暖加工厂；18—钢筋焊片场；19—钢筋冷拉厂；20—沥青；21—装饰用料；22—石子；23，24—搅拌站；25—锅炉；26—茶炉；27—食堂；28—施工队办公室；29—砂堆；30—油库；31—维修站；32—实验室；33—油工库；34—自行车库；35—料库；36—变压器；37—临时管路；38—电线；39—供水管线

5.5.6.2 构件、钢模、搅拌站、材料仓库及露天堆放场的位置

(1) 主体结构所用的空心板、壁板放在楼北侧起重机工作范围内。

(2) 搅拌站设在楼东侧空地上，石子、砂和水泥仓库均设在搅拌站附近。

(3) 装修阶段，在三台龙门架附近各设一台临时搅拌机，分别供应各施工段。

(4) 水暖、钢筋加工及其露天堆放场设在楼的东北侧。防水和装修用材料放在楼东侧。

(5) 管材和脚手料及木材堆放场放在楼的南侧。

(6) 水磨石和小型构件放在楼西侧。

5.5.6.3 水电管线及其他临时施工的位置

(1) 本工程由已建的锅炉房引出供水干线至楼北侧分三根主管到三个单元，底层留三个消火栓。采用锅炉泵压方式供高层用水。

(2) 临时用电利用已有的变压器接电，经验算，满足施工用电要求。供电线路由东北角引入施工工地。

(3) 在工程四周永久道路之间，修几条临时道路，形成环形路，路面用级配砂石和焦碴铺成。

5.5.7 环境保护措施

为了保护和改善生活环境与生态环境，防止由于建筑施工造成的作业污染和扰民，保障建筑工地附近居民和施工人员的身体健康，必须做好建筑施工现场的环境保护工作。施工现场的环境保护是文明施工的具体体现，也是施工现场管理达标考评的一项重要指标，所以必须采取现代化的管理措施做好这项工作。

5.5.7.1 现场环境保护的基本内容

(1) 防止大气污染：防治施工扬尘。

(2) 防止水污染：油漆、油料的渗漏防治，施工现场临时切割材料的污水排放。

(3) 防止施工噪声污染：人为的施工噪声防治，施工机械的噪声防治。

5.5.7.2 现场环境保护的管理目标

(1) 不发生水体污染。

(2) 采用高科技将噪声控制在 60dB 以下。

(3) 空气污染不高于二级。

5.5.7.3 现场环境保护的检查制度

(1) 施工现场环境保护的每日自检　每天由施工员、安全员进行自检，凡违犯施工现场环境保护规定和扰民措施的要及时指出及时整改，由施工员在当天的施工日志上记录自检情况。

(2) 项目每月定期检查 4 次　值班领导带领有关管理人员对所属的工地进行定期检查，按施工现场环境保护检查、考评标准进行检查评分，填写评分记录表，作为工地安全生产文明施工考评的依据。在检查中，对于不符合环保要求的采取“三定”原则（定人、定时、定措施）予以整改，落实后及时做好复检复查工作。

5.5.7.4 施工现场环保措施

(1) 施工现场防大气污染措施

① 施工中清理施工垃圾时，使用封闭的专用垃圾道或采用容器吊运，严禁随意凌空抛撒造成扬尘。施工垃圾要及时清运，清运时，适量洒水减少扬尘。

② 拆除时，应配合洒水，减少扬尘污染。

③ 施工现场要在施工前做好施工道路的规划和设置，建设工程施工现场道路必须进行硬化处理。可利用设计中永久性的施工道路，也可采用临时施工道路，基层要夯实，路面铺垫细石，并随时洒水，减少道路扬尘。

④ 散水泥和其他易飞扬的细颗粒散体材料应尽量安排库内存放，如露天存放应采取防潮地坪严密遮盖，运输和装卸时防止遗洒飞扬，以减少扬尘。

⑤ 施工现场要制定洒水降尘制度，配备专用洒水设备及指定专人负责，在易产生扬尘的季节，施工场地采取洒水降尘。

⑥ 防水材料采用冷油聚氨酯，现场不熬制沥青，减少空气污染。

(2) 施工现场防噪声污染措施

① 防止施工噪声污染。

② 电锯使用时，出料口应设三角形开口器减少木料夹锯片发出的噪声，或设在地下室。

③ 对施工人员进场进行文明施工教育，施工中或生活中不准大声喧哗，特别是晚 10 时之后、早 6 时前不准产生人为噪声。

④ 材料不准从车上往下扔，采用人扛下车和吊车吊运，钢管堆放不产生大的声响。

(3) 现场防止固体物污染措施　垃圾清运不得装车过满（低于槽帮 15cm），必须采取有效的措施防止垃圾遗洒。

思考题

1. 简述施工组织设计的任务和作用。
2. 简述施工组织设计的分类。
3. 简述施工组织设计的编制依据与程序。
4. 简述施工组织设计的内容。
5. 简述施工方案的内容。
6. 如何确定工程施工起点、流向？
7. 简述确定施工顺序时应考虑的因素。
8. 如何确定工程施工顺序？
9. 简述施工进度计划的编制依据。
10. 简述施工进度计划的编制步骤和内容。
11. 简述施工平面图的设计内容与依据。
12. 简述施工平面图的设计原则与步骤。

习题

1. 某项目经理部在承包的某高层住宅楼的现浇楼板施工中，提出拟采用钢木组合模板和小钢模模板两种施工方案。评价指标确定为：模板总摊销费（F1）、模板浇筑质量（F2）、模板人工费（F3）、模板周转时间（F4）、模板装拆便利性（F5）五项。经专家论证，两方案对各项评价指标的满足程度得分（按 10 分制评分）见表 5-23。

表 5-23 各项评价指标的满足程度得分表

评价指标	指标权重	钢木组合模板	小钢模模板
模板总摊销费(F1)	0.30	9	7
模板浇筑质量(F2)	0.20	7	10
模板人工费(F3)	0.20	9	6
模板周转时间(F4)	0.15	7	8
模板拆装便利性(F5)	0.15	8	9

试采用加权综合指标分析方法评价两方案的优劣，并确定应采取的方案。

2. 某机械化施工公司承包了某工程的土方施工任务，坑深为-5.2m，土方工程量为 9800m³，平均运土距离为 8km，合同工期为 10d。该公司现有 TJ50、TJ75、TJ100 液压挖掘机各 4 台、2 台、1 台及 5t、8t、15t 自卸汽车 10 台、20 台、10 台，其主要参数见表 5-24、表 5-25。

表 5-24 挖掘机主要参数

型 号	TJ50	TJ75	TJ100
斗容量/m^3	0.50	0.75	1.00
台班产量/m^3	401	549	692
台班单价/(元/台班)	880	1060	1420

表 5-25 自卸汽车主要参数

载重能力	5t	8t	15t
运距 8km 时台班产量/m^3	28	45	68
台班单价/(元/台班)	318	458	726

试求解：

① 若挖掘机和自卸汽车按表中型号只能各取一种，且数量没有限制，如何组合最经济？相应的每立方米土方的挖运直接费为多少？

② 若该工程只允许白天一班施工，且每天安排的挖掘机和自卸汽车的型号、数量不变，需安排几台何种型号的挖掘机和几台何种型号的自卸汽车？

③ 上述安排的挖掘机和自卸汽车的型号和数量，几天可完成该土方施工任务？每立方米土方的挖运直接费为多少？

3. 某房屋内外墙体砌筑工程，包括 370、240、120、60 等不同厚度的空心和实心砖墙，总工程量分别为 400m³、260m³、100m³、60m³，综合工日定额分别为 0.92 工日/m³、1.00 工日/m³、1.06 工日/m³、1.12 工日/m³，试确定该砌筑工程的综合工日定额。

4. 某两跨三层预制装配式钢筋混凝土框架结构轻型工业厂房，外包尺寸为 13.14m×55.14m，柱网 6.0m×6.0m。自然地面-0.2m，各层标高分别为 4.50m、9.00m、13.50m。钢筋混凝土基础埋置深度为-3.80m。围护结构为 370 砖墙，三楼附加内隔墙以 180 加气混凝土砌块砌筑。屋面为珍珠岩保温，卷材防水。底层地面采用水泥砂浆抹面，其他各层为水磨石。外墙抹灰采用水泥砂浆外刷无机涂料，底层窗台下做水刷石勒脚；内墙、天棚均为混合砂浆打底刮白罩面。

主要施工方案：基础土方采用机械开挖，回填土现场堆放，余土机械外运；基础工程完成后，框架梁柱现场预制，其余梁板等构件加工厂预制；楼梯及楼面整体面层为现浇；主体结构拟采用分层分件流水吊装法（或综合吊装法）；围护结构和室内外装修等施工拟按分层流水施工；各项施工过程均组织一个专业工作队。

试利用表 5-26 编制该工程施工进度计划（注意施工过程之间的技术组织间歇与合理搭接）。

表 5-26 某单位工程施工进度计划表

项次	分部分项工程名称	总工日数	工作天数	施工进度计划																	
				4 月			5 月			6 月			7 月			8 月			9 月		
				上	中	下	上	中	下	上	中	下	上	中	下	上	中	下	上	中	下
1	挖土	100	10																		
2	垫层	24	2																		
3	基础	400	10																		
4	回填	20	2																		
5	构件制作	1050	24																		
6	吊装工程	236	18																		
7	砌砖	596	27																		
8	现浇混凝土及钢筋混凝土	515	12																		
9	屋面保温找平	58	2																		
10	屋面防水	76	3																		
11	室内隔墙	54	4																		
12	楼地面抹灰	570	15																		
13	天棚墙面抹灰	548	18																		
14	外墙抹灰	327	6																		
15	门窗工程	192	12																		
16	油漆	110	14																		
17	水、暖、电	910	—																		
18	其他	300	—																		

5. 在图 5-19 所示的某三层综合楼现场平面图上合理布置以下内容：

① 井架及其卷扬机。

② 混凝土及砂浆搅拌站 $20m^2$。

③ 临时作业场（棚），包括模板场（棚）$110m^2$；钢筋场（棚）$80m^2$；门窗等木作场（棚）$180m^2$；水暖场（棚）$60m^2$。

④ 主要材料、构件堆放（存放）场地，包括构件场地 $80m^2$；水泥场（棚）$35m^2$；砂、石场地 $70m^2$；红砖空心砖场地 $60m^2$；白灰场地 $40m^2$；防水材料场地 $35m^2$。

⑤ 临时房屋，包括项目经理部及各职能部门办公用房 5 间（每间 $12m^2$）；工人休息室 4 间（每间 $25m^2$）；食堂 $30m^2$；小型材料库、工具库 $18m^2$；配电间 $12m^2$；门卫 $12m^2$；厕所 $12m^2$。

⑥ 现场出入口、场内道路。

⑦ 水电管线。

⑧ 消防设施2处。

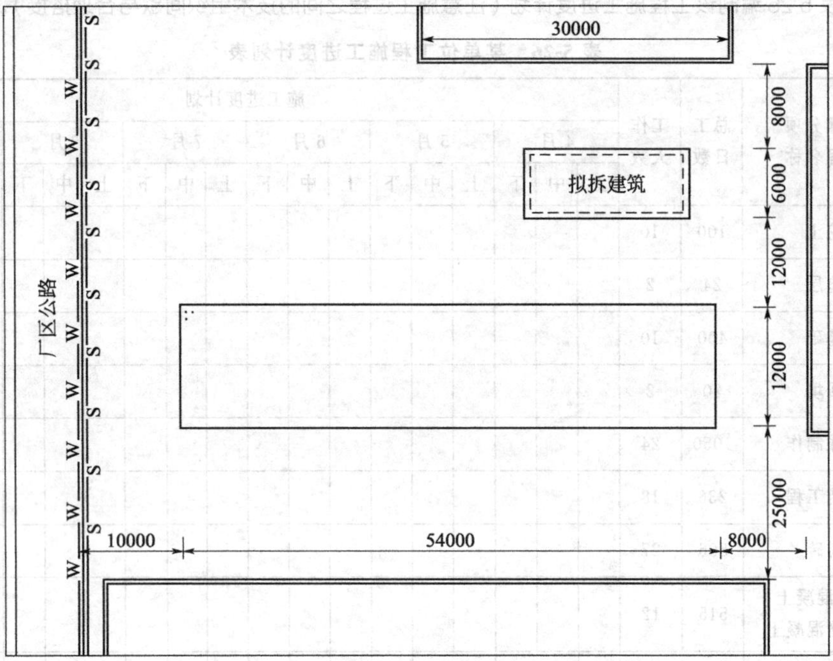

图 5-19　某三层综合楼施工现场平面图

第 6 章 工程项目进度控制

在工程项目控制中，涉及范围最广、影响最大的是进度控制。它涉及工程项目建设单位、设计单位、施工总包和分包单位、材料物资供应单位的人力、物力、财力的计划安排与使用，是一个动态的管理过程。虽然各单位控制的目标和时间范畴不同，但均涉及这些单位的最终利益的实现。因此，进度控制是一项非常重要的工作。

6.1 工程项目进度控制工作内容

工程项目进度控制是指为保证工程项目实现预期的工期目标，对工程项目寿命周期全过程的各项工作时间进行计划、实施、检查、调整等的一系列工作。下面重点讲述工程项目施工阶段进度控制的工作内容。

6.1.1 施工准备阶段的进度控制

6.1.1.1 施工计划工期目标的确定与分解

在施工准备阶段，首先需要根据合同工期等因素，确定工程项目施工的计划工期目标。工期目标确定之后，再将其分解为施工全过程的几个阶段性目标。例如，一般工业项目通常需要考虑全场性准备工作、场地土方工程、厂房基础与设备基础工程、构件预制工程、结构吊装和主体工程、屋面与装饰工程、设备安装工程、设备试运转与扫尾工程、阶段性竣工验收和总竣工验收等几个主要阶段的进度目标。

在确定工期目标时，应考虑留有适当的余地，使计划工期比合同工期短些。

6.1.1.2 编制施工进度计划

工程项目施工进度计划的表达方式有横道图和网络图两种，其具体编制方法参见第 2 章、第 3 章、第 5 章相关内容。

6.1.1.3 编制施工准备工作计划和资源需用计划

为确保工程项目施工进度计划的顺利实施，还需编制工程项目开工前的准备工作计划和开工后阶段性准备工作计划以及各种物资资源需用计划。其具体编制方法参见第 5 章相关内容。

6.1.1.4 编制年、季、月、旬、周度施工作业计划

大型施工项目的施工，工期往往是几年。这就需要编制年度施工进度计划，并在此基础上按照均衡施工原则，编制各季度施工进度计划。年度和季度施工进度计划，均属控制性计划，确定并控制项目施工总进度的重要节点目标。对于单位工程来说，月（旬、周）计划有

指导作业的作用，因此要具体编制成作业计划，应在单位工程施工进度计划的基础上卡段细化编制，属于实施性（操作性）的作业计划。年、季、月、旬、周度施工进度计划遵循“远粗近细”的原则。所谓“滚动式”施工进度计划是指在项目施工的每一计划阶段结束时，去掉已完成的施工作业内容，根据计划执行情况和内外部条件的变化情况，调整修订后续计划，将计划阶段顺序向前推进（滚动）一段，制定一个新的阶段计划。图 6-1 为滚动式施工进度计划示意图。

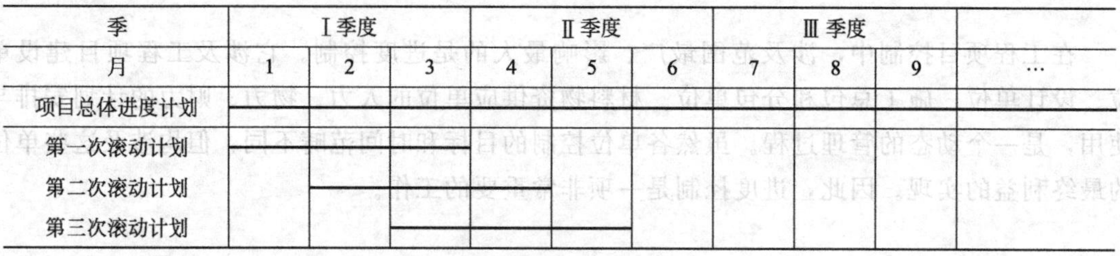

季
月
Ⅰ季度
Ⅱ季度
Ⅲ季度
1
2
3
4
5
6
7
8
9
…
项目总体进度计划
第一次滚动计划
第二次滚动计划
第三次滚动计划

图 6-1　滚动式施工进度计划示意图

6.1.1.5　制订施工进度控制工作细则

在开工前制订详细的施工进度控制工作细则是对项目施工进度进行有效控制的重要措施，其主要内容包括：

① 进度控制人员的确定与分工。

② 制订进度控制工作流程，如图 6-2 所示。

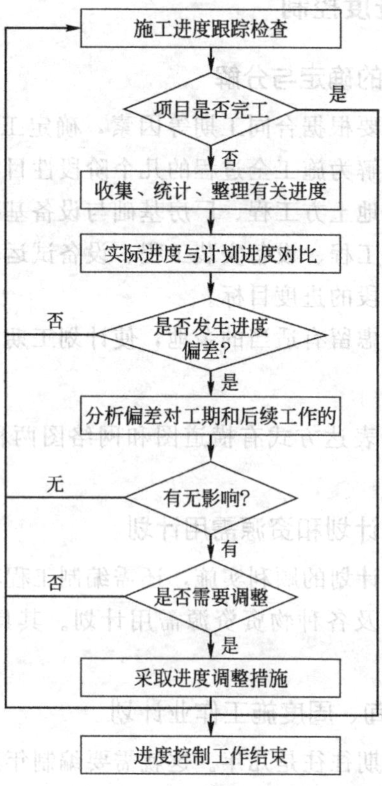

图 6-2　控制工作流程示意图

③ 明确进度控制工作方法。如进度检查方法、进度数据收集、统计整理方法、进度偏差分析与调整方法等。

④ 设置进度控制点。在进度计划实施前要明确哪些事件是对施工进度和工期有重大影响的关键性事件，这些事件是项目施工进度控制的重点。

通过制订施工阶段进度控制工作细则，明确为了对施工进度实施有效控制，应该和必须做好哪些工作？由谁来做？什么时间做和怎样做？

6.1.2 施工阶段进度控制

施工阶段进度控制是工程项目进度控制的关键，其主要工作内容如下。

(1) 施工进度的跟踪检查　在工程项目施工过程中，进度控制人员要通过收集作业层进度报表，对施工进度的执行情况进行动态检查并分析进度偏差产生的原因，召开现场会议为进度计划的调整及实现工程总进度目标提供必要的信息，随时了解和掌握实际进度情况。

(2) 收集、整理和统计有关进度数据　在跟踪检查施工进度过程中，要全面、系统地收集有关进度数据，并经过整理和统计，形成正确反映实际进度情况、便于将实际进度与计划进度进行对比的数据资料。

(3) 实际进度与计划进度进行对比分析　经过对比，分析出是否发生了进度偏差，即实际进度比计划进度拖后或超前。

(4) 分析进度偏差对工期和后续工作的影响　当发生进度偏差之后，要进一步分析该偏差对工期和后续工作有无影响？影响到什么程度。

(5) 分析是否需要进行进度调整　当分析出进度偏差对工期和后续工作的影响之后，还要视工期和后续工作是否允许发生这种影响及允许影响到什么程度决定是否对施工进度进行调整。

一般从工期控制角度来看，某些工作的实际进度比计划进度超前是有利的。所以进度控制工作的重点是进度发生拖后现象时，要通过分析决定是否需要调整。当然，进度超前过多也会影响到资源供应、资金使用等问题，如果这些条件限制很严格，也要进行调整。

(6) 采取进度调整措施　在施工进度计划的实施过程中，应跟踪计划的实施进行监督，当发现进度计划执行受到干扰时，应采取调整措施。当明确了必须进行施工进度调整之后，还要具体分析产生这种进度偏差的原因，并综合考虑进度调整对工程质量、安全生产和资源供应等因素的影响，确定在哪些后续工作上采取技术上、组织上或经济上的调整措施。

在技术上可采取的加快施工进度的措施主要有：①改进施工工艺和施工技术，缩短工艺技术间歇时间；②采用更先进的施工方法，缩短施工作业时间；③采用更先进的施工机械，以提高施工作业效率。

在组织上可采取的加快施工进度的措施主要有：①增加作业面，组织更多的施工队组；②增加每天施工时间（加班加点或多班制）；③增加作业人数；④增加机械设备数量；⑤采取平行流水施工、立体交叉作业，以充分利用空间和争取时间；⑥保证物资资源供应和作好协调工作等。

在经济上可采取的加快施工进度的措施有：①提高奖金数额；②对采取的一系列技术措施给予相应的经济补偿。

除上述措施外，还可以通过加强思想教育和精神鼓励等工作，激发作业层人员的劳动积极性，提高作业效率。

(7) 实施调整后的进度计划 调整后的新计划实施后，重复上述控制过程，直至工程项目全部完工。

6.1.3 竣工验收、交付使用阶段进度控制

竣工验收、交付使用阶段的工作特点是，在施工作业方面，大量施工任务已经完成，但还有许多零星琐碎的修补、调试、扫尾、清理等工作要做；在管理业务方面，施工技术指导性工作已基本结束，但却有大量的技术资料汇总整理、竣工检查验收、工程质量等级评定、工程决算、工程项目移交等管理工作要做。这些工作如不抓紧进行，也将会影响工程项目的交付期限。这一阶段进度控制工作如下。

(1) 制订竣工验收阶段工作进度计划 在该计划中，要详细列出各项工作的日程安排，并把工作落实到每个人员。

(2) 定期检查各项工作进展情况 在检查中如果发现工作拖延现象应及时采取必要的调整措施。

(3) 整理有关工程进度资料，归类、编目、建档 认真做好进度资料整理工作，为以后的工程项目进度控制工作积累经验，同时也为工程决算和索赔提供依据。

6.2 工程项目施工进度控制方法

工程项目施工进度控制方法很多，本节主要讲述横道图进度计划实施中的控制方法、网络进度计划实施中的控制方法、S形曲线控制方法和香蕉曲线控制方法。

6.2.1 横道图进度计划实施中的控制方法

横道图是一种最简单、运用最广泛的传统的进度计划方法，在国外被称为甘特 (Gantt) 图。它具有直观、形象、绘制简单等优点，缺点是不能明确表达各计划工作之间的逻辑关系，不利于进度计划的优化调整。尽管有许多新的计划技术，但横道图在工程项目施工进度控制中的应用仍非常普遍。

例如，某项基础工程包括挖土、打垫层、砌基础、回填土四项施工过程，拟分为三个施工段组织流水施工，各施工过程在每一施工段上的作业时间见表 6-1。

表 6-1 某项基础工程作业时间安排

作业时间/天 施工过程	施工段		
	Ⅰ	Ⅱ	Ⅲ
挖土	3	3	4
垫层	3	2	2
基础	5	4	5
回填	2	2	2

根据流水施工原理绘制的横道进度计划见表 6-2。

表 6-2 某项基础工程进度计划

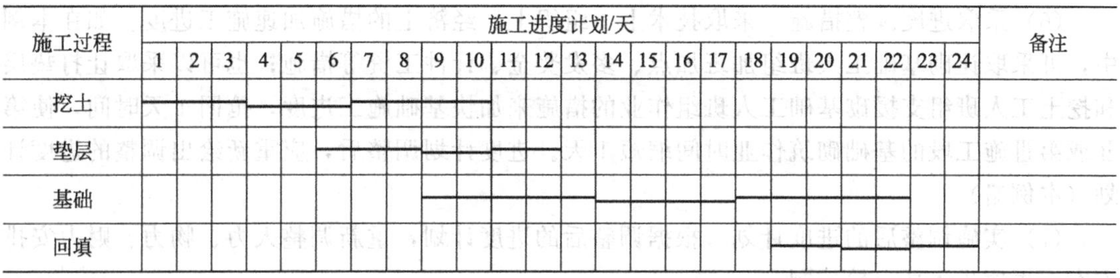

施工过程
施工进度计划/天
1 2 3 4 5 6 7 8 9 10 11 12 13 14 15 16 17 18 19 20 21 22 23 24
备注
挖土
垫层
基础
回填

下面结合表 6-2 说明横道进度计划实施中的控制步骤和方法。

(1) 标出检查日期 如表 6-3 下面黑色三角所示，本例假设在计划实施后的第 9 天下班时检查。

表 6-3 横道进度计划控制的表示方法

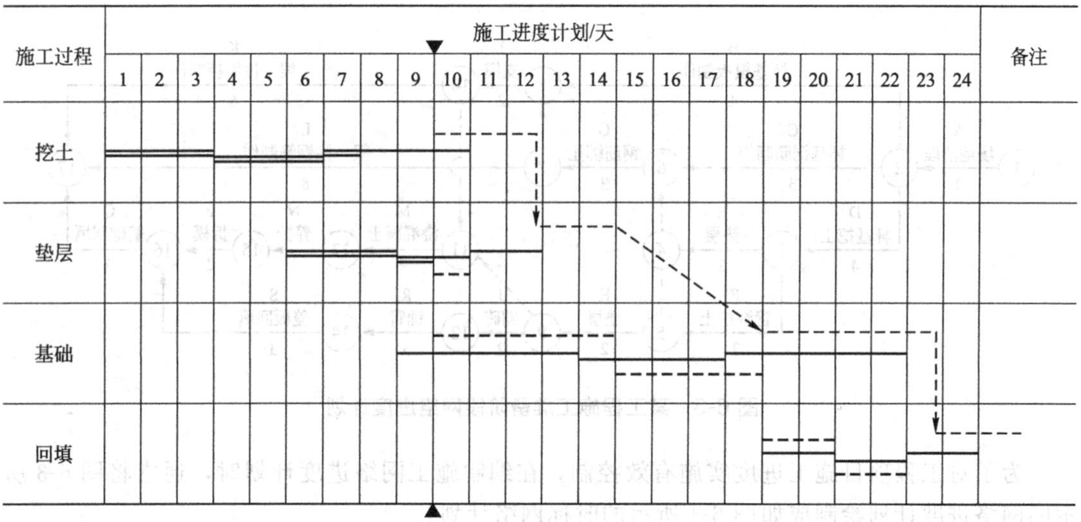

(2) 标出已经完成的工作 如表 6-3 中双线所示，本例挖土施工过程已完成了第Ⅰ、第Ⅱ施工段的全部工作量和第Ⅲ施工段的 25%的工作量（正在进行的工作按完成总工作量的百分比表示）。垫层施工过程已完成了第Ⅰ施工段的全部工作量和第Ⅱ施工段的 50%工作量。基础施工过程尚未投入作业。

(3) 将实际进度与计划进度进行对比，分析是否出现进度偏差 本例通过对比分析看出，挖土施工过程已拖后 2 天，垫层施工过程的实际进度刚好与计划进度相同，基础施工过程拖后 1 天。

(4) 分析出现的进度偏差对后续工作及工期的影响 在本例中挖土施工过程拖后 2 天，基础施工过程拖后 1 天，下面分别进行分析。

① 挖土施工过程与其后续工作的制约关系见表 6-3 中虚箭线所示。该制约关系表明，挖土施工过程的 2 天拖后，将会影响垫层施工过程的连续作业，但不会影响工期。

② 基础施工过程与其后续工作是紧密衔接的，它的拖后必然影响到工期。

(5) 分析是否需要做出进度调整 在本例中，基础施工过程的拖后已影响到工期，若该计划工期不允许拖延，则必须在基础施工过程上加快进度，抢回拖后的 1 天时间；挖土施工过程的拖后 2 天不影响计划工期，从工期角度来看，可不必调整。但要考虑垫层施工过程是否允许不连续施工，若不允许也要予以调整。

（6）采取进度调整措施　采取技术上、组织上、经济上的措施加速施工进度。如在本例中，可采取让砌基础工人班组加班加点、多发奖金、计件工资等措施；也可以采取让打垫层和挖土工人班组支援砌基础工人班组作业的措施来加快基础施工进度，抢回1天时间，使第Ⅱ或第Ⅲ施工段的基础砌筑作业时间缩短1天。进度计划调整后，应重新绘出调整的进度计划（本例略）。

（7）实施调整后的进度计划　根据调整后的进度计划，重新调整人力、物力、财力安排方案，再次进入新一轮控制。

6.2.2 网络进度计划实施中的控制方法

图6-3为某大型工程的施工准备阶段网络进度计划。关键线路为图中粗线所示，工期为51天。下面结合该图说明网络进度计划实施中的控制步骤和方法。

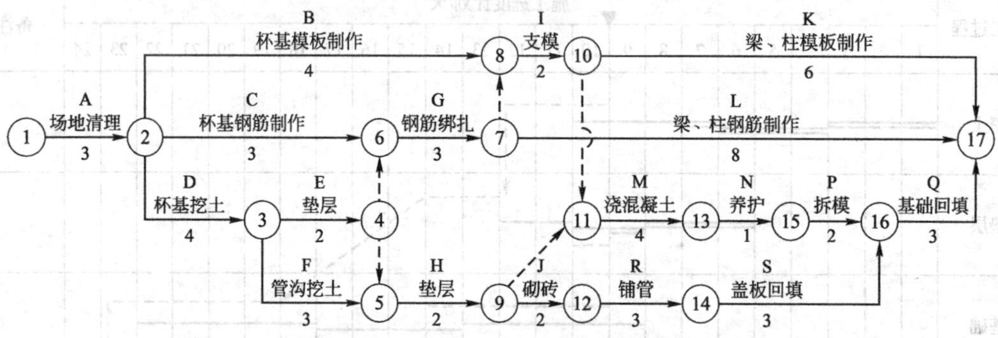

图6-3　某工程施工准备阶段网络进度计划

为了对工程项目施工进度实施有效控制，在编制施工网络进度计划时，通常将图6-3所示的网络进度计划绘制成如图6-4所示的时标网络计划。

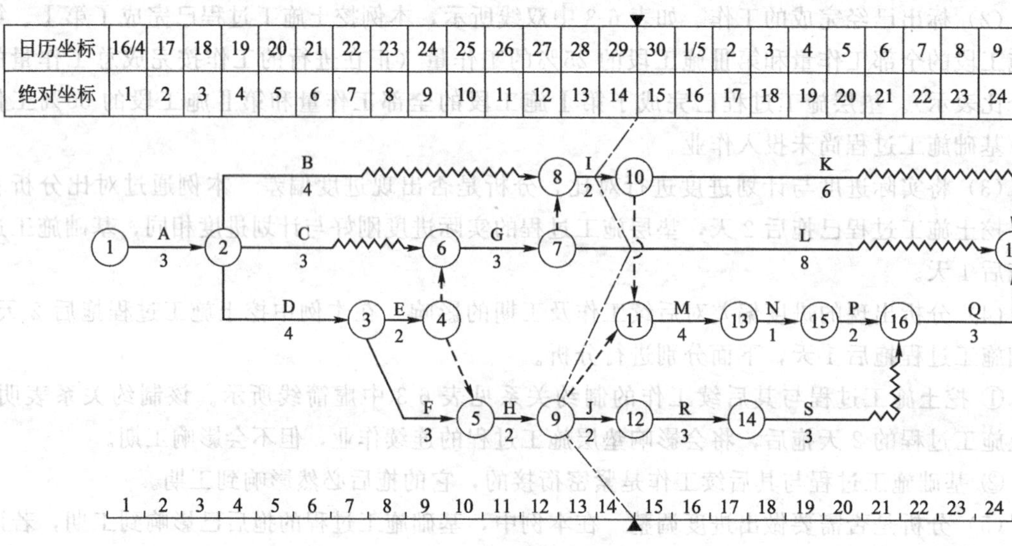

图6-4　某工程局部施工时标网络计划

在网络进度计划实施过程中的控制步骤与方法如下。

（1）标出检查日期　如图 6-4 下边黑色三角所示，本例为施工进行到第 14 天下班时检查。

（2）标出实际进度前锋线　所谓实际进度前锋线是指实际施工进度到达位置的连线。在本例第 14 天下班时检查发现，基础支模工作 I 完成了 50％工作量；梁、柱钢筋制作工作 L 完成了 25％工作量；基础浇筑混凝土工作 M 尚未开始；管沟垫层工作 H 已完成；管沟砌砖工作 J 尚未开始。据此绘出的实际进度前锋线如图 6-4 中点划线所示。在实际进度前锋线左侧的工作均已完成；在实际进度前锋线右侧的工作均未完成。

（3）将实际进度与计划进度进行对比，分析是否出现进度偏差　在本例中，工作 I 已拖后 1 天；工作 L 的实际进度与计划进度相等；工作 J 已拖后 2 天。

（4）分析出现的进度偏差对后续工作和工期的影响

① 工作 I 拖后 1 天，由于该工作位于关键线路上，所以如不采取措施予以调整，将要使工期拖延 1 天，同时也将要影响其后续工作 K（非关键工作）的最早开始时间。

② 工作 J 拖后 2 天。虽然该工作位于非关键线路上，但从图上可看出该工作仅有 1 天的总时差，因此若不采取措施予以调整，也将会使工期拖延 1 天。

（5）分析是否需要做出进度调整　如果该工程项目没有严格规定必须在 24 天内完成，工期可以拖延，可不必调整。这样，只需去掉网络进度计划中已完成部分，重新绘制出未完成部分的网络进度计划，如图 6-5 所示。

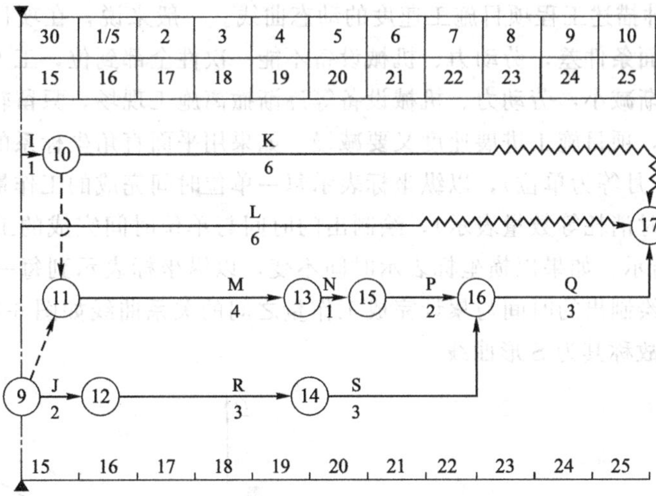

图 6-5　检查后未调整的网络计划

如果该工程项目的计划工期不允许拖延则必须做出调整。

（6）采取进度调整措施　调整时需综合考虑增加人力、物力资源的可能性和对工程质量、安全的影响。调整的方法是选择位于关键线路上的某些工作作为调整对象，压缩其作业时间，保证工程项目按原计划工期完成。

本例选择工作 M 和工作 R 为调整对象，将其作业时间均压缩 1 天，调整后的网络计划如图 6-6 所示。

（7）实施调整后的网络进度计划与横道进度计划相同。

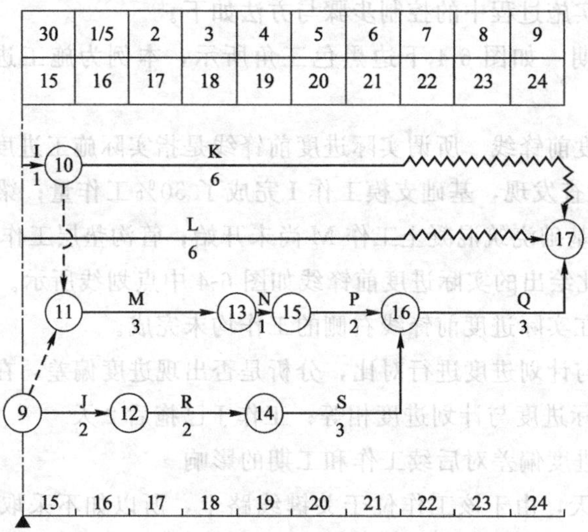

图 6-6　检查调整后的网络计划

6.2.3　S 形曲线控制方法

6.2.3.1　S 形曲线的概念

S 形曲线是一种描述工程项目施工速度的动态曲线。一般来说，在项目施工初期，由于准备工作多，作业面条件差，劳动力、机械设备不能一次性全部到位，工人作业不熟练等原因，施工进展面逐渐减小，劳动力、机械设备等逐渐撤离施工现场，只留较少一部分人员从事收尾和清理工作，项目施工进展速度又要减慢。如果用平面直角坐标系的横坐标表示时间（可以天、周、旬、月等为单位），以纵坐标表示每一单位时间完成的工作量（可以实物工程量、费用支出或工时消耗等数量表示），绘制出的时间与单位时间完成的工作量之间的关系曲线如图 6-7(a) 所示。如果以横坐标表示时间不变，以纵坐标表示到每一单位时间为止累计完成的工作量，绘制出的时间与累计完成工作量之间的关系曲线如图 6-7(b) 所示。因为此曲线形如“S”，故称其为 S 形曲线。

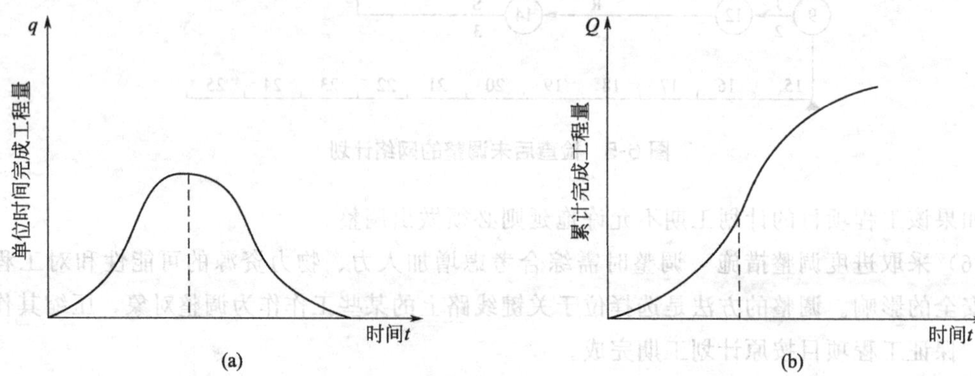

图 6-7　时间与完成工作量关系曲线示意图（一）

在实际工程项目施工中，各单位时间内完成的工作量往往不是随时间的延续而连续变化的，绘制出的时间与单位时间内完成工作量的关系曲线如图 6-8(a) 所示，时间与累计完成工作量的关系曲线如图 6-8(b) 所示。若将图 6-8(b) 中各直方图右顶点用光滑曲线连起来，该曲线也呈“S”形，故也称其为 S 形曲线。

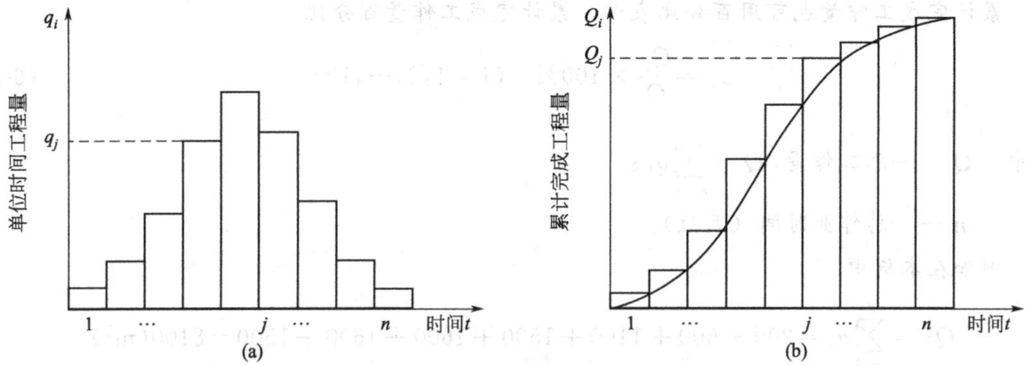

图 6-8　时间与完成工作量关系曲线示意图（二）

6.2.3.2　S 形曲线绘制方法

下面结合一个简单例子说明 S 形曲线的绘制方法。

【例 6-1】 某项砌体工程总工程量为 $10000m^3$，计划 10 天完成，每天完成工作量如图 6-9所示，试绘制该工程的 S 形曲线。

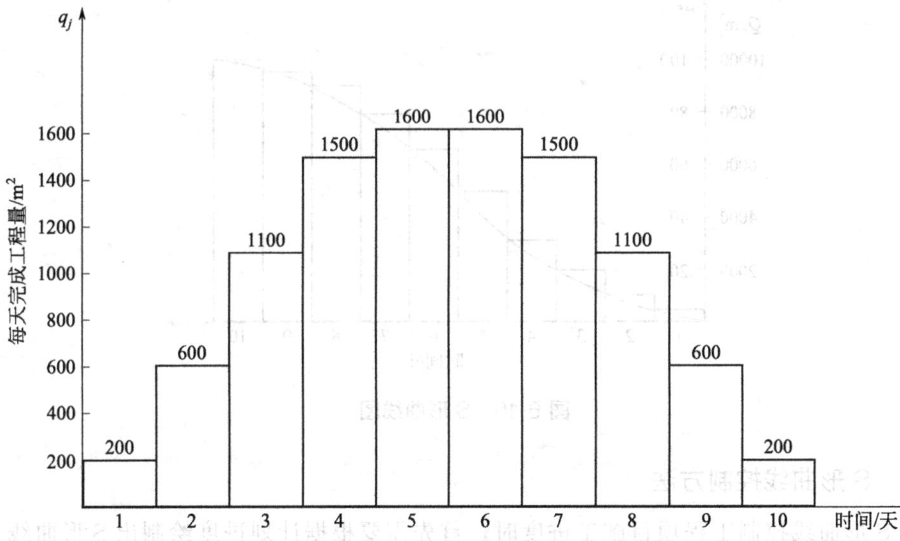

图 6-9　每天完成工作量

解　绘制步骤和方法如下：

① 确定各单位时间（每天）完成工作量 q_j，值 $j=1,2,\cdots,10$，结果见表 6-4。

表 6-4　完成工程量汇总表

时间/天	j	1	2	3	4	5	6	7	8	9	10
每天完成量/m^3	q_j	200	600	1100	1500	1600	1600	1500	1100	600	200
累计完成量/m^3	Q_j	200	800	1900	3400	5000	6600	8100	9200	9800	10000
累计完成百分比/%	μ_j	2	8	19	34	50	66	81	92	98	100

② 计算到每一单位时间（每天）完成工作量 Q_j 值

$$Q_j=\sum_{t=1}^{j} q_j \quad (j=1,2,\cdots,10) \tag{6-1}$$

累计完成工作量也可用百分比表示，累计完成工作量百分比

$$\mu_j=\frac{Q_j}{Q}\times 100\% \quad (j=1,2,\cdots,10) \tag{6-2}$$

式中　Q ——总工作量，$Q=\sum_{t=1}^{n} q_t$；

n ——总作业时间（天数）。

例如在本例中

$$Q_7=\sum_{t=1}^{7} q_t=200+600+1100+1500+1600+1600+1500=8100(\mathrm{m}^3)$$

$$Q=\sum_{t=1}^{10} q_t=Q_{10}=10000(\mathrm{m}^3)$$

$$\mu_4=\frac{Q_7}{Q}\times 100\%=\frac{8100}{10000}\times 100\%=81\%$$

③ 根据（j,Q_j）或（j,μ_j）绘制S形曲线，如图 6-10 所示。

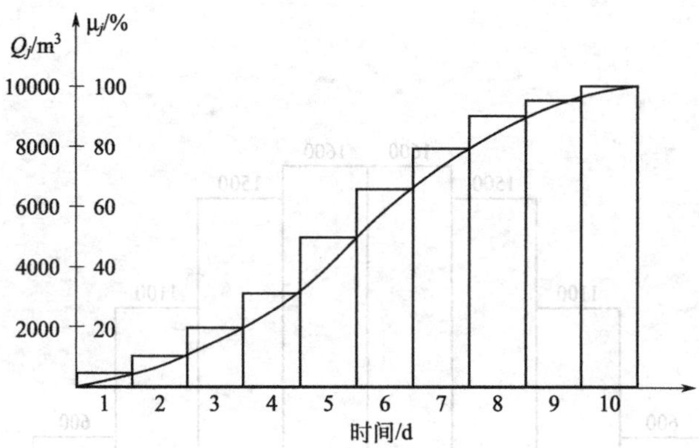

图 6-10　S形曲线图

6.2.3.3　S形曲线控制方法

采用S形曲线控制工程项目施工进度时，首先需要根据计划进度绘制出S形曲线，然后在施工过程中按下述步骤和方法对施工实际进度进行控制。

① 标出检查日期。如图 6-11 中黑色三角表示两次检查日期。

② 绘制出到检查日期为止的工程项目实际进度S形曲线。如图 6-11 中 a、b 两点即为实际进度S形曲线的到达点。

③ 分析工作量完成情况。图 6-11 中实际进度S形曲线上的 a 点位于计划进度S形曲线的上方，说明实际进度比计划进度快，工作量超额完成，从 a 点沿垂直方向到计划进度S形曲线的距离 ΔQ_a 即为该检查点工作量超额完成量；实际进度S形曲线上的 b 点位于计划进度S形曲线的下方，说明实际进度比计划进度慢，工作量未按原计划完成，从 b 点沿垂直

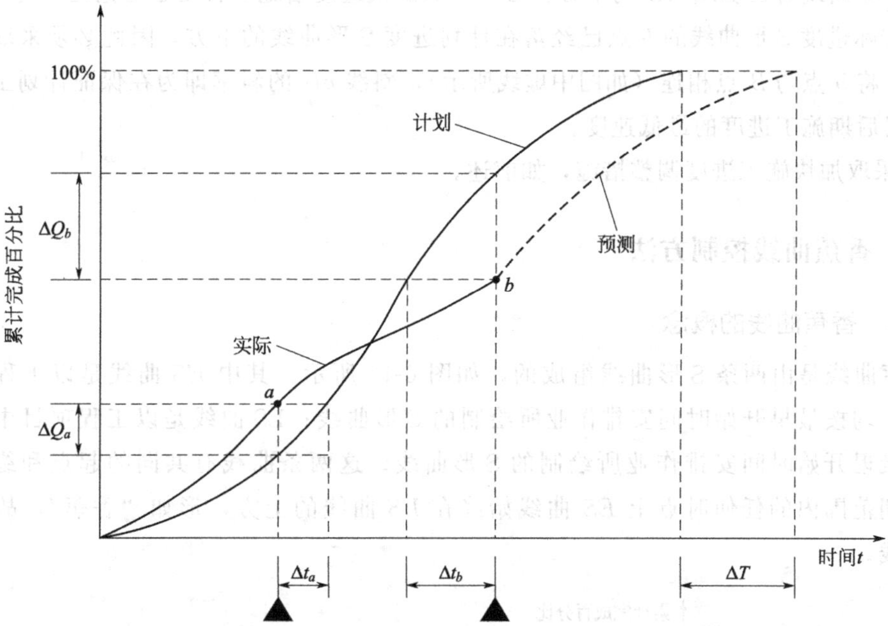

图 6-11 S 形曲线控制图之一

方向到计划进度 S 形曲线的距离 ΔQ_b 即为该检查点工作量欠额完成量。

④ 分析进度超前或拖后时间。在图 6-11 中，从 a 点沿水平方向到计划进度 S 形曲线的距离 Δt_a 即为该检查点进度超前时间；从 b 点沿水平方向到计划进度 S 形曲线的距离 Δt_b 即为该检查点进度拖后时间。

⑤ 项目后期施工进度预测。如图 6-11 中实际进度 S 形曲线到达 b 点后，若能保证后期按原计划进度施工，则预测的实际进度 S 形曲线如虚线所示，ΔT 即为预计的工期拖延时间。

⑥ 分析项目后期施工进度的速度限值。如图 6-12 所示，通过计划进度 S 形曲线的顶点 B 点向该 S 形曲线作切线，切点为 A 点，切线 AB 即为实际进度 S 形曲线的下限。一旦实

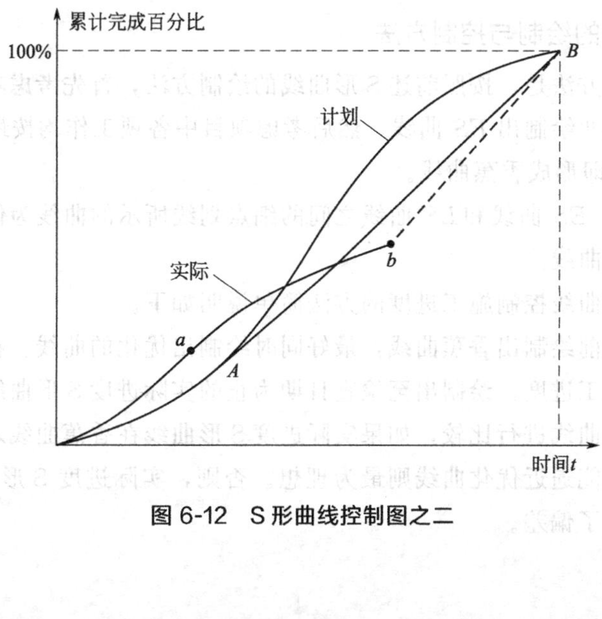

图 6-12 S 形曲线控制图之二

际进度S形曲线落在切线AB的下方，必须采取加快进度措施，否则必将拖延计划工期。图6-12中实际进度S形曲线的b点已经落在计划进度S形曲线的下方，因此必须采取加快进度措施。将b点与B点相连（如图中虚线所示），斜线bB的斜率即为在保证计划工期条件下，项目后期施工进度的最低速度。

⑦ 采取加快施工进度调整措施，如前述。

6.2.4 香蕉曲线控制方法

6.2.4.1 香蕉曲线的概念

香蕉曲线是由两条S形曲线组成的，如图6-13所示。其中ES曲线是以工程项目中各项工作均按最早开始时间安排作业所绘制的S形曲线；LS曲线是以工程项目中各项工作均按最迟开始时间安排作业所绘制的S形曲线。这两条曲线有共同的起点和终点。在施工工期范围内的任何时点上ES曲线始终在LS曲线的上方，形如“香蕉”，故称其为香蕉曲线。

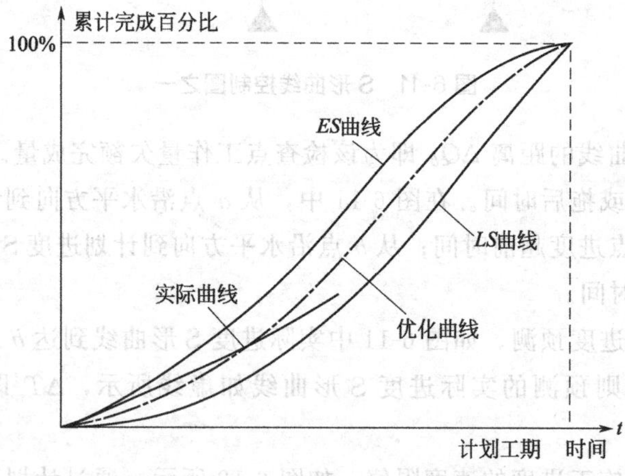

图6-13 香蕉曲线控制方法示意图

6.2.4.2 香蕉曲线的绘制与控制方法

香蕉曲线的绘制方法是，按照前述S形曲线的绘制方法，首先考虑项目中各项工作均按最早开始时间安排作业绘制出ES曲线，然后考虑项目中各项工作均按最迟开始时间安排作业绘制出LS曲线，即形成香蕉曲线。

在图6-13中，在ES曲线和LS曲线之间的细点划线所示的曲线为优化曲线，这是理想的工程项目施工进度曲线。

下面将采用香蕉曲线控制施工进度的方法简单说明如下。

在工程项目开工前绘制出香蕉曲线，最好同时绘制出优化的曲线。在开工之后，定期或不定期地检查实际施工进度，绘制出至检查日期为止的实际进度S形曲线。将实际进度S形曲线与计划进度香蕉曲线进行比较，如果实际进度S形曲线在香蕉曲线之内，则说明工程项目实际进度正常，若能逼近优化曲线则最为理想。否则，实际进度S形曲线超出香蕉曲线，则说明实际进度出现了偏差。

进度偏差有两种情况，如果实际进度 S 形曲线位于香蕉曲线的上方，则说明实际进度比计划进度超前；如果实际进度 S 形曲线位于香蕉曲线的下方，则说明实际进度比计划进度拖后。

对于出现的进度偏差，需要按 S 形曲线控制方法进行分析、预测和调整。

思考题

1. 何谓工程项目进度控制？ 其主要工作内容有哪些？
2. 简述横道进度计划实施中的控制步骤与方法。
3. 何谓实际进度前锋线？ 简述网络进度计划实施中的控制步骤与方法。
4. 简述 S 形曲线的概念、绘制与控制方法。
5. 简述香蕉曲线的概念、绘制与控制方法。

习题

1. 设某建设工程项目包括 A、B、C、D 等施工过程，拟分为三个施工段，其作业时间安排见表 6-5，试绘制早时标施工网络进度计划。 假设该工程施工到第 9 天下班时检查结果为：A 作业已完成第 Ⅲ 段的 25% 工程量；B 作业刚好完成第 Ⅱ 段的全部工程量，第 Ⅲ 段垫层作业尚未开始；C 作业刚完成第 Ⅰ 段的 25%工程量；D 作业尚未开始。 试绘出实际进度前锋线，并分析进度偏差及对工期的影响。

表 6-5 作业时间安排表

作业时间/d 施工段 施工过程	Ⅰ	Ⅱ	Ⅲ
A	3	3	4
B	3	2	2
C	4	4	5
D	2	2	2

2. 某项混凝土浇筑工程的总工程量为 1200m^3，计划在 10 天内完成，每天浇筑量见表 6-6。 试绘制该项混凝土浇筑工程施工进度直方图和 S 形曲线。

表 6-6 混凝土浇筑工程量表

时间/天	j	1	2	3	4	5	6	7	8	9	10
每天完成量/m^3	q_j	500	900	1200	1600	1800	1800	1600	1200	900	500
累计完成量/m^3	Q_j										
累计完成百分比/%	μ_j										

3. 某施工网络进度计划如图 6-14 所示。 图中箭线上方字母为工作名称；箭线下方括号外数据为持续时

间（天），括号内数据为资源强度。试绘制早时标、迟时标施工网络进度计划，并统计每天资源需求数量和累计资源需求数量，绘出香蕉进度曲线图。

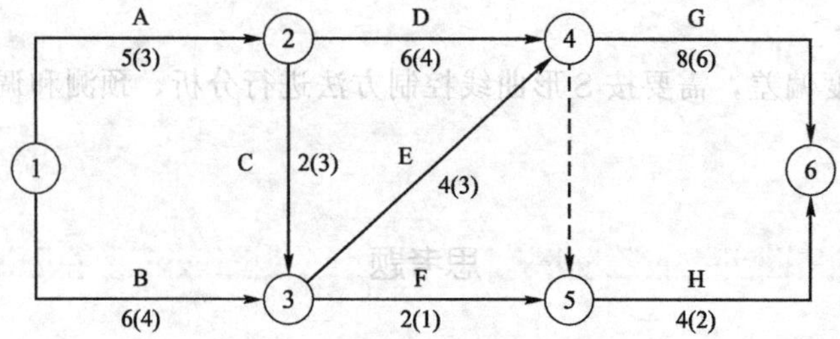

图 6-14　某工程施工网络进度计划

第 7 章　工程项目成本控制

7.1　工程项目成本概述

7.1.1　工程造价的基本概念

工程造价有广义和狭义之分。

7.1.1.1　广义的工程造价

广义的工程造价是指建设工程项目从筹建开始直到全面建成、投入使用前的全部建设费用（即建设项目总投资中的固定资产投资费用）。根据原国家计委文件（计办投资［2002］15 号）发行的《投资项目可行性研究指南》的规定，建设项目总投资构成内容如图 7-1 所示。

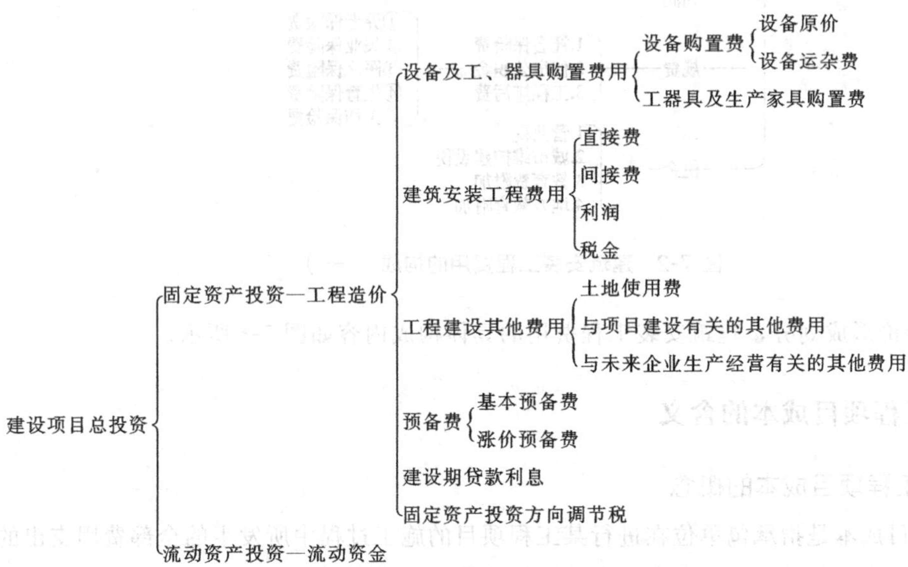

图 7-1　建设项目总投资构成

7.1.1.2　狭义的工程造价

狭义的工程造价是指建筑安装工程费用，根据国家住建部和财政部颁布的《关于印发〈建筑安装工程费用项目组成〉的通知（建标［2013］44 号）》规定，建筑安装工程费用的构成有两种划分方法。

① 按费用构成要素划分，建筑安装工程费用的具体构成内容如图 7-2 所示。

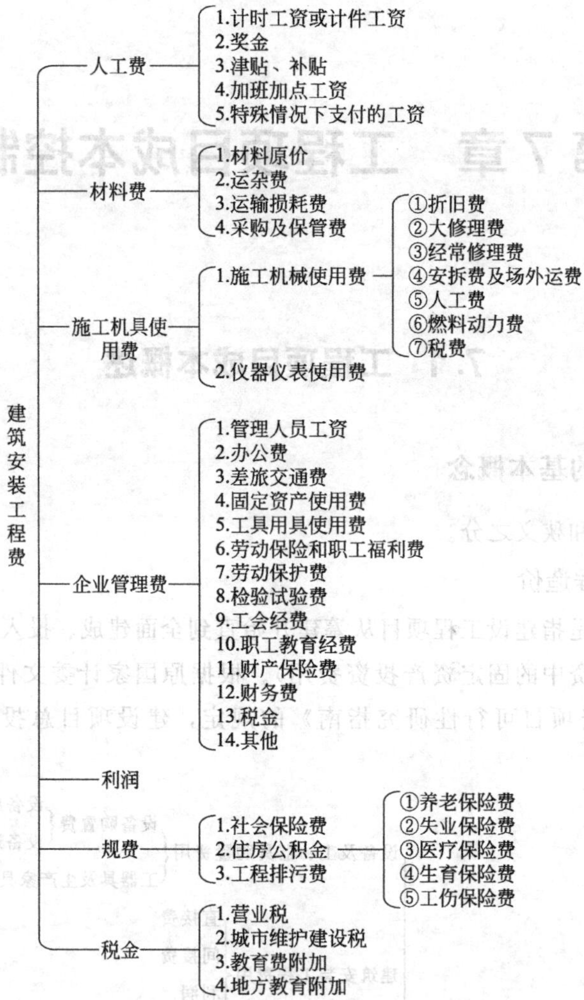

图 7-2　建筑安装工程费用的构成（一）

② 按造价形成划分，建筑安装工程费用的具体构成内容如图 7-3 所示。

7.1.2　工程项目成本的含义

7.1.2.1　工程项目成本的概念

工程项目成本是指承包单位在进行某工程项目的施工过程中所发生的全部费用支出的总和。它包括工程项目施工现场生产中直接消耗的费用以及在组织管理工程项目施工生产过程中所发生的其他费用支出。按照现行建设工程项目计价模式来讲，工程总造价中，除利润和税金之外的所有费用即为工程项目成本。

工程项目成本不同于施工企业成本，更有别于建筑安装工程造价。它们的关系如下：

建筑安装工程造价－施工企业成本＝施工企业利润

施工企业成本－企业非生产性的费用支出＝工程项目成本

上述关系式中，建筑安装工程造价是指建设单位支付给本工程项目的工程价款收入，即

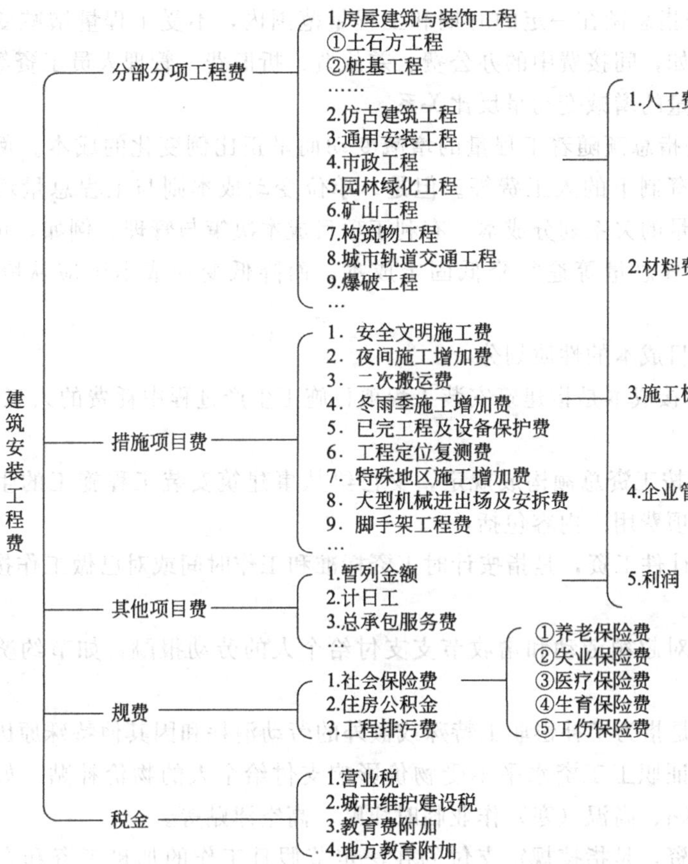

图 7-3　建筑安装工程费用的构成（二）

工程项目的价格；施工企业成本是企业为工程项目施工所发生的各项费用支出，一般包括项目生产性的费用支出和企业非生产性的费用支出两大部分。项目生产性的费用支出即为直接工程费；企业非生产性的费用支出一般包括企业管理费、财务费用和营业税、城乡维护建设税及教育费附加等费用。

7.1.2.2　工程项目成本的分类

(1) 按照工程项目成本管理阶段划分

① 预算成本，是指施工企业根据施工图纸或工程量清单，利用工程量计算规则、预算定额以及取费标准等计算出来的工程项目成本。预算成本以施工图预算为基础，反映了社会或企业的平均成本水平。

② 计划成本，是指项目经理部根据项目管理目标责任书的要求，结合工程项目的技术特征、自然地理环境、劳动力素质、设备情况等确定的工程项目成本。计划成本以施工预算为基础，反映了社会或企业的平均先进水平，是控制项目成本支出的标准和成本管理的目标。

③ 实际成本，是指在项目施工过程中实际发生的，并可按一定的成本核算对象进行归集的各项支出费用的总和。实际成本受工程项目的技术水平、管理水平、组织措施等因素的影响，是项目各种消耗的综合反映。

(2) 按照费用与工程量的关系划分

① 固定成本，是指总额在一定的时期和工程量范围内，不受工程量增减变动的影响而相对不变的成本。例如，间接费中的办公费、差旅费、折旧费、管理人员工资等。但是，单位固定成本则与工程量的增减变动呈反比关系。

② 变动成本，是指总额随着工程量的增减变动而呈正比例变化的成本。例如，直接费中的材料费、计件工资制下的人工费等。但是，单位变动成本则与工程总量增减的变动无关。按照费用与工程量的关系划分成本，有利于项目成本决策与管理。例如，可以通过提高劳动生产率、增大工程总量等途径降低固定成本，而降低变动成本则应从降低消耗定额入手。

(3) 按照工程项目成本的性质划分

① 直接成本　直接成本是指建筑安装工程项目施工生产过程中耗费的人工费、材料费、施工机具使用费。

a. 人工费，是指按工资总额构成规定，支付给从事建筑安装工程施工的生产工人和附属生产单位工人的各项费用。内容包括：

(a) 计时工资或计件工资，是指按计时工资标准和工作时间或对已做工作按计件单价支付给个人的劳动报酬。

(b) 奖金，是指对超额劳动和增收节支支付给个人的劳动报酬，如节约奖、劳动竞赛奖等。

(c) 津贴补贴，是指为了补偿职工特殊或额外的劳动消耗和因其他特殊原因支付给个人的津贴，以及为了保证职工工资水平不受物价影响支付给个人的物价补贴。如流动施工津贴、特殊地区施工津贴、高温（寒）作业临时津贴、高空津贴等。

(d) 加班加点工资，是指按规定支付的在法定节假日工作的加班工资和在法定日工作时间外延时工作的加点工资。

(e) 特殊情况下支付的工资，是指根据国家法律、法规和政策规定，因病、工伤、产假、计划生育假、婚丧假、事假、探亲假、定期休假、停工学习、执行国家或社会义务等原因按计时工资标准或计时工资标准的一定比例支付的工资。

b. 材料费，是指施工过程中耗费的原材料、辅助材料、构配件、零件、半成品或成品、工程设备的费用。内容包括：

(a) 材料原价，是指材料、工程设备的出厂价格或商家供应价格。

(b) 运杂费，是指材料、工程设备自来源地运至工地仓库或指定堆放地点所发生的全部费用。

(c) 运输损耗费，是指材料在运输装卸过程中不可避免的损耗。

(d) 采购及保管费，是指在组织采购、供应和保管材料、工程设备的过程中所需要的各项费用，包括采购费、仓储费、工地保管费、仓储损耗。

工程设备是指构成或计划构成永久工程一部分的机电设备、金属结构设备、仪器装置及其他类似的设备和装置。

c. 施工机具使用费，是指施工作业所产生的施工机械、仪器仪表使用费或其租赁费。

仪器仪表使用费，是指工程施工所需使用的仪器仪表的摊销及维修费用。施工机械使用费，以施工机械台班耗用量乘以施工机械台班单价表示，施工机械台班单价应由下列七项费用组成。

(a) 折旧费。指施工机械在规定的使用年限内，陆续收回其原值的费用。

(b) 大修理费。指施工机械按规定的大修理间隔台班进行必要的大修理，以恢复其正常功能所需的费用。

(c) 经常修理费。指施工机械除大修理以外的各级保养和临时故障排除所需的费用。包括为保障机械正常运转所需替换设备与随机配备工具附具的摊销和维护费用，机械运转中日常保养所需润滑与擦拭的材料费用及机械停滞期间的维护和保养费用等。

(d) 安拆费及场外运费。安拆费指施工机械（大型机械除外）在现场进行安装与拆卸所需的人工、材料、机械和试运转费用以及机械辅助设施的折旧、搭设、拆除等费用；场外运费指施工机械整体或分体自停放地点运至施工现场或由一施工地点运至另一施工地点的运输、装卸、辅助材料及架线等费用。

(e) 人工费。指机上司机（司炉）和其他操作人员的人工费。

(f) 燃料动力费。指施工机械在运转作业中所消耗的各种燃料及水、电等。

(g) 税费。指施工机械按照国家规定应缴纳的车船使用税、保险费及年检费等。

② 间接成本

a. 企业管理费。是指建筑安装企业组织施工生产和经营管理所需的费用，内容包括以下几项。

(a) 管理人员工资。是指按规定支付给管理人员的计时工资、奖金、津贴补贴、加班加点工资及特殊情况下支付的工资等。

(b) 办公费，是指企业管理办公用的文具、纸张、账表、印刷、邮电、书报、办公软件、现场监控、会议、水电、烧水和集体取暖降温（包括现场临时宿舍取暖降温）等费用。

(c) 差旅交通费。是指职工因公出差、调动工作的差旅费、住勤补助费，市内交通费和误餐补助费，职工探亲路费，劳动力招募费，职工退休、退职一次性路费，工伤人员就医路费，工地转移费以及管理部门使用的交通工具的油料、燃料等费用。

(d) 固定资产使用费。是指管理和试验部门及附属生产单位使用的属于固定资产的房屋、设备、仪器等的折旧、大修、维修或租赁费。

(e) 工具用具使用费。是指企业施工生产和管理使用的不属于固定资产的工具、器具、家具、交通工具和检验、试验、测绘、消防用具等的购置、维修和摊销费。

(f) 劳动保险和职工福利费。是指由企业支付的职工退职金、按规定支付给离休干部的经费，集体福利费、夏季防暑降温、冬季取暖补贴、上下班交通补贴等。

(g) 劳动保护费。是企业按规定发放的劳动保护用品的支出，如工作服、手套、防暑降温饮料以及在有碍身体健康的环境中施工的保健费用等。

(h) 检验试验费。是指施工企业按照有关标准规定，对建筑以及材料、构件和建筑安装物进行一般鉴定、检查所发生的费用，包括自设试验室进行试验所耗用的材料等费用。不包括新结构、新材料的试验费，对构件做破坏性试验及其他特殊要求检验试验的费用和建设单位委托检测机构进行检测的费用，对此类检测发生的费用，由建设单位在工程建设其他费用中列支。但对施工企业提供的具有合格证明的材料进行检测不合格的，该检测费用由施工企业支付。

(i) 工会经费。是指企业按《工会法》规定的全部职工工资总额比例计提的工会经费。

(j) 职工教育经费。是指按职工工资总额的规定比例计提，企业为职工进行专业技术和职业技能培训，专业技术人员继续教育、职工职业技能鉴定、职业资格认定以及根据需要对职工进行各类文化教育所发生的费用。

(k) 财产保险费。是指施工管理用财产、车辆等的保险费用。

(l) 财务费。是指企业为施工生产筹集资金或提供预付款担保、履约担保、职工工资支付担保等所发生的各种费用。

(m) 税金。是指企业按规定缴纳的房产税、车船使用税、土地使用税、印花税等。

(n) 其他。包括技术转让费、技术开发费、投标费、业务招待费、绿化费、广告费、公证费、法律顾问费、审计费、咨询费、保险费等。

b. 规费。是指按国家法律、法规规定，由省级政府和省级有关权力部门规定必须缴纳或计取的费用，包括以下几项。

(a) 社会保险费

养老保险费，是指企业按照规定标准为职工缴纳的基本养老保险费。

失业保险费，是指企业按照规定标准为职工缴纳的失业保险费。

医疗保险费，是指企业按照规定标准为职工缴纳的基本医疗保险费。

生育保险费，是指企业按照规定标准为职工缴纳的生育保险费。

工伤保险费，是指企业按照规定标准为职工缴纳的工伤保险费。

(b) 住房公积金，是指企业按规定标准为职工缴纳的住房公积金。

(c) 工程排污费，是指按规定缴纳的施工现场工程排污费。

此外，按是否可控划分，工程项目成本可分为可控成本和不可控成本。作为可控成本，必须同时满足以下三个条件：可以通过一定的方法预计该消耗将如何发生；可以通过一定的手段对该消耗进行计量；可以通过一定的措施对该消耗进行控制。凡不能同时满足上述三个条件的，称为不可控成本。

7.2 工程项目成本计划

7.2.1 工程项目成本预测

成本预测是根据相关的工程项目成本资料，采用科学的方法和手段，对一定时期内工程项目的成本变动趋势和成本目标作出判断。

7.2.1.1 成本预测的程序

工程项目成本预测的一般程序如下。

① 环境调查。包括本行业各类工程的成本水平，本企业各地区、各类型工程项目的成本水平和目标利润，建筑材料、劳务供应情况、市场价格及其变化趋势，可能采用的新技术、新材料、新工艺及其对成本的影响等。

② 收集资料。根据成本预测的具体目标，主要收集企业下达的相关成本指标，历史上同类项目的成本资料，项目所在地的成本水平，以及定额、项目技术特征、交通、能源供应等与项目成本有关的其他资料。

③ 选择预测方法、建立预测模型。应根据预测期限、数据资料及预测精度等加以选定。

④ 预测结果分析。如果因突发事件或模型误差等导致预测结果失真，应当进行修正，

甚至重新选择预测模型。

⑤ 确认预测结果、提出预测报告。确认预测结果后，应通过预测报告确定工程项目的目标成本，并作为编制成本计划、实施成本控制的依据。

7.2.1.2　定性预测方法

定性预测方法主要是利用可能收集到的资料，根据专家个人的经验、知识进行综合分析、判断，从而对于未来的工程项目成本作出预测。其具体方法很多，而经验判断法、专家会议法、专家调查法（德尔菲法）、主观概率法、访问调查法等比较常用。

定性预测方法依靠专家的经验和主观能动性，侧重于市场行情与发展趋势以及施工中各种影响工程项目成本因素的分析，可以较快地得出预测结果。但是，它同样需要收集有关数据资料，而且对于专家的依赖性较强。

7.2.1.3　定量预测方法

定量预测也称统计预测，它根据已经掌握的比较完备的历史统计数据资料，运用一定的数学方法进行科学的加工整理，从而揭示各项因素之间的规律性，并推测未来工程项目成本的变化趋势。其具体方法很多，主要可归纳为时间序列法和回归分析法两大类。

定量预测方法依据客观统计资料、受主观因素影响较小，可以借助现代数学方法科学地进行大量数据的处理分析，并对工程项目成本的变化情况作出定量的描述。

7.2.2　目标成本的确定

工程项目目标成本是在相关成本资料分析、预测，以及劳动力、材料、机械设备等资源优化的基础上，项目经理部经过努力可以实现和必须实现的成本。它是施工企业要求项目经理实施工程项目成本管理与控制工作的目标，故应在工程开工前编制完成。其具体编制与确定步骤如下。

(1) 施工企业下达项目目标成本　工程项目施工承包合同签订以后，施工企业应根据合同造价、施工图和招标文件中的工程量清单以及成本预测结果等，确定正常情况下的企业管理费、财务费用和制造成本（工程项目直接成本）。然后，将其中的制造成本确定为项目经理的可控成本，下达并形成项目经理的责任目标成本。

(2) 项目经理估算降低成本的目标值　项目经理根据承包合同、企业下达的项目目标成本以及成本预测结果，通过主持编制项目管理实施规划、施工预算，寻求降低成本的各种途径，初步估算出项目降低成本的目标值。

编制降低成本的目标值的具体方法可以是定额估算法、直接估算法、定率估算法、量本利分析法等。在编制施工预算时，项目经理部应当以施工方案和技术组织措施为依据，按照本企业的管理水平、消耗定额、作业效率等进行工料分析，应当反映市场价格及其变化趋势。

(3) 确认项目目标成本　项目经理部根据最经济合理的施工方案和企业的施工定额，将项目合同价减去税金、目标利润和成本降低目标值后，即可得出项目的总目标成本。

如果这个目标成本不高于企业下达的目标成本，便可确认为该项目的计划目标成本。否则，应重新编制。

(4) 计算项目的目标成本降低额和目标成本降低率　计算公式如下：

$$目标成本降低额=项目的预算成本-项目的目标成本 \tag{7-1}$$

$$目标成本降低率=\frac{目标成本降低额}{项目的预算成本} \quad (7\text{-}2)$$

7.2.3 工程项目成本计划表

项目经理部通过编制工程项目成本计划表，将各分部分项工程以及各成本要素、成本控制的目标和要求，落实到成本控制的责任者，并针对拟订的成本控制措施、方法和时间进行检查和改善。进而，实施有效的工程项目成本控制。

常用的工程项目成本计划表主要包括以下三个。

(1) 目标成本计划表　目标成本计划表的表格形式见表7-1。它综合反映工程项目在计划期内的预算成本、计划成本、计划成本降低额与计划成本降低率。

表7-1　项目的目标成本计划表　　费用单位：

成本(费用)项目	预算成本	计划成本	计划成本降低额	计划成本降低率
1 直接成本 人工费 材料费 机械使用费 其他直接费				
2 间接费 施工管理费 …				
合　计				

编制单位或部门：　　编制人：　　审定人：　　日期：

(2) 降低成本技术组织措施计划表　降低成本技术组织措施计划表的表格形式见表7-2。它是测算工程项目在计划期内直接成本降低额的依据，一般由项目经理部的技术人员会同有关部门共同研究确定，主要包括以下内容：

① 计划期内拟采取技术组织措施的种类和内容。

② 该项措施涉及的对象。

③ 经济效益的计算和直接成本的降低。

表7-2　项目降低成本技术组织措施计划表　　费用单位：

措施项目	措施内容	涉及对象			降低成本来源		降低成本额					执行者
		实物名称	单价	数量	预算收入	预算开支	人工费	材料费	机械费	其他直接费	合计	
合　计												

编制单位或部门：　　编制人：　　审定人：　　日期：

(3) 降低成本计划表　降低成本计划表的表格形式见表7-3。它是编制目标成本计划表的依据，一般应根据项目管理目标责任书、项目组织机构内部降低成本的措施计划等进行编制。

表 7-3 项目降低成本计划表 费用单位：

分项工程名称	成本降低额						
	合计	直接成本				间接成本	备注
		人工费	材料费	机械费	其他直接费		
合 计							

编制单位或部门： 编制人： 审定人： 日期：

7.3 工程项目成本控制的实施

7.3.1 工程项目成本控制的原则

工程项目成本控制是根据项目管理目标责任书的要求，结合项目的成本计划，对于施工过程中发生的各种费用支出进行监督、控制，以保证项目目标成本的实现。它通常结合项目目标成本的分解，以成本形成过程、项目组织机构、分部分项工程等为对象，并应达到降低成本、提高经济效益的目的。

项目成本控制的运行过程，就是实现成本计划的过程。因此，项目经理部应坚持按照增收节支、全面控制、责权利相结合的原则，用目标管理方法对实际施工成本的发生过程进行有效控制。

(1) 增收节支原则 通过项目成本的过程控制、事后监督，严格按照成本计划目标，控制各项成本费用支出。同时，事先加强对于工程项目的研究、分析，积极主动地优化施工方案、提高作业效率、减少资源消耗、挖掘降低成本的各种潜力，有效地发挥事前控制的作用，防范成本控制工作的先天不足。进而实现合理的最低项目成本水平。

(2) 全面控制原则 全面控制原则要求项目全体参与人员对于项目形成全过程的成本进行全面控制。要建立包括每个部门、每个职工的成本控制体系，以形成全员关心、控制项目成本并与自身利益相关联的局面。并且要在项目的施工准备、施工组织、竣工移交与保修的全过程中，根据系统工程的思想实施连续的成本控制。

(3) 责权利相结合原则 项目成本责任制要求，必须对项目成本目标进行分解，形成完整的项目成本控制责任体系；同时，为了实施对于可控成本的实质性控制，各责任主体必须拥有相应的权力；最后，为了充分调动项目全体参与人员的工作积极性，项目经理必须定期对各个成本（费用）控制中心的业绩进行考评，并据以兑现奖惩。只有这样，才能实现高效的项目成本控制。

(4) 目标管理原则 目标管理是以目标成本为依据，贯彻执行成本计划的一种方法。其内容包括目标的设定与层层分解、目标责任的到位与执行、检查目标的执行结果、修正与评价目标，进而实现项目成本管理的 P（计划）、D（实施）、C（检查）、A（处理）的有效循环。

当然，实施工程项目成本控制时，还应遵循动态控制原则、科学化原则、有效化原则、例外管理原则等。

7.3.2 工程项目成本控制的措施

(1) 组织措施　建立成本控制保证体系，完善相关职能部门、各层次的项目组织机构，做到人员、机构落实，任务、职责明确，工作流程规范。

(2) 技术措施　应用价值工程原理、网络计划技术等现代管理理论与方法进行多方案选择，严格审查施工组织设计和施工方案，严格控制工程返工、窝工，采取有效的措施达到降低工程项目成本的目的。例如，项目经理部应加强科学的计划管理和施工调度，避免因施工计划不周、盲目调度造成窝工损失、机械利用率降低、物料积压等导致的项目成本增加。

(3) 经济措施　推行项目成本核算制，将成本计划目标层层分解落实，严格各项费用的审批和支付，及时将实际发生费用与计划目标进行对比分析，积极鼓励节约成本。例如，项目经理部应加强施工定额管理和施工任务单管理，在控制人工、材料和机械设备消耗量的同时，确保施工的结果（产品）符合质量要求。

(4) 合同措施　在项目成本控制过程中，全面、认真地履行合同，按规定的程序及时做好签证、记录，正确运用施工合同条件和有关法规，妥善处理工程变更和索赔事宜。

7.3.3 工程变更和索赔的管理

7.3.3.1 工程变更的管理

项目施工过程中，由于前期工作深度不够、不可预见事件发生等原因，经常会出现工程量变化、施工进度变化等问题，并由此影响工程项目的成本和工期，甚至引发双方关于合同的争执。因此，我国《建设工程施工合同（示范文本）》对此已有相应的规定，施工企业和项目经理部应当保持高度重视。

(1) 工程变更的内容　施工中发包人需对原工程设计变更时，应提前 14 天以书面形式向承包人发出变更通知。承包人应按照变更通知及有关要求进行下列需要的变更。

① 更改工程有关部分的标高、基线、位置和尺寸。

② 增减合同中约定的工程量。

③ 改变有关工程的施工时间和顺序。

④ 其他有关工程变更需要的附加工作。

因变更导致合同价款的增减及造成的承包人损失，由发包人承担，延误的工期相应顺延。

一般情况下，施工中承包人不得对工程设计进行变更。承包人在施工中提出的合理化建议涉及对设计图纸或施工组织设计的更改及对材料、设备的换用，须经发包人或监理工程师同意。未经同意擅自更改或换用的，承包人应承担由此发生的费用，并赔偿发包人的有关损失，延误的工期不予顺延。

(2) 工程变更价款的处理方法　承包人在工程变更确定后 14 天内，提出工程变更价款的报告，经监理工程师确认后，调整合同价款。变更合同价款按下列方法进行：

① 已标价工程量清单或预算书有相同项目的，按照相同项目单价认定。

② 已标价工程量清单或预算书中无相同项目，但有类似项目的，参照类似项目的单价认定。

③ 变更导致实际完成的变更工程量与已标价工程量清单或预算书中列明的该项目工程量的变化幅度超过15%的，或已标价工程量清单或预算书中无相同项目及类似项目单价的，按照合理的成本与利润构成的原则，由合同当事人商定（或确定）变更工作的单价。

(3) 项目经理部对于工程变更的管理　为了有效地处理工程变更，实现项目成本目标，提高经济效益，项目经理部必须加强有关的管理工作。例如，组织有关人员熟悉设计文件，领会设计意图，严格按图施工；熟悉合同条款，在相应的时限内完成必要的工作；掌握实际情况，健全档案资料；充分利用与发包人、监理工程师协商的机会，争取最有利的结果等。

7.3.3.2 施工索赔的管理

(1) 索赔的概念　索赔是工程承包合同履行中，当事人一方因为对方不履行或不完全履行既定的义务，或者由于对方的行为使权利人受到损失时，要求对方补偿损失的权利。其中可以是承包人向发包人提出，也可以是发包人向承包人提出。而且由于施工现场条件、气候条件的变化，施工进度的变化，以及合同条款、规范、标准文件和施工图纸的变更、差异、延误等因素的影响，索赔已经成为工程施工中经常发生、随处可见的正常现象。

根据我国《建设工程施工合同（示范文本）》的规定，承包人在索赔事件发生后28天内，向监理工程师发出索赔意向通知。然后，在发出索赔意向通知后28天内，向监理工程师提出延长工期和（或）补偿经济损失的索赔报告及有关资料。监理工程师收到承包人送交的索赔报告及有关资料后，于28天内给予答复，或要求承包人进一步补充索赔理由和证据。

(2) 索赔费用的计算　从原则上讲，承包人可以索赔的费用是建筑安装工程价款的全部，即除工程项目成本外，还可能包括企业管理费、利润及税金。但是，一定是承包人为了完成额外的施工任务而增加的开支。

具体计算索赔费用时，可以根据索赔事件的不同，采用以下方法。

① 实际费用法。针对单项索赔的实际费用法是索赔计算最常用的方法。它是以承包人为某项索赔工作所支付的实际开支为根据，向发包人要求费用补偿。

因为实际费用法需要依据实际发生的改变记录或单据，所以项目经理部在项目施工过程中系统、准确地积累记录资料是非常重要的。

② 总费用法。又称总成本法，就是当发生多次索赔事件以后，按实际总费用减去投标报价时的估算费用计算索赔金额的一种方法。

它只适合于综合索赔，而且由于计算出的索赔金额偏高，发包人一般往往不愿接受。

③ 修正的总费用法。修正的总费用法是对总费用法的改进，可以降低索赔金额。其计算公式如下：

$$\text{索赔金额}=\text{某项工作调整后的实际总费用}-\text{该项工作的报价费用} \tag{7-3}$$

修正的总费用法与总费用法相比，有了实质性的改进，它的准确程度已接近于实际费用法。

当然，在索赔的计算与处理过程中，项目经理部必须熟悉合同条款、掌握工程项目成本及投标报价的构成、拥有翔实的资料、运用科学的方法和手段。

7.3.4 工程项目成本控制的方法

7.3.4.1 利用施工图预算进行控制

按照施工图预算，实行以收定支、量入为出是控制项目成本费用支出的有效方法，其具体做法如下。

① 人工费控制。以施工图预算中的总用工量控制用工的数量，以施工图预算中的人工费单价、管理费及其他因素控制用工单价。项目经理部在签订劳务合同时，应使人工单价低于承包合同中的人工单价，余留部分可用于定额外人工费和关键工序的奖励支出等。

② 材料费控制。以施工图预算分析、计算的材料消耗数量控制材料用量，并通过限额领料单加以落实；材料的价格应随行就市，并用材料预计价格控制其采购成本。

③ 构件加工费和分包工程费的控制。构件加工和分包工程费在工程造价中占有很大比重，应通过经济合同明确双方的权利和义务。签订合同时，必须坚持“以施工图预算控制合同金额”的原则，不允许合同金额超过施工图预算。

7.3.4.2 利用施工预算进行控制

施工预算主要反映资源消耗数量，而资源消耗数量的货币表现就是成本费用。因此，施工预算属于控制工程项目成本的有效方法之一。其实施步骤如下。

① 项目开工前，根据设计图纸并结合施工方案和有关定额编制整个项目的施工预算，并作为指导施工、加强管理的依据。对于施工过程中的工程变更，应由计划预算部门做出统一的调整。

② 安排作业班组的任务时，必须签发施工任务单和限额领料单，并对其进行交底。而且，施工任务单和限额领料单的内容应该与施工预算完全相符。

③ 施工过程中，作业班组应根据实际完成的工程量以及实际耗用的工、料情况做好原始记录，作为施工任务单和限额领料单结算的依据。

④ 任务完成后，根据回收的施工任务单和限额领料单进行结算，并按照结算内容支付相应的报酬。

7.3.4.3 利用成本分析表进行控制

利用财务方法控制工程项目成本的成本分析表，要求准确、及时、简单明了。根据需要，其制表周期可以是日、周、月等。常用的成本分析表包括以下几种。

(1) 月度直接成本分析表　主要反映工程项目实际完成的实物量与成本相对应的情况，以及对比预算成本、计划成本的实际偏差、目标偏差，为分析引起偏差的原因并确定纠偏措施提供依据。

(2) 月度间接成本分析表　主要反映间接成本的发生情况，以及对比预算成本、计划成本的实际偏差、目标偏差，为分析引起偏差的原因并确定纠偏措施提供依据。另外，还可以通过间接成本占产值的比例来分析其支用水平。

(3) 最终成本控制报告表　主要通过已经完成的实物进度、已完产值和已完累计成本，结合尚需完成的实物进度、尚可上报的产值以及将要发生的成本，进行最终成本预测，以检查实现成本目标的可能性，并对项目成本控制提出新的要求。该报表的编制周期可根据工期长短确定。工期较短的项目可每季度编制一次，工期较长的项目可每半年编制一次。

7.3.4.4 价值工程原理在项目成本控制中的应用

价值工程（VE），又称价值分析（VA），是美国通用电器公司工程师 L. D. Miles 创立的一套独特的工作方法。其目的是在保证同样功能的前提下降低成本，并可用于工程项目成本的事前控制。

(1) 价值工程的原理　价值工程是分析产品功能与成本的关系，力求以最低的寿命周期成本实现产品必要功能，进而提高产品价值的一套科学的技术经济分析方法。

价值工程中的“价值”是功能与实现该功能所耗费用（成本）的比值，其表达式为：

$$V=\frac{F}{C} \tag{7-4}$$

式中 V——价值；

F——一种产品所具有的功能；

C——为实现某项功能所花费的成本。

因此，价值工程具有以下特征：①目标上的特征。着眼于提高价值，既要避免功能不足，又要防止功能过剩，确保实现必要功能的寿命周期成本最低。②方法上的特征。通过功能分析，针对产品及其零部件，系统地分析和比较其功能，发现问题、寻求解决办法。③活动领域上的特征。侧重于在产品的研制与设计阶段开展工作，寻求技术上的突破。④组织上的特征。开展价值工程活动设计各个部门的全体人员，应有组织、有计划、有步骤地工作。

（2）价值工程的工作程序　根据我国价值工程工作标准，结合工程项目施工特点，价值工程的工作程序可分为四个阶段、12 个步骤。

第一阶段，准备阶段

① 对象选择。选择价值工程改进对象时，应当考虑设计的标准、有无不必要功能，以及施工方案、工程项目成本等因素。

② 组成价值工程小组。根据价值工程对象，可以在项目经理部组建，也可以在作业班组组建，或者上下结合。

③ 制订工作计划。主要应明确预期目标、价值工程小组成员的分工、开展价值工程活动的规定等。

第二阶段，分析阶段

① 收集资料。具体包括本项目及企业基本情况和有关经济资料，建设单位对该工程项目的要求和意见等。

② 功能分析。对于工程项目实体进行系统的功能分析，明确每个部位、每项作业的具体效用。

③ 功能评价。对于每个部位、每项作业进行评价，求出其功能与成本，并通过功能与成本的比较确定价值。

第三阶段，方案创新与评价阶段

① 方案创新。通过积极思考，提出尽可能多的改进方案。例如，混凝土工程中有无新的配合比，基坑开挖有无其他方法等。

② 方案评价。主要计算新方案的功能和成本的有关数值及其比值（即价值）。

③ 提案编写。选择价值最大的方案作为最优方案，并撰写出具有说服力的提案书。

第四阶段，实施与验收阶段

① 审批。新的方案需报送项目经理审批，有时还需得到监理工程师、设计单位、建设单位的认可和审批。

② 新方案的实施与检查。

③ 成果的鉴定与验收。

（3）项目成本控制中的价值工程　结合施工，研究设计的技术经济合理性，从功能、成本两个方面探索有无改进的可能性，以提高工程项目的价值系数。价值工程将成本控制的工作范围扩大到了项目的寿命周期费用，并可通过发现、消除不必要功能降低成本。这样，不仅有利于提高项目管理人员的素质、改善内部组织管理，而且因为建设单位节约了投资而获得奖励，并因此提高项目经理部乃至施工企业的信誉和竞争能力。

结合价值工程活动，制订技术先进适用、经济合理的最佳施工方案，为实现项目成本目标计划，提高经济效益奠定基础。例如，在满足功能要求的前提下，通过代用、改变配合比、使用添加剂等方法降低材料消耗费用；结合项目的施工组织设计及自然地理条件，通过优化材料采购及运输方案、改进材料仓库设置，降低材料的库存和运输成本等。

7.3.4.5 赢得值法在项目成本控制中的应用

赢得值法是以业主根据已完工程量计算承包人应获得（赢得）的费用金额为基础分析工程进度和费用（成本）偏差的一种方法。

(1) 赢得值法的三个基本参数

① 已完工作预算费用。已完工作预算费用（BCWP），是指在某一时间已经完成的工作（或部分工作），以批准认可的预算为标准所需要的资金总额。业主正是根据这个值为承包人完成的工作量支付相应的费用。

$$已完工作预算费用=已完工作量\times 预算(计划)单价$$

② 计划工作预算费用。计划工作预算费用（BCWS），即根据进度计划在某一时刻应当完成的工作（或部分工作），以预算为标准所需要的资金总额，一般来说，除非合同有变更，BCWS 在工程实施过程中应保持不变。

$$计划工作预算费用=计划工作量\times 预算(计划)单价$$

③ 已完工作实际费用。已完工作实际费用（ACWP），即到某一时刻为止，已完成的工作（或部分工作）所实际花费的总金额。

$$已完工作实际费用=已完成工作量\times 实际单价$$

(2) 赢得值法的评价指标

① 费用偏差（CV）

$$CV=BCWP-ACWP \tag{7-5}$$

负值 CV 意味着完成工程的费用多于计划。即当费用偏差 CV 为负值时，表示项目运行超出预算费用；当费用偏差 CV 为正值时，表示项目运行节支，实际费用没有超出预算费用。

② 进度偏差（SV）

$$SV=BCWP-BCWS \tag{7-6}$$

负值意味着与计划相比，完成的工程少于计划的工程。即当进度偏差 SV 为负值时表示进度延误，实际进度落后于计划进度；当进度偏差 SV 为正值时表示进度提前，实际进度快于计划进度。

③ 费用绩效指数（CPI）

$$CPI=BCWP/ACWP \tag{7-7}$$

当费用绩效指数（CPI）<1 时，表示超支，即实际费用高于预算费用；当费用绩效指数（CPI）>1 时，表示节支，即实际费用低于预算费用。

④ 进度绩效指数（SPI）

$$SPI=BCWP/BCWS \tag{7-8}$$

当进度绩效指数（SPI）<1 时，表示进度延误，即实际进度比计划进度拖后；当进度

绩效指数（SPI）>1时，表示进度提前，即实际进度比计划进度快。

【例7-1】 某工程在施工进展到100天时，对部分工作进行了检查统计，数据见表7-4。试计算截止到第100天：①每项工作的BCWP；②该工程BCWS、ACWP、BCWP合计值；③该工程的成本偏差和进度偏差，并分析成本与进度偏差情况。

表7-4 工程检查统计数据表

工作代号	计划完成工作预算成本BCWS/万元	已完成工程量/%	实际发生成本ACWP/万元	挣得值BCWP/万元
A	540	100	580	
B	820	70	600	
C	1620	80	840	
D	490	100	490	
E	240	0	0	
合计				

解 ① 截止到第100天每项工作的BCWP分别为540万元、574万元、1296万元、490万元、0万元。

② 该工程BCWS、ACWP、BCWP合计值：

BCWS＝3220万元；ACWP＝2510万元；BCWP＝2900万元

③ 该工程的成本偏差、进度偏差

成本偏差CV＝BCWP－ACWP＝2900－2510＝390(万元)，说明成本节约390万元。

进度偏差SV＝BCWP－BCWS＝2900－3220＝－320(万元)，进度延误320万元。

7.4 工程项目成本的分析与考核

7.4.1 工程项目成本分析的内容

工程项目成本分析是利用项目成本核算资料，对于成本的形成过程及影响成本升降的因素进行系统地分析，以寻找降低成本的有效途径。

成本分析是成本核算的延续，其内容应与成本核算对象相对应，并在单位工程成本分析的基础上，进行工程项目成本的综合分析，以反映项目的施工活动及其成果。工程项目成本分析的主要内容，一般应当包括以下三个方面。

7.4.1.1 按项目施工进展进行的成本分析

（1）分部分项工程成本分析　它针对已完的分部分项工程，从开工到竣工进行系统的成本分析，是项目成本分析的基础。

（2）月（季）度成本分析　它通过定期的、经常性的过程（中间）成本分析，及时发现问题、解决问题，保证项目成本目标的实现。

（3）年度成本分析　它可以满足施工企业年度结算、编制年度成本报表的需要，而且可以总结过去、指出未来的管理措施。

（4）竣工成本分析　它以项目施工的全过程作为结算期，汇总该工程项目所包含的各个单位工程，并应考虑项目经理部的经营效益。

7.4.1.2 按项目成本构成进行的成本分析

(1) 人工费分析 应在执行劳务承包合同的基础上，考虑因工程量增减、奖励等原因引起的其他人工费开支。

(2) 材料费分析 它着重分析主要材料与结构件费用、周转材料使用费、采购保管费、材料储备资金等内容。

(3) 机械使用费分析 主要针对项目施工中使用的机械设备，尤其是按使用时间计算费用的设备，分析其完好率、利用率，以实现机械设备的平衡调度。

(4) 其他直接费分析 主要将实际发生数额与预算或计划目标进行比较。

(5) 间接费分析 主要将实际发生数额与预算或计划目标进行比较。

7.4.1.3 按特定事项进行的成本分析

(1) 成本盈亏异常分析 按照施工形象进度、施工产值统计、实际成本归集“三同步”的原则，彻底查明造成项目成本异常的原因，并采取措施加以纠正。

(2) 工期成本分析 在求出固定费用的基础上，将计划工期内应消耗的计划成本与实际工期内所消耗的实际成本进行对比分析，并分析各种因素变动对于工期成本的影响。

(3) 资金成本分析 一般通过成本支出率，反映成本支出占工程（款）收入的比重，加强资金管理，控制成本支出，并联系储备金和结存资金的比重，分析资金使用的合理性。

(4) 技术组织措施节约效果分析 紧密结合工程项目特点，分析采取措施前后的成本变化，并对影响较大、效果较好的措施进行专题分析。

(5) 其他有利因素和不利因素对成本影响的分析 包括工程结构的复杂性和施工技术的难度，施工现场的自然地理环境，物资供应渠道和技术装备水平等。

针对上述成本分析的内容，应当形成工程项目的成本分析报告。成本分析报告通常由文字说明、报表和图表等部分组成。它可以为纠正与预防成本偏差、改进成本控制方法、制订降低成本措施、完善成本控制体系等提供依据。

7.4.2 工程项目成本分析的依据

项目成本核算应通过会计核算、统计核算和业务核算相结合的方法，进行实际成本与预算成本、实际成本与计划目标成本的比较分析。从而找出具体核算对象成本节约或超支的原因，以便采取对策，防止因偏差积累而导致成本总目标失控。

7.4.2.1 会计核算

它以原始会计凭证为基础，借助一定的会计科目，运用货币形式，连续、系统、全面地反映和监督工程项目成本的形成过程及结果。成本核算中的很多综合性数据资料都是由会计核算提供的，而且会计核算有着严格的凭证与审批程序。因此，它在项目成本核算中，有着极其重要的地位。

为了反映项目施工活动中各种费用的发生、汇总和分配，准确地核算项目的实际成本，会计核算一般应设置“工程施工”、“辅助生产”、“机械作业”、“待摊费用”、“预提费用”等生产费用科目。同时，为了详细反映和监督各项工程成本的实际发生情况，还应按成本核算对象设置分类明细账。

7.4.2.2 统计核算

它是根据大量的调查资料，通过统计、分析和整理，反映和监督工程项目成本的方法。统计核算中的数据资料可以用货币计量，也可以用实物量、劳动量等计量。它不仅可以反映当前工程项目成本的实际水平、比例关系，而且可以对于未来的发展趋势做出预测。因此，统计核算在成本核算中具有重要意义。

7.4.2.3 业务核算

它是通过简单、迅速地提供某项业务活动所需的各种资料，以反映该项业务活动水平的一种方法。例如，某个作业班组的工日、材料、能源的消耗情况等。业务核算的范围较广，不仅可以反映已经发生的情况，而且可以对于尚未或正在发生的事项进行核算，预计其未来的水平。

上述成本核算三种方法的特点和作用各不相同，应当相互补充、相互配合，形成一个完整的工程项目成本核算的方法体系。例如，进行作业队、作业班组的成本核算时，首先根据其完成的工程量计算应消耗的工日、材料、机械台班的数量，再统计出其实际消耗的数量，最后通过两者的比较，分析节约或超支情况，评价其业绩。

7.4.3 工程项目成本分析的方法

工程项目成本分析的内容较多，所采用的方法也不尽相同。其中，常用的方法有对比法、连环替代法、差额计算法等。

7.4.3.1 对比法

对比法，又称比较法，就是通过技术经济指标的对比，检查计划的完成情况，分析产生的差异及原因，从而进一步挖掘项目内部潜力的方法。这种方法通俗易懂、简便易行、便于掌握，但必须注意各项技术经济指标之间的可比性。

应用对比法时，通常有以下几种形式。

(1) 实际指标与计划指标对比　此项对比主要包括：实际工程量与预算工程量的对比分析，实际消耗量与计划消耗量的对比分析，实际采用价格与计划价格的对比分析，各种费用实际发生额与计划支出额的对比分析等。

(2) 本期实际指标与上期实际指标对比　此项对比，可以研究相应指标发展的动态情况，反映项目管理的改善程度。

(3) 与本行业平均水平、先进水平对比　此项对比，可以反映本项目管理水平与平均水平、先进水平的差距，以采取措施，不断提高。

【例 7-2】 某工程项目本期计划节约材料费 10000 元，实际节约 12000 元，上期节约 9500 元，本企业先进水平节约 13000 元。试对比实际指标与上期指标、先进水平。

解　针对材料费节约额，表 7-5 同时反映了上述三种对比。

表 7-5　实际指标与上期指标、先进水平对比表　　单位：元

指标	本期计划数	上期实际数	企业先进水平	本期实际数	对比差异		
					与计划比	与上期比	与先进比
节约数额	10000	9500	13000	12000	+2000	+2500	−1000

根据对比分析，在材料费节约这个成本控制指标上，本年实际数比计划目标数和上年实际数均有所增加，但是与本企业先进水平还有距离，说明有潜力可挖。

7.4.3.2 连环替代法

连环替代法，又称因素分析法或连锁置换法。它将某成本项目分解为若干个相互联系的原始因素，并用来分析各个因素变动对于成本形成的影响程度。进而，针对主要因素，查明原因，提出改进措施，达到降低成本的目的。

应用连环替代法进行分析时，每次均考虑单一因素变动，然后逐个替换、比较结果。其具体步骤如下：

① 确定分析对象，并计算出实际数与计划数的差异。

② 确定各个影响因素，并按其相互关系进行排序。

③ 以计划（预算）数为基础，将各个因素的计划（预算）数相乘，并作为分析代替的基数。

④ 将各个因素的实际数按照上述排序，逐一进行替换计算，并将替换后的实际数保留下来。

⑤ 将每次替换所得的结果与前一次的计算结果相比较，两者的差异作为该因素对于分析对象的影响程度。

⑥ 各个因素的影响程度之和，应与分析对象的总差异相等。

【例 7-3】 某现浇混凝土子项，商品混凝土的计划成本 364000 元、实际成本 383760 元，实际超支 19760 元。试采用连环替代法，计算产量、单价、损耗率三个因素对于实际成本的影响程度。

解 根据表 7-6 所列资料以及商品混凝土的实际成本＝产量×单价×消耗量，将分析结果列入表 7-7。

表 7-6 商品混凝土的计划成本与实际成本对比表

项　目	计量单位	计划数	实际数	差　异
产　量	m^3	500	520	＋20
单　价	元	700	720	＋20
损耗率	%	4	2.5	－1.5
成　本	元	364000	383760	＋19760

表 7-7 商品混凝土成本变动因素分析表

顺　序	连环替代计算	差异	因素分析
计划数	500×700×1.04＝364000		
第一次替代	520×700×1.04＝378560	＋14560	由于产量增加 $20m^3$，成本增加 14560 元
第二次替代	520×720×1.04＝389376	＋10816	由于单价提高 20 元，成本增加 10816 元
第三次替代	520×720×1.025＝383760	－5616	由于损耗率下降 1.5%，成本减少 5616 元
合　计	14560＋10816－5616	19760	

必须说明，在应用连环替代法时，各个因素的排序应固定不变。否则，将会得出不同的结论。而且，在找出主要因素后，还需利用其他方法进行深入、具体的分析。

7.4.3.3 差额计算法

差额计算法是因素分析法的一种简化形式，它利用各个因素实际数与计划数的差额来反映其对于成本的影响程度。

【例 7-4】 现以劳动生产率为例，说明差额计算法的应用，并将有关数据列于表 7-8。

解 从表 7-8 可以发现，作为分析对象的劳动生产率提高了 104 元。其中，月平均工作时间的影响是－26 小时×10 元/小时＝－260 元；工作效率的影响是 2 元/小时×182 小时＝364 元。于是，364 元－260 元＝104 元，即两者相抵使得月劳动生产率提高了 104 元。

表 7-8 劳动生产率实际数与计划数对比表

项　目	计量单位	计划数	实际数	差　异
月平均工作时间	小时	208	182	－26
工作效率	元/小时	10	12	＋2
月平均劳动生产率	元	2080	2184	＋104

7.4.4 工程项目成本考核

工程项目成本控制与管理属于一项系统工程，而成本考核则是其中最后一个环节。通过定期和不定期的工程项目成本考核，可以贯彻项目经理责任制、项目成本核算制，更好地实现项目成本目标，促进成本管理工作的健康发展。

7.4.4.1 项目成本考核的层次与要求

项目成本考核应当分层进行，以实现项目成本目标的层层保证体系：

① 企业对项目经理部进行成本管理考核。

② 项目经理部对项目内部各岗位以及各作业队进行成本管理考核。

项目成本考核是贯彻项目成本核算制的重要手段，也是项目管理激励机制的重要体现。企业和项目经理部都应建立、健全项目成本考核的组织，公正、公平、真实、准确地评价项目经理部及管理、作业人员的工作业绩与问题。

因此，项目成本考核应当满足下列要求：

① 企业对施工项目经理部进行考核时，应以确定的责任目标成本为依据。

② 项目经理部应以控制过程的考核为重点，控制过程的考核应与竣工考核相结合。

③ 各级成本考核应与进度、质量、安全等指标的完成情况相联系。

④ 项目成本考核的结果应形成文件，为对责任人实施奖罚提供依据。

7.4.4.2 项目成本考核的内容

尽管目标成本的完成情况是各项工作的综合反映。但是，影响项目成本的因素很多，又有一定的偶然性，可能使有关人员的工作业绩无法体现在最终的成果之中。因此，项目成本考核的内容，应当包括计划目标成本完成情况考核和成本管理工作业绩考核两个方面。

（1）企业对项目经理部考核的内容

① 项目成本目标和阶段成本目标的完成情况。

② 建立以项目经理为核心的项目成本核算制的落实情况。

③ 成本计划的编制和落实情况。

④ 对于各个部门、作业队伍责任成本的检查与考核情况。

⑤ 在成本管理中贯彻责权利相结合原则的执行情况等。

(2) 项目经理部对项目内部各岗位以及各作业队考核的内容

① 对于各个部门的考核内容，一般包括本部门、本岗位责任成本的完成情况，本部门、本岗位成本管理责任的执行情况等。

② 对于各个作业队伍的考核内容，一般包括对于劳务合同规定的承包范围和承包内容的执行情况，劳务合同以外的补充收费情况，对于作业班组施工任务单的管理情况，以及作业班组完成施工任务后的考核情况等。

7.4.4.3 项目成本考核的实施

在具体进行工程项目成本考核时，一般应注意以下事项：

① 建立适当的评分制。根据项目特点及考核内容，建立适当的比例加权评分准则。例如，计划目标成本完成情况的权重为 0.7，成本管理工作业绩的权重为 0.3。

② 与相关指标的完成情况相结合。例如，根据进度、质量、安全和现场标准化管理等指标的完成情况，加奖或扣罚。

③ 强调项目成本的中间考核。中间考核可以及时地发现问题、解决问题，保证成本目标的实现。它一般包括月度成本考核、阶段成本考核两个方面，而按工程形象进度实施的阶段成本考核与其他指标结合又较为紧密。

④ 正确评价竣工成本。在工程竣工和工程款结算基础上编制的竣工成本，是项目经济效益的最终反映，必须做到核算正确、考核正确。

⑤ 科学运用激励机制。为了调动有关人员工作的积极性，应当结合成本考核的情况，按照项目管理目标责任书及有关规定及时兑现奖惩。当然，由于月度成本、阶段成本的中间、过程的特点，其奖惩可留有余地，竣工成本考核以后再做调整。

思考题

1. 简述工程造价的概念与构成。
2. 简述工程项目成本的分类。
3. 简述工程项目成本目标的确定方法。
4. 简述工程项目成本控制的方法和步骤。
5. 简述工程项目成本分析依据。
6. 简述工程项目成本分析的内容。
7. 简述工程项目成本考核的要求和内容。
8. 论述工程变更与索赔在成本控制工作中的作用及其管理措施。

习题

1. 某项目经理部本年度在项目上计划节约人工费 125 万元，经核算，实际节约 130 万元，而上年节约 110 万元，本企业同类项目先进水平是节约 145 万元。试编制人工成本对比分析表并做简要说明。

2. 某工程承包商在工程开工前制定的施工网络进度计划如图 7-4 所示，并说明计划中各项工作均按最早开始时间安排作业。图中箭线下方数据为持续时间（单位：周）；箭线上方括号外字母为工作名称，括号内数据为预算费用（单位：万元）。

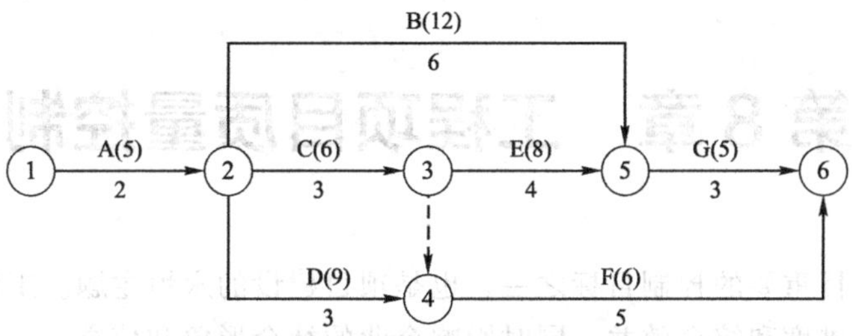

图 7-4 某工程施工网络进度计划

在工程施工到第5周末检查进度结果为：工作A全部完成；工作B完成了4周的工程量；工作C完成了2周的工程量；工作D完成了1周的工程量；其余工作均未开始作业。

试根据检查结果计算第5周末的计划完成工作预算成本（BCWS）、已完成工作预算成本（BCWP）。如果该工程施工到第5周末的实际成本支出（ACWP）为24.5万元，请计算该工程的成本偏差（CV）和进度偏差（SV），并说明费用和进度状况。

3. 某分项工程材料成本统计数据见表7-9。试将表中数据填写完整，并采用连环替代法对该分项工程材料成本进行分析。

表 7-9 某分项工程材料成本统计数据表

项目	单位	计划	实际	差异	差异率/%
工程量	m^2	400	450		
劳动生产率	工时/m^2	2.3	2.1		
工时单价	元/工时	67	69		
人工费成本	元				

第8章　工程项目质量控制

质量是工程项目重要的控制目标之一，也是项目建设的永恒主题。工程项目质量的好坏直接影响其成本、进度和综合效益，同时影响企业的社会形象和信誉。

8.1 概　述

8.1.1 基本概念

8.1.1.1 质量

ISO 9000质量管理体系标准对质量的定义是："一组固有特性满足要求的程度。"

① 特性是指某一事物区别于另一事物的特征。特性的类型多种多样，涉及项目的有物质特性、功能特性等。项目的质量特性是其固有特性，是一个项目区别于另一项目的重要标志。项目的质量特性是在项目建设全过程的各个阶段逐步形成的。

② 满足客户的需要。项目的质量必须让客户满意，这是现代项目管理的首要目标。客户作为项目的使用者，他们对项目的期望和需求将影响到项目的组织。在项目运作过程中，由于客户可能并不是生产项目产品的专家，难以通过专业的语言表述出他们对项目的需求，这就需要项目管理者通过一定的技术标准加以明确。

③ 符合技术规范、标准，同时符合合同的规定。满足技术规范是对项目质量的约束要求，满足了技术规范就有可能实现项目的使用功能，保证产品的适用性、可靠性、安全性、可维护性和环境适应性。同时，技术规范也是对业主要求的一个制约，因为业主对质量和规范的要求内容往往是不一样的，有时甚至可能会相互矛盾。

8.1.1.2 工程质量

工程质量分为狭义和广义两种含义。

狭义的工程质量是指工程满足业主需要，符合国家法律、法规、技术规范标准、设计文件及合同规定的特性综合。这一概念强调的是工程的实体质量，如基础是否坚固、主体结构是否安全、通风和采光是否合理等。

广义的工程质量不仅包括工程的实体质量，还包括形成实体质量的工作质量。工程实体质量的好坏是决策与建设单位和工程勘察、设计、施工等单位工作质量的综合反映。

8.1.1.3 质量控制

质量控制是质量管理的一部分，致力于满足质量要求。所以，质量控制就是为了保证产品的质量满足合同、规范、标准和业主的期望所采取的一系列监督检查调整等的措施、方法和手段。

8.1.2 工程项目质量特点

工程项目质量的特点是由工程项目本身及其生产的特点决定的。工程项目及其生产的特点包括：①建设地点的固定性和生产活动的流动性；②生产的一次性和使用的长期性；③资源和费用的高投入性；④工程体量庞大、分项繁多、生产周期长、条件多变性；⑤产品的社会性，涉及面广、协作关系复杂，生产受到外部约束。由此使得工程项目具有如下质量特点。

(1) 影响工程项目质量的因素多　由于工程项目建设周期长，必然要受到多种因素影响，如项目决策、地质条件、设计深度、材料采购、机具设备、施工方法和工艺、工人技术水平、管理水平等诸多因素，均会影响到工程项目质量。

(2) 工程项目质量波动大　工程项目由于施工作业场地条件多变和施工材料质量特性的差异，使其生产过程不易控制，生产活动受到各种不利因素影响，故工程项目质量水平很容易产生波动，甚至波动较大。

(3) 工程项目质量具有隐蔽性　在工程项目建设过程中，由于分项工程交接多，中间产品多和隐蔽工程多，若在施工中不及时进行质量检查，工程隐蔽后仅凭表面检查是很难准确判定工程质量好坏的。因此，项目的质量检查和评定，必须贯穿于工程项目施工作业过程中，力求及时发现隐患、消灭隐患。

(4) 工程项目质量的终检具有局限性　工程项目建成后不可能像一般工业产品那样依靠终检来准确判断产品质量，或将产品拆卸来检查其内在质量，或对不合格品进行更换。若在项目完工后再检查，除非极其必要（其代价往往很大），一般只能局限于对其外观的检验及对施工过程保留的资料审查来判断工程质量如何，所以工程项目质量的终检存在一定程度的局限性。

(5) 工程项目质量评价方法具有特殊性　工程项目质量的检查评定及验收是按检验批、分项工程、分部工程、单位工程进行的。检验批的质量是分项工程乃至整个工程项目质量检验的基础。检验批质量合格与否主要取决于对主控项目和一般项目抽检的结果。工程项目质量是在施工单位按合格质量标准自行检查评定的基础上，由监理工程师（或建设单位项目负责人）组织有关人员进行验收。这种评价体现了“验评分离、强化验收”的指导思想。因此，工程项目质量的检查评定具有与一般工业产品质量评价方法不同的特殊性。

(6) 工程质量要求的外延性　工程质量不仅要满足顾客和用户的需要，还要考虑社会的需要。质量的受益者不仅是用户和顾客，还包括业主、员工、供方和社会。以青藏铁路工程建设为例，除了需要考虑旅客们的狭义需要，还要考虑整体工程的安全性、环保性、生态性与资源保护等诸多方面的社会要求。

(7) 工程项目质量的变异性　工程项目的质量不仅受到偶然因素的影响，而且也会受到系统因素的干扰，如操作人员不按操作规程进行作业，生产工艺流程出现错误，材料的规格品种使用错误，施工机械过度磨损或出现故障，生产环境出现较大变化等，都会使质量产生较大的变化，导致系统变异。因此在工程项目施工过程中，必须建立健全质量管理体系和各种质量管理制度，严格质量控制，预防系统因素的出现而产生质量变异。

8.1.3 工程项目质量控制目标分解

广义的工程项目质量是由工作质量、工序质量和产品质量三个方面构成的，因而工程项目质量控制目标必然也是上述三个方面。为了实现工程项目质量控制目标，必须对这三个质量控制目标做进一步分解。

（1）工作质量控制目标　工作质量是指参与项目建设全过程相关人员，为保证项目建设质量所表现的工作水平和完善程度。该项质量控制目标可分解为管理工作质量、政治工作质量、技术工作质量和后勤工作质量四项。

（2）工序质量控制目标　工程项目建设全过程是通过一道道工序来完成的。每道工序的质量，必须具有满足相应要求的质量标准，工序质量决定着产品质量。该项质量控制目标可分解为人员、材料、机械、施工方法和施工环境五项。

（3）工程产品质量控制目标　工程产品质量是指工程项目满足相关标准规定或合同约定的要求，包括在使用功能、安全及其耐久性能、环境保护等方面所有明显的和隐含的能力的特性总和。该项质量控制目标可分解为适用性、安全可靠性、美观性、经济性和与环境协调性五项。

上述质量控制目标分解过程，如图 8-1 所示。

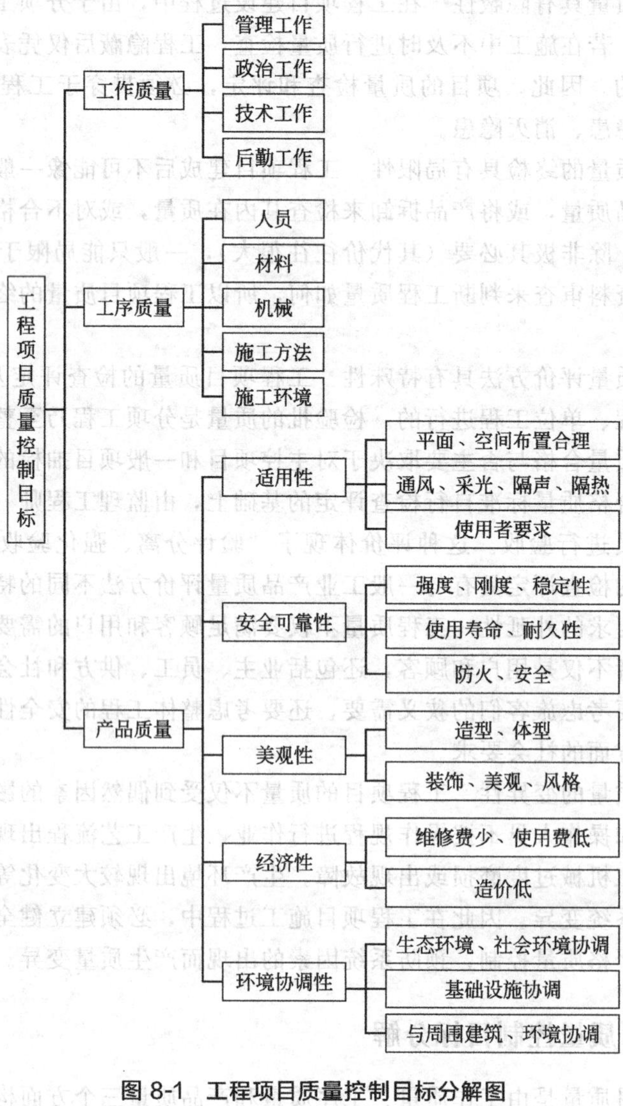

图 8-1　工程项目质量控制目标分解图

在一般情况下，工作质量决定工序质量，而工序质量决定产品质量，因此必须通过提高工作质量来保证和提高工序质量，从而达到所要求的产品质量。

工程项目质量实质上是指在工程项目建设过程中形成的产品质量，即产品质量达到项目设计要求并符合国家法律、法规、技术规范标准要求的程度。因此，工程项目质量控制，就是在施工过程中，采取必要的专业技术和管理技术手段，对整个工程建设全过程实施有效控制，以切实保证最终工程项目质量。

8.1.4 工程项目质量控制的主体

在工程项目建设过程中，对质量的控制体现了多元化的特点，除项目建设单位外，政府主管部门、勘察设计单位、施工单位、监理单位均对建设项目的质量控制负有责任。

8.1.4.1 政府主管部门的质量控制

政府主管部门对工程项目的质量控制，贯穿于工程项目建设的全过程，其作用是强制性的，通过工程项目的报建、设计文件的审查、施工的许可、材料设备的准用、工程质量的监督、强制性法规的实施、竣工验收备案等环节来实现。其目的是保证工程项目的建设符合社会公共利益，保证国家的有关法规、标准及规范的执行。政府对工程项目的质量控制，在决策阶段，主要是审批项目的建议书和可行性研究报告，以及项目的用地和厂址的选择等；在设计阶段，主要是审核设计文件和图纸；在施工阶段，主要是通过政府认可的第三方——质量监督机构，依据法律、法规和工程建设强制性标准对工程施工质量实施监督管理。主要监督内容是地基基础、主体结构、对环境的影响和与此相关的工程建设各方主体的质量行为，主要手段是施工许可制度和竣工验收备案制度。

质量监督部门代表政府对建设项目的质量负监督和评定的责任，在监督中要做到：未经具有相应资质的设计单位设计或设计不合格的工程，一律不准施工；无出厂合格证明和没有按规定复试的原材料，一律不准使用；不合格的建筑构配件，一律不准出厂；所有工程都必须按照国家规范、标准施工和验收，一律不准降低标准；质量不合格的工程，一律不准报竣工面积和产量，也不计算产值。

8.1.4.2 勘察设计单位的质量控制

勘察设计单位对工程项目的质量控制是以法律、法规和勘察设计合同为依据，通过对勘察设计的全部工作，包括勘察设计的工作程序、工作进度、费用和成果的质量控制来实现的。

8.1.4.3 施工单位的质量控制

施工单位对工程项目的质量控制是以法律法规、施工承包合同、设计文件和图纸为依据，通过对工程项目施工准备、施工和竣工交验等全过程的策划、组织、实施等工作的检查、检验来实现的。

8.1.4.4 监理单位的质量控制

监理单位是受建设单位的委托，代表建设单位对工程项目进行质量控制。它是以法律法规、监理合同、勘察设计合同、施工合同、设计文件和图纸为依据，通过对工程项目实施全过程（勘察、设计、施工）的检查、监督来实现的。

8.1.5 工程项目质量影响因素

在对工程项目质量进行管理时，首先应确定影响工程质量的因素，然后制定行之有效的管理措施，有针对性地进行管理。

在工程建设中，影响质量的因素主要有：人（man）、材料（material）、施工机械设备（machine）、工艺方法（method）和环境（environment）五大方面（简称 4M1E）。因此，对这五大方面的因素予以严格控制，是保证建设项目工程质量的关键。

（1）人员因素　人员是项目产品生产的主体，是直接参与工程建设的决策者、组织者、指挥者和操作者。工程实施过程中应充分调动人的积极性，发挥人在质量控制中的主导作用。

为了避免人的失误，调动人的主观能动性，增强人的责任感和质量观，达到以工作质量保证工序质量、产品质量的目的，除了加强政治思想教育、劳动纪律教育、职业道德教育、专业技术知识培训，健全岗位责任制，改善劳动条件，制定公平合理的激励制度外，还需根据工程项目的特点，从确保工程质量出发，本着适才适用、扬长避短的原则来控制人的使用。

（2）材料因素　工程材料泛指构成工程实体的各类建筑材料、构配件、半成品等。它是工程建设的物质条件，是工程质量的基础。工程材料选用是否合理，产品是否合格，材质是否经过检验，材料的技术性能是否符合法规、标准、合同、设计文件和图纸的要求，保管使用是否得当等，都将直接影响建设工程的结构安全、使用功能、外表与观感。不合格的材料即使有科学、严格的管理措施，也无法保证产品的质量。因此，在项目管理中要从材料的选用、检验和保管等多角度保证材料的质量。

（3）机械设备因素　用于项目建设的机械可以分为两类：一是组成项目实体的各类设备和机具，如建筑项目中的空调、电梯，与土建工程一起形成完整的项目使用功能；二是指生产过程中使用的各类机具设备，如水平、垂直运输设备等，是项目建设生产的手段。施工机械设备是实现施工机械化的重要物质基础，对工程项目的施工进度和质量均有直接影响。为此，在项目施工阶段，必须综合考虑施工现场条件、建筑结构形式、机械设备性能、施工工艺和方法、施工组织与管理、建筑技术经济等各种因素进行施工机械设备选择与使用方案的制定和评审，使之合理装备、配套使用、有机联系，以充分发挥机械设备的效能，力求获得较好的综合经济效益。

（4）工艺方法因素　工艺方法是指施工现场采用的施工方案，包括技术方案和组织方案。前者如施工工艺和作业方法，后者如施工区段空间划分及施工起点流向顺序、劳动组织等。在工程施工中，施工方案是否合理，施工工艺是否先进，施工操作是否正确，都将对工程质量产生重大的影响。

施工方案是否合理将直接影响工程项目的进度控制、质量控制、投资控制三大目标能否顺利实现。由于施工方案考虑不周而拖延进度、影响质量、增加投资的情况时有发生。因此，必须结合工程实际，从技术、组织、管理、工艺、操作、经济等方面进行全面分析、综合考虑，力求方案技术可行、经济合理、工艺先进、措施得力、操作方便，有利于提高质量、加快进度、降低成本。

施工方案选择的前提，一定要满足技术的可行性，如液压滑模施工，要求模板内混凝土的自重必须大于混凝土与模板间的摩擦阻力，否则，当混凝土自重不能克服摩擦阻力时，混凝土必然随着模板的上升而被拉断、拉裂。所以，当剪力墙结构、筒体结构的墙壁过薄，框架结构柱的断面过小时，均不宜采用液压滑模施工。又如，在有地下水、流砂，且可能产生管涌现象的地质条件下进行沉井施工时，则对于沉井只能采取连续下沉、水下挖土、水下浇筑混凝土的施工方案，否则，采取排水下沉施工，则难以解决流砂、地下水和管涌问题，若采取人工降水下沉施工，有可能更不经济。

（5）环境因素　环境因素是指在工程项目建设过程中，对工程质量特性起重要作用的环境条件。

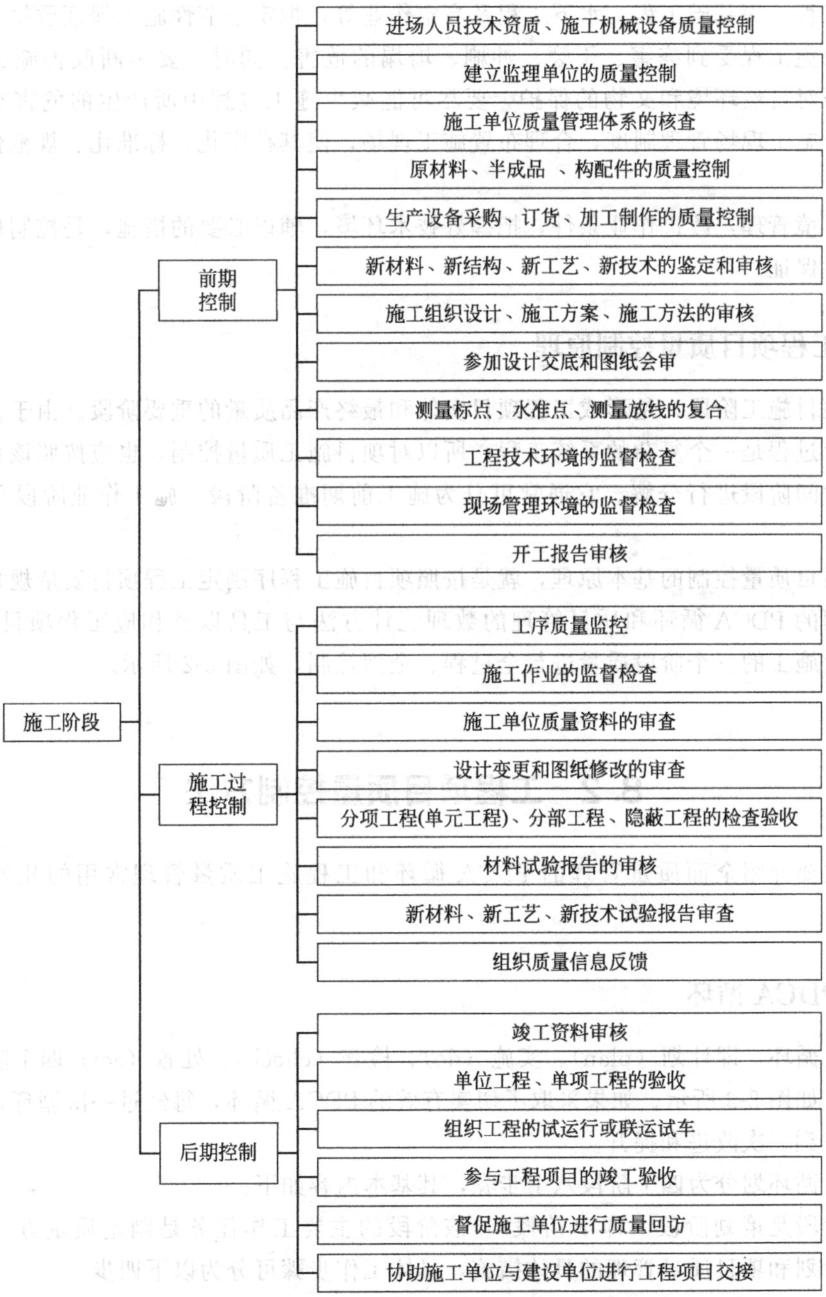

图 8-2　项目施工质量控制系统过程分解图

影响工程项目质量的环境因素较多，包括：工程技术环境，如工程地质、水文、气象等；工程管理环境，如质量保证体系、质量管理制度等；劳动环境，如劳动组合、劳动工具、工作面等。环境因素对工程质量的影响具有复杂而多变的特点，如气象条件就变化万千，温度、湿度、大风、暴雨、酷暑、严寒都直接影响工程质量，往往前一工序就是后一工序的环境，前一分项、分部工程也就是后一分项、分部工程的环境。因此，根据工程特点和具体条件，应对影响质量的环境因素采取有效的措施，严加控制。

此外，在冬期、雨季、风季、炎热季节施工中，还应针对工程的特点，尤其对混凝土工程、土方工程、深基础工程、水下工程及高空作业等，拟定季节性施工保证质量和安全的有效措施，以免工程受到冻害、干裂、冲刷、坍塌的危害。同时，要不断改善施工现场的环境，要加强对自然环境和文物的保护，要尽可能减少施工过程中所产生的危害对环境的污染，要健全施工现场管理制度，合理布置施工现场，使其秩序化、标准化、规范化，实现文明施工。

加强环境管理，改进作业条件，把握好技术环境，辅以必要的措施，是控制环境对质量影响的重要保证。

8.1.6 工程项目质量控制原理

工程项目施工阶段，是形成工程项目实体和最终产品质量的重要阶段。由于构成最终工程产品质量过程是一个复杂的系统工程，所以对项目施工质量控制，也应按照该系统质量形成过程的时间阶段进行分解。它通常可分为施工前期准备阶段、施工作业阶段和竣工验收阶段。

工程项目质量控制的基本原理，就是按照项目施工程序制定工程项目质量规划，运用全面质量管理的 PDCA 循环和质量管理的数理统计方法与工具以及相应工程项目监控手段，对项目建设施工的三个阶段质量进行全过程、全面控制，如图 8-2 所示。

8.2 工程项目质量控制方法

这里主要介绍全面质量管理的 PDCA 循环和工程施工质量管理常用的几种数理统计方法。

8.2.1 PDCA 循环

PDCA 循环，即计划（plan）、实施（do）、检查（check）、处置（act）四个阶段组成的工作循环，如图 8-3 所示。如果采取了切实有效的 PDCA 循环，每经过一次循环，工程质量水平就会得到一次改进和提升。

PDCA 循环划分为四个阶段八个步骤，其基本内容如下。

第一阶段是策划阶段（即 P 阶段）。该阶段的主要工作任务是制定质量方针、管理目标、活动计划和项目质量管理的具体措施，具体工作步骤可分为以下四步。

第一步是分析现状，找出存在的质量问题，这一步要有重点地进行。首先，要分析项目范围内的质量常见病和多发病。要特别注意工程中一些技术复杂、施工难度大、质量要求高

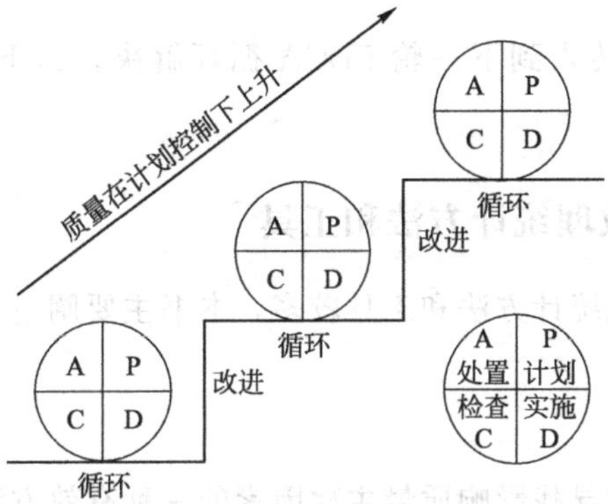

图 8-3　PDCA 循环在质量管理中的应用

的项目，以及新工艺、新技术、新结构、新材料等项目的质量分析。要依据大量数据和资料，用数据说话，用数理统计方法来分析、反映问题。

第二步是分析产生质量问题的原因和影响因素。这就要召开有关人员对有关问题的分析会议，绘制因果分析图，找出所有可能的原因和影响因素。

第三步是从各种原因和影响因素中找出影响质量的主要原因或主要影响因素。其方法有两种：一是利用数理统计的方法和图表来分析；二是由有关工程技术人员、生产管理人员和班组作业人员研讨的方式确定。

第四步是针对影响质量的主要原因或主要影响因素，制定改进质量的技术组织措施，提出措施和计划，并预计其效果。在进行这一步时要反复考虑，明确回答以下 5W1H 的问题：

① 为什么要采取这样的措施，制订执行这样的计划？回答采取措施和制订执行计划的原因（Why）。

② 执行计划后要达到什么目的？将会有什么效果（What）？

③ 改进措施在何处（哪道工序、哪个环节、哪个过程）执行（Where）？

④ 措施和计划在什么时间执行和完成（When）？

⑤ 由谁来执行和完成（Who）？

⑥ 用什么方法？怎样完成（How）？

第二阶段是实施阶段（即 D 阶段）。该阶段的主要工作任务是按照第一阶段制订的措施和计划，组织各方面的力量分头去认真贯彻执行。这就是管理循环的第五步，即实施措施和计划。在该阶段，首先要做好措施和计划的交底和落实，包括组织落实、技术落实和物质落实。有关人员还要经过训练、实习、考核达到相应的要求；其次要依靠质量体系来保证措施和计划的有效执行。

第三阶段是检查阶段（即 C 阶段）。这一阶段的主要工作任务是将执行后的效果与预期目标对比，检查执行的情况，看是否达到了预期效果，并提出哪些做对了？哪些还没达到要求？哪些有效果？哪些还没有效果？再进一步找出问题。这是管理循环的第六步，即检查效果，发现问题。

第四阶段是处置阶段（即 A 阶段）。这一阶段的主要工作任务是对检查结果进行总结和处理。此阶段包括第七、第八两个步骤。

第七步是总结经验、纳入标准。经过检查后明确有效果的措施，通过修改相应的工作文件、工艺规程以及各种质量管理的规章制度，把好的经验总结起来，把成绩巩固下来，作为标准坚持执行。

第八步是把遗留问题转入到下一轮 PDCA 循环解决，为下一期计划提供数据资料和依据。

8.2.2 质量管理常用数理统计方法和工具

质量管理中常用的数理统计方法和工具较多，本书主要阐述排列图法、因果分析图法和频数分布直方图法。

8.2.2.1 排列图法

排列图法是利用排列图寻找影响质量主次因素的一种有效方法。排列图又称主次因素分析图或称巴列特图，它由一个横坐标、两个纵坐标、若干个直方形和一条曲线所组成。横坐标表示影响质量的各个因素或项目，按影响程度大小从左至右排列；左侧的纵坐标表示频数，右侧纵坐标表示累计频率，直方形的高度代表每个因素的影响大小。实际应用中，通常按累计频率划分为 0%～80%、80%～90%、90%～100%三部分，与其对应的影响因素分为 A、B、C 三类。A 类为主要因素，B 类为次要因素，C 类为一般因素。

(1) 排列图的作法

① 收集整理数据。在质量管理中，排列图主要用来寻找影响质量的主要因素，因此应收集各质量特性的影响因素或各种缺陷的不合格点数。如建筑产品施工生产中一般是按照《建筑工程施工质量验收统一标准》规定的检测项目进行随机抽样检查，并根据质量标准记录各项目的不合格点出现的次数（即频数），按各检测项目不合格点频数大小顺序排列成表，以全部不合格点数为总频数计算各项目不合格点频率和累计频率。当检测项目较多时，可将频数较少的检测项目合并为“其他”项，列于表中末项。

【例 8-1】 某工地现浇混凝土构件尺寸质量检查结果是在全部检查的八个项目中不合格点（超偏差限值）有 150 个，为了进一步提高质量应对这些不合格点进行分析，以便找出混凝土构件尺寸质量的薄弱环节。

解 首先收集混凝土构件尺寸各项目不合格点的数据资料，见表 8-1。

表 8-1 不合格点数统计表

序号	检查项目	不合格点数
1	轴线位置	1
2	垂直度	8
3	标高	4
4	截面尺寸	45
5	平面水平度	15
6	表面平整度	75
7	预埋设施中心位置	1
8	预留孔洞中心位置	1
合 计		150

然后对原始资料进行整理，将频数较少的轴线位移、预埋设施中心位置、预留孔洞中心位置三项合并为“其他”项。按频数由大到小的顺序排列各检查项目，“其他”项排列最后，

计算各项目相应的频率和累计频率，结果见表 8-2。

表 8-2 不合格点项目频数统计表

序号	项目	频数	频率/%	累计频率/%
1	表面平整度	75	50.0	50.0
2	截面尺寸	45	30.0	50.0+30.0=80.0
3	平面水平度	15	10.0	80.0+10.0=90.0
4	垂直度	8	5.3	90.0+5.3=95.3
5	标高	4	2.7	95.3+2.7=98.0
6	其他	3	2.0	98.0+2.0=100.0
合计		150	100	

② 排列图的绘制

a. 画横坐标。将横坐标按项目等分，并按项目频数由大到小从左至右顺序排列，该例题中横坐标分为 6 等份。

b. 画纵坐标。左侧的纵坐标表示项目不合格点数即频数，右侧的纵坐标表示累计频率，要求总频数对应于累计频率 100%。该例中频数 150 应与累计频率 100%在一条水平线上。

c. 画频数直方形。以频数为高画出各项目的直方形。

d. 画累计频率曲线。从横坐标左端点开始，依次连接各项目右端点所对应的累计频率值的交点，所得的曲线称为累计频率曲线。

混凝土构件尺寸不合格点排列见图 8-4。

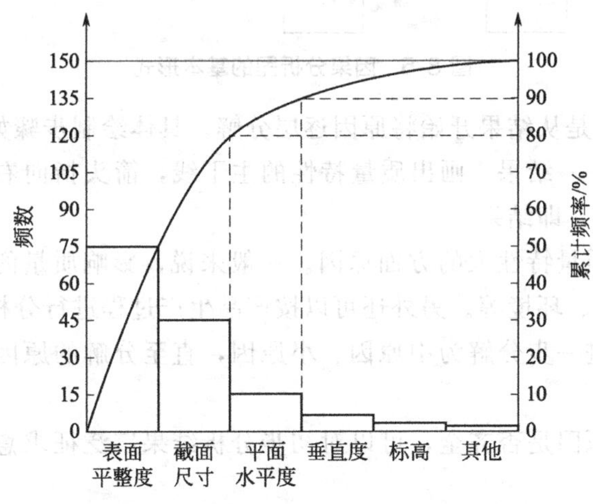

图 8-4 混凝土构件尺寸不合格点排列图

e. 记录必要的事项。如检查项目名称、质量数据收集的时间、方法、范围等。

(2) 排列图的观察与分析

① 观察直方形，大致可看出各检查项目的影响程度。排列图中所有直方形的高度应依次递减，并说明它所代表的项目对质量的影响程度。

② 利用 ABC 分类法，确定主次因素。根据累计频率值将影响因素分别为 A、B、C 三类。该例中，A 类即主要因素是表面平整度、截面尺寸，B 类即次要因素是平面水平度，其余属 C 类为一般因素。由此看来，该工程应在下一步着重解决影响工程质量的表面平整度

和截面尺寸问题。

(3) 排列图的应用　排列图可以形象、直观地反映主次因素。其主要应用如下。

① 按不合格点的缺陷形式分类，可以分析出造成质量问题的薄弱环节。

② 按生产作业过程分类，可以找出影响生产质量的关键过程。

③ 按生产班组或单位分类，可以分析比较各生产班组或单位质量管理能力和水平。

④ 将采取改进质量措施前后的排列图对比，可以分析采取的措施是否有效。

8.2.2.2　因果分析图法

因果分析图法是利用因果分析图来整理分析质量问题（结果）与其产生原因之间关系的有效工具。因果分析图也称特性要因图，又因其形状常被称为树枝图或鱼刺图。

因果分析图的基本形式见图 8-5。由图可见，因果分析图由质量特性（即质量结果，指某个质量问题）、要因（产生质量问题的主要原因）、主干（指较粗的直接指向质量结果的水平箭线）、枝干（指一系列箭线表示不同层次的原因）等所组成。

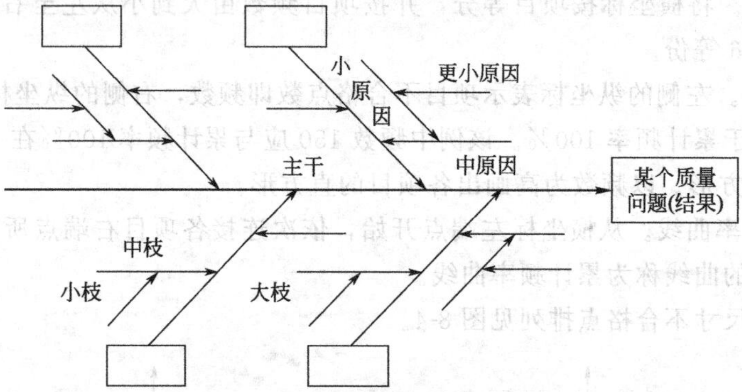

图 8-5　因果分析图的基本形式

因果分析图的绘制是从结果开始将原因逐层分解，具体绘制步骤如下。

① 明确质量问题——结果。画出质量特性的主干线，箭头指向右侧的一个矩形框，框内注明研究的质量问题，即结果。

② 分析确定影响质量特性大的方面原因。一般来说，影响质量的因素有五大方面，即人、机械、材料、工艺、环境等。另外还可以按产品生产过程进行分析。

③ 将每种大原因进一步分解为中原因、小原因，直至分解的原因可以采取具体措施加以解决为止。

④ 检查图中所列原因是否齐全，可以对初步分析结果广泛征求意见，并做必要的补充及修改。

⑤ 选择出影响较大的因素做出标记，以便重点采取措施。

图 8-6 是混凝土强度不足的因果分析图，从人员、机械、材料、工艺方法、环境等几个大方面原因（因素）列出来，再逐步分析列出中原因、小原因、更小原因。最后，根据实际情况，选择出对混凝土强度不足这一质量问题影响较大的基础知识差、水泥质量不足和水灰比不准这三个原因，并采取具体措施，保证混凝土强度。

因果分析图表现形式简单明了，但分析问题、绘制成图是比较复杂的过程。

首先，要求绘制者熟悉专业技术与施工工艺，调查、了解施工现场实际条件和操作的具体情况。应集思广益，以各种形式广泛收集现场工人、班组长、质检员、工程技术人员的意

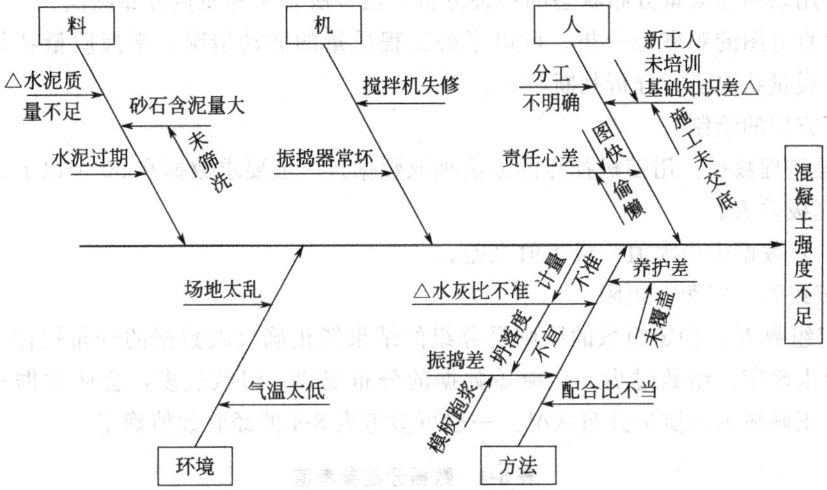

图 8-6　混凝土强度不足因果分析图

见，相互启发，相互补充，使因果分析图更符合实际。

其次，绘制因果分析图不是最终目的，根据图中所反映的主要原因，制订改进措施和对策，限期解决问题，保证产品质量不断提高，这才是目的。具体实施时，一般应编制一个对策计划表。表 8-3 是混凝土强度不足的对策计划表。

表 8-3　混凝土强度不足的对策计划表

项目	序号	产生问题原因	采取的对策	执行人	完成时间
人	1	分工不明确	根据个人特长，确定每项作业的负责人及各操作人员职责，挂牌示出		
	2	基础知识差	组织学习操作规程，搞好技术培训和交底		
方法	3	配合比不当	根据数理统计结果，按实际施工水平进行配比调整，进行实验		
	4	水灰比不准	按配合比计算原材料投料量 每半天测砂石含水率一次 现浇时控制坍落度		
	5	计量不准	矫正计量仪器、设备		
材料	6	水泥重量不足	进行水泥重量统计		
	7	原材料不合格	对砂、石、水泥进行各项指标试验		
	8	砂、石含泥量大	冲洗		
机械	9	振捣器常坏	定期维护，使用前检修 施工时配备电工 备用振捣器、铁插杆		
	10	搅拌机常坏	定期维护，使用前检修 施工时配备检修工		
环境	11	场地太乱	搞好平面布置，现场实行分片制，认真清理		
	12	气温太低	准备覆盖材料，养护落实到人		

8.2.2.3　频数分布直方图法

频数分布直方图法简称直方图法，是将收集到的质量数据进行分组整理，绘制成频数分布直方图，用以描述质量分布状态的一种分析方法，所以又称质量分布图法。

通过对直方图的观察与分析，可以了解工程质量的波动情况，掌握质量特征的分布规律，以便对质量状况进行分析判断。

（1）直方图的绘制

① 收集整理数据。用随机抽样的方法抽取数据。一般要求数据在 50 个以上。

② 计算极差 R。

极差 R 是数据中最大值与最小值之差。

③ 确定组数、组距、组限

a. 确定组数 K。确定组数的原则是分组的结果能正确反映数据的分布规律。组数应根据数据多少来确定。组数过少，会掩盖数据的分布规律；组数过多，会使数据过于零乱分散，也不能正确显示出质量分布状况。一般可参考表 8-4 的经验数值确定。

表 8-4　数据分组参考值

数据总数 N	分组数 K
50～100	6～10
100～250	7～12
250 以上	10～20

b. 确定组距 H。组距是组与组之间的间隔，也即一个组的范围，各组组距应相等，于是有：

$$组距\approx\frac{极差}{组数}\quad 即：H=\frac{R}{K}$$

组数、组距的确定应根据极差综合考虑，适当调整，还要注意数值尽量取整，使分组结果能包括全部数据值，同时也便于计算分析。

c. 确定组限。每组的最大值为上限，最小值为下限，上下限统称为组限。确定组限时应注意使各组之间连续，即较低组上限应为相邻较高组下限，这样才不致使有的数据被遗漏。对恰恰处于组限值上的数据，其解决的办法有二：一是规定每组上（或下）组限不计在该组内，而应计入相邻较高（或较低）组内；二是将组限值较原始数据精度提高半个最小测量单位。

④ 编制数据频数统计表。统计各组数据频数，频数总和应等于全部数据个数。

【例 8-2】 某建筑工程施工现场用大模板浇筑混凝土，对大模板边长尺寸误差进行质量分析，共收集了 80 个数据，见表 8-5。试绘制直方图。

表 8-5　模板边长尺寸误差数据表　　单位：mm

序号	模板边长尺寸误差数据								最大值	最小值
1	−2.1	−3.2	−3.1	−4.2	−2.3	0	−1.1	−2.2	0	−4.2
2	−2.1	−2.0	−3.1	−1.1	+1.2	−2.3	−2.3	−1.5	+1.2	−3.1
3	−2.5	−1.1	0	−1.2	−2.2	−3.3	−1.2	+2.4	+2.4	−3.3
4	−2.3	−5.1	−1.3	−3.3	0	+2.3	0	−2.2	+2.3	−5.1
5	0	+3.2	0	0	−3.6	−2.3	−5.2	+1.1	+3.2	−5.2
6	−1.2	−2.0	−4.0	−3.2	−4.2	−1.2	+1.1	+1.0	+1.1	−4.2

续表

序号	模板边长尺寸误差数据								最大值	最小值
7	0	−4.1	−6.0	−1.1	−2.1	+1.2	−1.2	−2.3	+1.2	−6.0
8	−2.0	−3.0	−4.1	+1.1	−3.5	−1.5	+2.2	0	+2.2	−4.1
9	0	−3.3	−1.1	−2.1	−4.2	+1.2	−3.3	−1.2	+1.2	−3.3
10	−2.0	−5.1	−3.2	−4.0	−2.0	+1.2	−1.2	+1.1	+1.2	−5.1

解 ① 计算极差 R

极差 R 是数据中最大值与最小值之差：

$$X_{max} = +3.2\text{mm}$$

$$X_{min} = -6.0\text{mm}$$

$$R = X_{max} - X_{min} = +3.2 - (-0.6) = 9.2(\text{mm})$$

② 确定组数、组距、组限

a. 确定组数 K。本例中取 $K=10$。

b. 确定组距 H。

$$H = \frac{9.2}{10} = 0.92 \approx 1(\text{mm})$$

c. 确定组限。

采取第一种方法划分组限，即每组上限不计入该组内。

首先确定第一组下限：

$$X_{min} - \frac{H}{2} = -6.0 - \frac{1}{2} = -6.5(\text{mm})$$

第一组上限 $= -6.5 + H = -6.5 + 1 = -5.5$

第二组下限 = 第一组上限 $= -5.5$

第二组上限 $= 5.5 + H = -5.5 + 1 = -4.5$

依此类推。最高组的组限为 $+2.5 \sim +3.5$，分组结果覆盖全部数据。

③ 编制数据频数统计表

统计各组数据频数。频数统计结果见表 8-6。

表 8-6 频数统计结果

组号	组限/mm	频数	频率/%
1	−6.5～−5.5	1	1.25
2	−5.5～−4.5	3	3.75
3	−4.5～−3.5	7	8.75
4	−3.5～−2.5	11	13.75
5	−2.5～−1.5	19	23.75
6	−1.5～−0.5	17	21.25
7	−0.5～+0.5	10	12.5
8	+0.5～+1.5	8	10
9	+1.5～+2.5	3	3.75
10	+2.5～+3.5	1	1.25
合计		80	100

从表 8-6 中可以看出，大模板的尺寸偏差数据存在波动性，其分布有一定规律，即数据在一个有限范围内变化，且这种变化有一个集中趋势，即模板尺寸误差值在－2.5～－1.5（即第五组）范围内的最多，可把这个范围视为该样本质量数据的分布中心，各组数据频数随着数据值的增大和减小而逐渐减少。为了更直观、更形象地表现质量特征值的这种分布规律，应进一步绘制出直方图。

④ 绘制频数分布直方图

在频数分布直方图中，横坐标表示质量特性值，本例中为模板误差值，并标出各组的组限值。根据表 8-6 可以画出以组距为底，以频数为高的 K 个直方形，便得到频数分布直方图，见图 8-7。

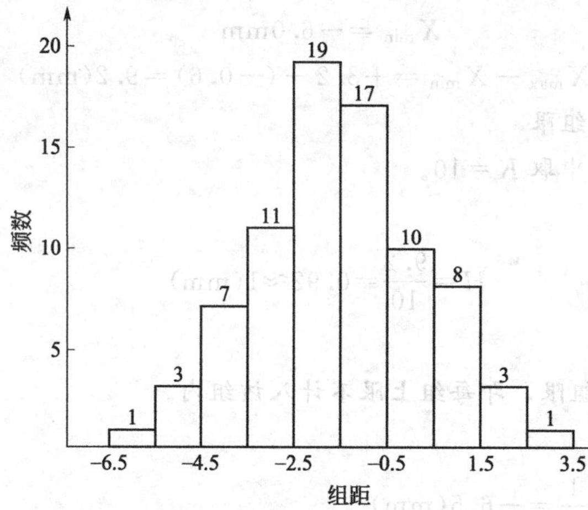

图 8-7 模板误差频数分布直方图

（2）直方图的观察与分析

① 观察直方图的形状，判断质量分布状态。绘制完直方图后，首先要认真观察直方图的整体形状，看其是否属于正常型直方图。正常型直方图应是中间高、两侧低、左右接近对称的图形，如图 8-8(a) 所示。

出现非正常型直方图时，表明生产过程或收集数据作图有问题。这就要求进一步分析判断，找出原因，从而采取措施加以纠正。凡属非正常型直方图，其图形分布有各种不同缺陷，归纳起来有五种类型，如图 8-8(b)、(c)、(d)、(e)、(f) 所示。

a. 折齿型［图 8-8(b)］，是由于分组不当或者组距确定不当出现的直方图。

b. 左（或右）缓坡型［图 8-8(c)］，主要是由于操作中对上限（或下限）控制太严造成的。

c. 孤岛型［图 8-8(d)］，是原材料发生变化，或临时他人顶替班造成的。

d. 双峰型［图 8-8(e)］，是由于两种不同方法或两台设备或两组工人进行生产，然后把两方面数据混在一起整理而造成的。

e. 绝壁型［图 8-8(f)］，是由于数据收集不正常，可能有意识地去掉下限以下的数据，或是在检测过程中存在某种人为因素所造成的。

② 将绘制的直方图与质量标准比较，判断实际生产过程能力。除了观察直方图的形状，分析质量分布状态外，再将正常型直方图与质量标准比较，从而判断实际生产过程能力。正常型直方图与质量标准比较，一般有如图 8-9 所示的 6 种情况。

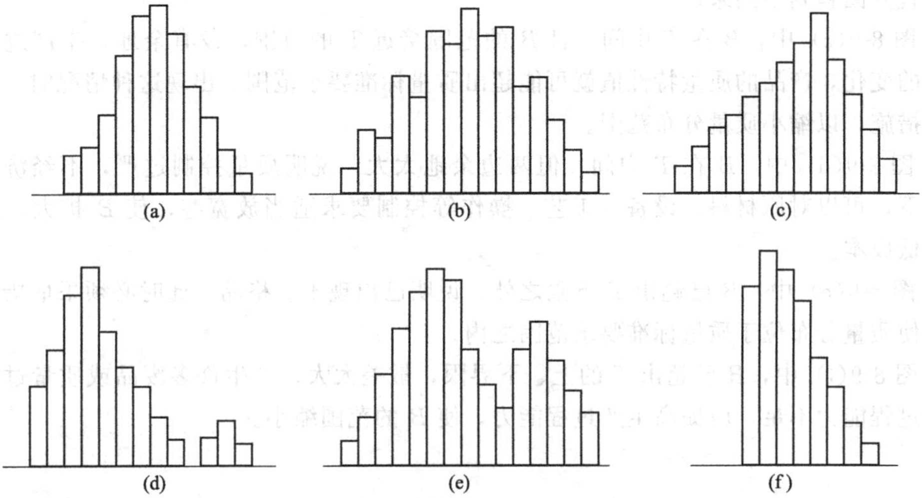

图 8-8 常见直方图

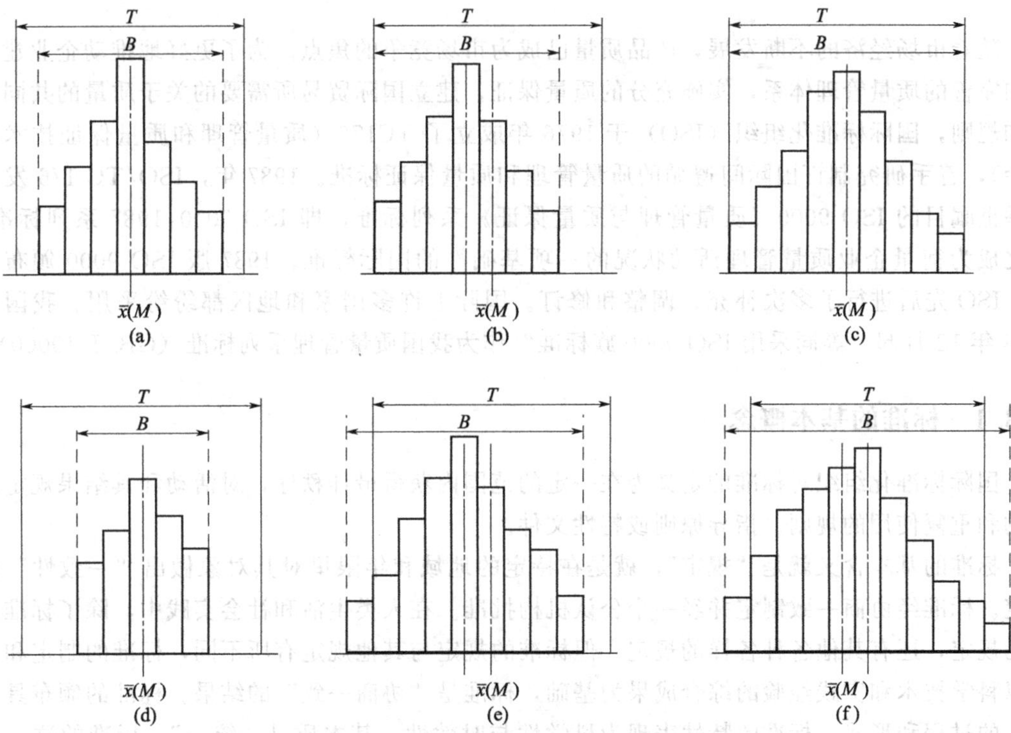

图 8-9 实际质量特性分布与标准比较

注：T—质量标准要求界限；M—质量标准中心；

B—实际质量特性分布范围；$\overline{x}$—实际质量特性分布中心

a. 图 8-9(a) 中，B 在 T 中间，$\overline{x}$ 与 M 重合，实际数据分布与质量标准比较两边还有一定的余地。这样的生产过程是理想的，说明生产过程处于正常稳定状态，在这种情况下生产出来的产品应认为全都是合格品。

b. 图 8-9(b) 中，B 虽然落在 T 内，但 $\overline{x}$ 与 M 不重合，偏向一边。这样如果生产状态一旦发生变化，就可能超出质量标准下限而出现不合格品。出现这种情况时应迅速采取措施，使直方图移到中间来。

c. 图 8-9(c) 中，B 在 T 中间，且 B 的范围接近 T 的范围，没有余地，生产过程一旦发生小的变化，产品的质量特性值就可能超出质量标准要求范围。出现这种情况时，必须立即采取措施，以缩小质量分布范围。

d. 图 8-9(d) 中，B 在 T 中间，但两边余地太大，说明质量控制过严，不经济。在这种情况下，可以对原材料、设备、工艺、操作等控制要求适当放宽些，使 B 扩大，从而有利于降低成本。

e. 图 8-9(e) 中，B 已超出 T 下限之外，说明已出现不合格品。此时必须采取措施进行调整，使质量分布位于质量标准要求范围之内。

f. 图 8-9(f) 中，B 已超出 T 的上、下界限，散差太大，产生许多废品或质量过剩，说明生产过程能力不足，应提高生产过程能力，使 B 的范围缩小。

8.3 质量管理体系标准

随着市场经济的不断发展，产品质量已成为市场竞争的焦点。为了更好地推动企业建立更加完善的质量管理体系，实施充分的质量保证，建立国际贸易所需要的关于质量的共同语言和规则，国际标准化组织（ISO）于 1976 年成立了 TC176（质量管理和质量保证技术委员会），着手研究制订国际间遵循的质量管理和质量保证标准。1987 年，ISO/TC 176 发布了举世瞩目的 ISO 9000《质量管理与质量保证》系列标准，即 ISO 9000:1987 系列标准，使之成为衡量企业质量管理活动状况的一项基础性的国际标准。1987 版 ISO 9000 颁布之后，ISO 先后进行了多次补充、调整和修订。国际上许多国家和地区都纷纷采用。我国于 1994 年 12 月起“等同采用 ISO 9000 族标准”作为我国质量管理系列标准（GB/T 19000）。

8.3.1 标准的基本概念

国际标准化组织对标准的定义为在一定的范围内获得最佳秩序，对活动和其结果规定共同的和重复使用的规则、指导原则或特性文件。

标准的基本含义就是“规定”，就是在特定的地域和年限里对其对象做出“一致性”的规定。标准经协商一致制定并经一个公认机构批准。在人类生活和社会实践中，除了标准这样的规定，还有其他各种各样的规定。但标准的规定与其他规定有所不同，标准的制定和贯彻以科学技术和实践经验的综合成果为基础，标准是“协商一致”的结果。标准的颁布具有特定的过程和形式。标准的特性表现为科学性与时效性，其本质是“统一”。标准的这一本质赋予其强制性、约束性和法规性的特点。

8.3.2 ISO 9001：2015 的基本内容

2015 年再次修订后的 ISO 9000 族标准的核心文件是《质量管理体系标准》（ISO 9001：2015），也即我国等同采用颁布的《质量管理体系标准》（GB/T 19001—2015），其基本内容包括：①范围；②规范性引用文件；③术语和定义；④组织的背景；⑤领导作用；⑥策划；⑦支持；⑧运行；⑨绩效评价；⑩持续改进。具体内容见图 8-10。

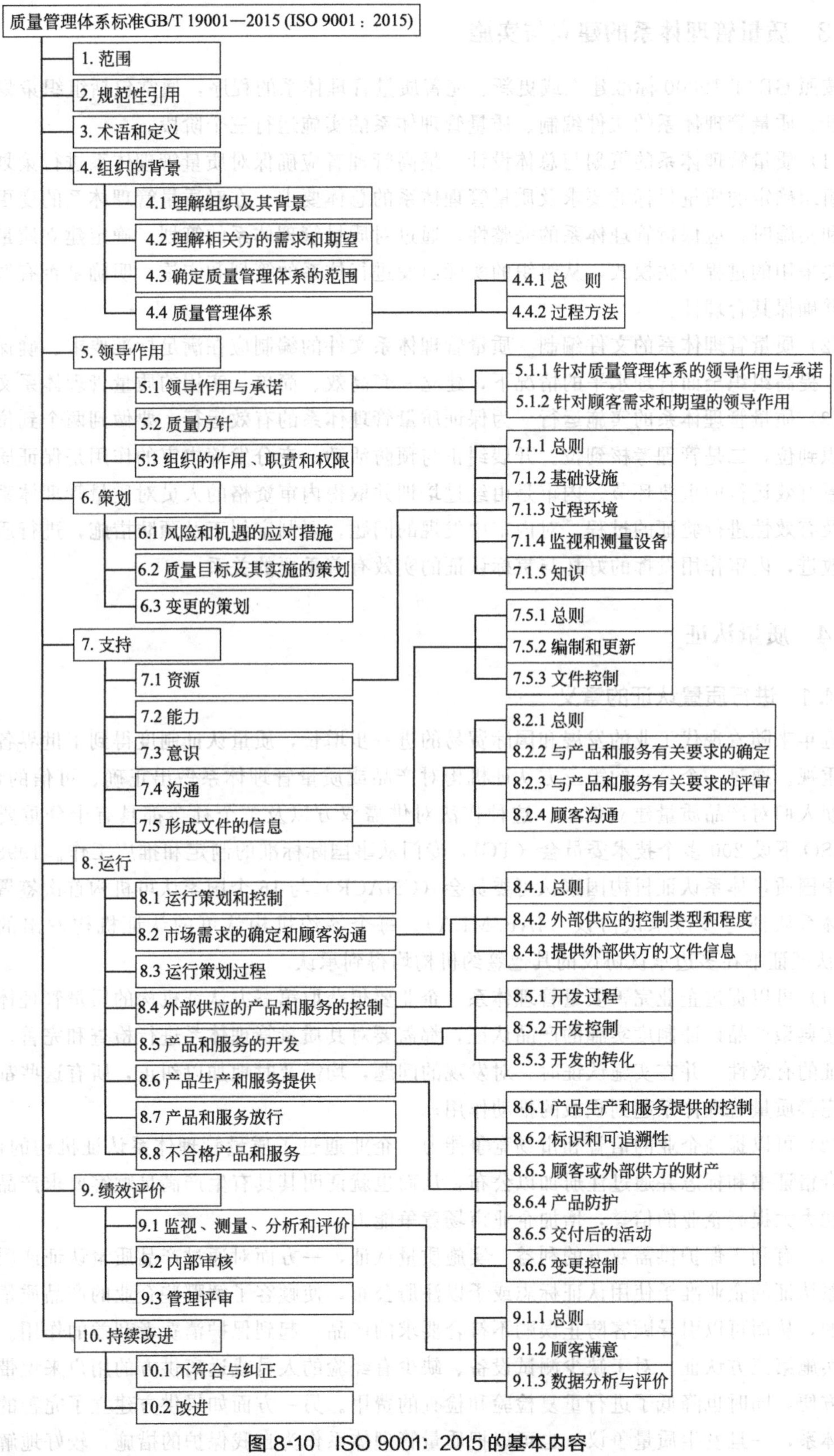

图 8-10 ISO 9001：2015 的基本内容

8.3.3 质量管理体系的建立与实施

按照 GB/T 19000 标准建立或更新、完善质量管理体系的程序，通常包括组织策划与总体设计、质量管理体系的文件编制、质量管理体系的实施运行三个阶段。

(1) 质量管理体系的策划与总体设计　最高管理者应确保对质量管理体系进行策划，以满足组织确定的质量目标的要求及质量管理体系的总体要求。在对质量管理体系的变更进行策划和实施时，应保持管理体系的完整性。通过对质量管理体系的策划，确定建立质量管理体系要采用的过程方法模式，从组织的实际出发进行体系的策划和实施，明确是否有调整的必要并确保其合理性。

(2) 质量管理体系的文件编制　质量管理体系文件的编制应在满足标准要求、确保控制质量、提高组织全面管理水平的情况下，建立一套高效、简单、实用的质量管理体系文件。

(3) 质量管理体系的实施运行　为保证质量管理体系的有效运行，要做到两个到位：一是认识到位，二是管理考核到位。开展纠正与预防活动，充分发挥内审的作用是保证质量管理体系有效运行的重要环节。内审是由经过培训并取得内审资格的人员对质量管理体系的符合性及有效性进行验证的过程。对内审中发现的问题，要制定纠正及预防措施，进行质量的持续改进，内审作用发挥的好坏与贯标认证的实效有着重要的关系。

8.3.4 质量认证

8.3.4.1 进行质量认证的意义

近年来随着现代工业的发展和国际贸易的进一步增长，质量认证制度得到了世界各国的普遍重视。通过一个公正的第三方认证机构对产品或质量管理体系做出正确、可信的评价，从而使人们对产品质量建立信心。这种作法对供需双方以及整个社会都具有十分重要的意义。ISO 下设 200 多个技术委员会（TC），专门从事国际标准的制定和推广工作。1998 年 1 月，中国质量体系认证机构国家认可委员会（CNACR）与 16 个国家认可机构首次签署 IAF 质量体系认证与多边承认协议（IAF/MLA）。每个签约机构认可的认证机构发出的 ISO 9000 认证证书在多边承认协议的其他签约机构均得到承认。

(1) 可以促进企业完善质量管理体系　企业要想获取第三方认证机构的质量管理体系认证或按典型产品认证制度实施的产品认证，都需要对其质量管理体系进行检查和完善，以保证认证的有效性，并在实施认证时，对发现的问题，均需及时地加以纠正，所有这些都会对企业完善质量管理体系起到积极的推动作用。

(2) 可以提高企业的信誉和市场竞争能力　企业通过了质量管理体系认证机构的认证，获取合格证书和标志并通过注册加以公布，从而也就证明其具有生产满足顾客要求产品的能力，能大大提高企业的信誉，增加企业市场竞争能力。

(3) 有利于保护供需双方的利益　实施质量认证，一方面对通过产品质量认证或质量管理体系认证的企业准予使用认证标志或予以注册公布，使顾客了解哪些企业的产品质量是有保证的，从而可以引导顾客防止误购不符合要求的产品，起到保护消费者利益的作用。并且由于实施第三方认证，对于缺少测试设备、缺少有经验的人员或远离供方的用户来说带来了许多方便，同时也降低了进行重复检验和检查的费用。另一方面如果供方建立了完善的质量管理体系，一旦发生质量争议，也可以把质量管理体系作为自我保护的措施，较好地解决质量争议。

(4) 有利于国际市场的开拓，增加国际市场的竞争能力　认证制度已发展成为世界上许多国家的普遍做法。各国的质量认证机构都在设法通过签订双边或多边认证合作协议，取得彼此之间的相互认可。企业一旦获得国际上有权威的认证机构的产品质量认证或质量管理体系认证注册，便会得到各国的认可，并可享受一定的优惠待遇，如免检、减免税和优价等。

8.3.4.2　质量认证的基本概念

质量认证是第三方依据程序对产品、过程或服务符合规定的要求给予书面保证（合格证书）。质量认证包括产品质量认证和质量管理体系认证两方面。

(1) 产品质量认证　产品质量认证按认证性质不同，可划分为安全认证和合格认证。

对于关系国计民生的重大产品，有关人身安全、健康的产品，必须实施产品安全认证。合格认证遵循自愿原则进行。凡实行质量认证的产品，必须符合国家《标准化法》中有关强制性标准的要求及国家相关行业标准要求。

凡实行合格认证的产品，必须符合《标准化法》规定的国家标准或行业标准要求，合格认证自愿进行。

(2) 质量管理体系认证　由于建筑产品具有单件性，不能以某个项目作为质量认证的依据，因此，只能对质量管理体系进行认证。质量管理体系认证始于机电产品，由于产品类型由硬件拓宽到软件、流程性文件和服务领域，使得各行各业都可以按标准实施质量管理体系认证。质量管理体系认证的特征包括：

① 由具有第三方公正地位的认证机构进行客观的评价，作出结论，若通过则颁发认证证书。审核人员要具有独立性和公正性，以确保认证工作客观、公正地进行。

② 认证的依据是质量管理体系的要求标准，即 GB/T 19001，而不能依据质量管理体系的业绩改进指南标准即 GB/T 19004 来进行，更不能依据具体的产品质量标准。

③ 认证过程中的审核是围绕企业的质量管理体系要求的符合性和满足质量要求和目标方面的有效性来进行的。

④ 认证的结论不是证明具体的产品是否符合相关的技术标准，而是质量管理体系是否符合 ISO 9001 即质量管理体系要求标准，是否具有按规范要求保证产品质量的能力。

⑤ 认证合格标志，只能用于宣传，不能用于具体的产品。

8.3.4.3　质量认证的表示方法

质量认证有两种表示方法，即认证证书和认证（合格）标志。

① 认证证书（合格证书）。它是由认证机构颁发给企业的一种证明文件，证明某项产品或服务符合特定标准或技术规范。

② 认证标志（合格标志）。由认证机构设计并公布的一种专用标志，用以证明某项产品或服务符合特定标准或规范。经认证机构批准的合格认证使用在每台（件）合格出厂的认证产品上。

认证标志是质量标志，通过标志可以向购买者传递正确可靠的质量信息，帮助购买者识别认证的产品与非认证的产品，指导购买者购买自己满意的产品。

认证标志为方圆标志、长城标志和 PRC 标志，其中方圆标志又分为合格认证标志和安全认证标志。

8.3.4.4 质量管理体系认证的实施程序

（1）提出申请　申请单位向认证机构提出书面申请。

① 申请单位填写申请书及附件。附件一般应包括：一份质量管理体系手册的副本，申请认证质量管理体系所覆盖的产品名录、简介；申请方的基本情况等。

② 认证申请的审查与批准。认证机构收到申请方的正式申请后，将对申请方的申请文件进行审查。经审查符合规定的申请要求，则决定接受申请，由认证机构向申请单位发出“接受申请通知书”，并通知申请方下一步与认证有关的工作安排，预交认证费用。若经审查不符合规定的要求，认证机构将及时与申请单位联系，要求申请单位作必要的补充或修改，符合规定后再发出“接受申请通知书”。

（2）认证机构进行审核　认证机构对申请单位的质量管理体系审核是质量管理体系认证的关键环节，其基本工作程序如下。

① 文件审核。文件审核的主要对象是申请书的附件，即申请单位的质量管理体系手册及其他说明申请单位质量管理体系的材料。

② 现场审核。现场审核的主要目的是通过查证质量手册的实际执行情况，对申请单位质量管理体系运行的有效性做出评价，判定是否真正具备满足认证标准的能力。

③ 提出审核报告。现场审核工作完成后，审核组要编写审核报告，审核报告是现场检查和评价结果的证明文件，并需经审核组全体成员签字，签字后报送审核机构。

（3）审批与注册发证　认证机构对审核组提出的审核报告进行全面的审查。经审查若批准通过认证，则认证机构予以注册并颁发注册证书。若经审查需要改进后方可批准通过认证，则由认证机构将需要纠正的问题及完成修正的期限书面通知申请单位，到期再作必要的复查和评价，证明确实达到了规定的条件后，方可批准认证并注册发证。若经审查，决定不予批准认证，则由认证机构书面通知申请单位，并说明不予批准的理由。

（4）获准认证后的监督管理　认证机构对获准认证（有效期为3年）的供方质量管理体系实施监督管理。监管工作包括供方通报、监督检查、认证注销、认证暂停、认证撤销、认证有效期的延长等。

（5）申诉　申请方、受审核方、获证方或其他方，对认证机构的各项活动持有异议时，可向其认证或上级主管部门提出申诉或向人民法院起诉。认证机构或其认可机构应对申诉及时做出处理。

8.4 工程项目质量的经济性

以财务用语来度量工程项目质量管理体系的有效性并提供报告，可以为识别无效活动和进行内部改进提供手段，不同的工程项目可采用不同的财务报告方法。证明工程项目质量管理体系有效的三种方法是质量成本法、过程成本法和质量损失法。工程项目管理人员可根据实际需要选用这些方法，或选用这些方法的改进或组合来反映工程项目质量管理体系的有效性。

8.4.1 质量成本法

质量成本是为了确保和保证满意的质量而发生的费用以及没有达到满意的质量所造成的

损失之和。而质量成本管理，就是建立相应的一套核算和管理制度。工程项目质量成本管理，是提高工程项目质量和综合经济效益的重要途径。

8.4.1.1 质量成本项目

质量成本项目包括内部故障成本、外部故障成本、鉴别成本、预防成本。

(1) 内部故障成本　内部故障成本又称内部损失成本，是指工程项目在竣工验收和交付使用前，由于自身的缺陷而发生的费用之和，一般包括下列各项。

① 废品损失。这是指产品在经济上不值得修复或利用而发生的人工、材料等有关的损失费用，如预制混凝土构件出现的废品造成的损失费用。

② 返工损失费。这是对不合格品因返工修复而发生的费用。如工程质量不合格进行返工修复而发生的人工、材料、机械等费用。

③ 停工损失费。指由于各种内部的责任或外部的责任而引起的机械设备闲置和人工窝工而造成的损失。

④ 事故分析处理费。为了处理有关内部质量事故而发生的费用。

⑤ 质量过剩支出。因工程产品质量水平远超过设计质量标准而发生的费用。

⑥ 技术超前支出。施工中使用超过技术要求的先进机械设备和工艺而发生的费用。

⑦ 其他费用。属于内部故障成本项目，而不易在上述几项内列支的费用。

(2) 外部故障成本　外部故障成本又称外部损失成本，是指工程竣工验收和交付使用后，因质量缺陷而发生的费用，包括下列各项。

① 申诉受理费。因工程质量缺陷，受理用户提出的申诉而进行调查、处理所发生的一切费用。

② 回访保修费。工程交工后，按合同规定对用户回访及对用户提供修理服务的一切费用。

③ 索赔费。根据合同规定赔偿用户因工程质量低劣而蒙受的经济损失的费用。

(3) 鉴别成本　为保证工程质量达到质量标准的要求而对工程本身以及材料、构件、设备等进行质量鉴别所需的一切费用，包括下列各项。

① 进料检验费。对进场的各种原材料、构件、配件在使用前进行试验鉴定所支出的一切费用。

② 工序检验费。为确保工程质量，在施工过程中对各工序进行各种技术检验所支出的费用。

③ 质量监督部门的检查费。质量监督部门对施工质量进行监督管理所收取的费用。

④ 竣工检验费。对完工的工程是否符合质量要求而进行的检验评定所支出的费用。

⑤ 机械设备试验、维修费用。对进场的各种机械设备的功能、性能、技术指标进行检测所支出的费用及使用中的维修费用。

⑥ 管理费。进行质量检验、试验所需的行政办公费，检验和试验人员的工资及附加费。

(4) 预防成本　为了确保工程质量而进行预防工作所耗费的费用，包括下列各项。

① 质量工作计划费用。指为制订质量目标及全面质量管理计划、质量改进计划等所发生的费用。

② 新材料、新工艺的评审费用。

③ 工序能力控制及研究费用。

④ 质量情报费用。

⑤ 质量管理教育（培训）费用。

⑥ 质量管理活动费用。

8.4.1.2 质量成本统计与核算

开展质量成本统计与核算，首先要做好相应的基础工作，其中最重要的是及时、准确、全面地做好原始记录、原始凭证工作。

(1) 质量成本统计　在施工的工程项目上建立质量成本统计报表制度，实行旬、月、季、年的定期统计，质量成本数据可按质量成本的四个项目进行分类统计。

(2) 质量成本核算

① 原始凭证。利用原始基础管理单据——任务单、限额领料单、机械设备租借单等，在涉及质量成本范围时，填表人须在单据上注明质量成本项目。

② 记账凭证。有两种基本类型。一类是按原始记账凭证将数据汇总；另一类是根据实际支付或实际发生按部门计算、统计形成。

③ 台账。质量成本核算对象与项目施工对象同步。

④ 报表。质量成本报表分为在建工程（月份报表）、竣工工程（结算报表）两种。

8.4.1.3 质量成本分析

质量成本分析的目的是寻求最佳质量成本。

(1) 最佳质量成本　质量成本的四个项目各占的比例，在项目的不同阶段、不同项目、不同工种之间是不同的。但是其发展表现出一定的规律性，如在全面质量管理开展的初期阶段，质量水平不高，一般鉴别成本和预防成本较低，随着质标准量要求的提高，这两项费用增加。当质量水平提高到一定程度后，如需再提高，这两项费用将急剧上升。而内部故障成本和外部故障成本正与其相反，四项成本之和最低时的质量成本即为最佳质量成本，如图 8-11 所示。

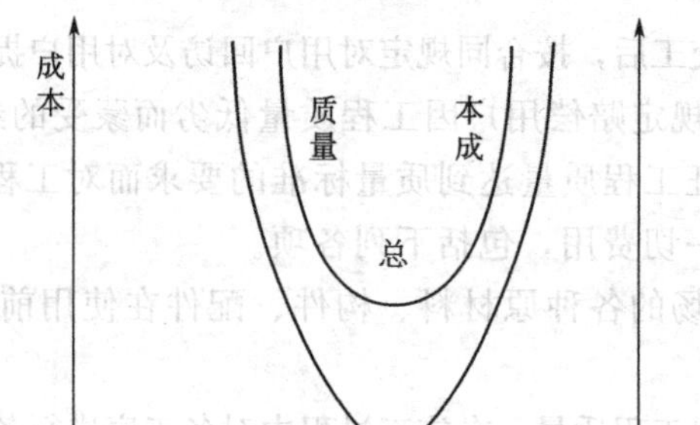

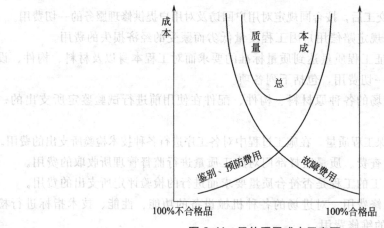

图 8-11　最佳质量成本示意图

(2) 质量成本构成比例分析　构成质量成本的内部故障成本、外部故障成本、预防成本、鉴别成本四个部分始终存在着一定的比例关系，不同的质量管理水平，将会导致这四个部分的比例关系产生变化。质量成本构成比例是通过对上述四个部分质量成本的比例变化的分析，找出既能保证和提高工程质量，又能降低质量成本的办法。

当然，不同的工程在性质和施工内容上会有所区别，质量成本中四部分的比例也会随之产生差别，故在质量成本的构成比例关系上，应根据企业质量管理的具体情况，逐年积累资料，探索出比较合适的四部分的成本比例。

(3) 技术经济指标分析　技术经济指标分析是指质量成本占企业其他技术经济指标的比

例，以此来分析不同时期这些比例的变化及其关系，从中找出最佳比例和质量成本与企业经济效益的合理关系。在技术经济指标分析中，主要分析以下几项指标的比例关系。

① 质量成本占工程成本的比例。质量成本占工程成本的比例 P_1 可用下列公式表示：

$$P_1=\text{质量成本}\div\text{工程成本}\times100\%$$

② 质量成本占企业施工总产值的比例。质量成本占企业施工总产值的比例 P_2 可用下列公式表示：

$$P_2=\text{质量成本}\div\text{施工总产值}\times100\%$$

③ 质量成本占施工产值与辅助生产产值的比例。质量成本占施工产值与辅助生产产值的比例 P_3 可用下列公式表示：

$$P_3=\text{质量成本}\div(\text{施工产值}+\text{辅助生产产值})\times100\%$$

④ 质量成本占企业工程利润的比例。质量成本占企业工程利润的比例 P_4 可用下列公式表示：

$$P_4=\text{质量成本}\div\text{工程利润}\times100\%$$

⑤ 质量合格率每变化1%的质量成本变化率。质量合格率每变化1%的质量成本变化率 P_5 可用下列公式表示：

$$P_5=\text{质量成本变化量}\div\text{质量合格率变化量}\times100\%$$

8.4.2 过程成本法

该方法分为任一过程的符合性成本和非符合性成本两种。工程项目管理人员可根据实际情况列出适用的统计科目，以便进行统计分析。通过这两种成本的统计分析寻找节约费用、进行质量改进的方向。这两种成本的定义如下。

① 符合性成本：为了满足业主的全部需要，现有过程不发生故障情况下而发生的费用。

② 非符合性成本：由于现有过程的故障而发生的费用。

8.4.3 质量损失法

质量损失的定义是："在过程和活动中，由于没有发挥资源的潜力而导致的损失"。例如，因顾客不满意带来的损失，因失去顾客、组织或社会进行更多增值的机会带来的损失，以及资源和材料的浪费等。

这种方法强调由于质量低劣而产生的内外部损失并且识别有形的和无形的损失。重点寻找造成质量损失的主要科目，以便通过进一步的分析发现质量改进的方向。

统计时有形损失是内外部故障费用，而无形损失可根据项目管理的经验估算。一般的外部无形损失是由于顾客不满意而发生的未来销售的损失。而一般的内部无形损失是由于返工、低效的人机控制、丧失机会等所引起的低工作效率造成的。

思考题

1. 什么是工程项目质量？ 质量的特点有哪些？
2. 什么是工程项目质量控制？ 质量控制的方法有哪些？

3. 简述工程项目的工作质量、工序质量、产品质量的控制目标。

4. 工程项目质量影响因素有哪些?

5. 简述工程项目质量的 PDCA 循环方法。

6. 简述排列图、因果分析图、频数分布直方图的概念与基本应用方法。

7. 简述质量管理体系 ISO 9001：2015 的基本构成。

8. 简述质量认证的概念与质量管理体系认证的实施程序。

9. 简述工程项目质量成本的概念与组成。

10. 简述工程项目质量成本分析方法。

习题

1. 某施工现场对钢筋绑扎分项工程质量进行了检查测试，其测试数据见表 8-7。试绘出质量不合格点频数、频率排列图，指出影响产品质量的主要因素、次要因素和一般因素。

表 8-7 钢筋分项工程质量测试数据表

序号	实测项目	允许偏差/mm	超差点/频数		
1	受力筋间距	±10	26		
2	受力筋排距	±5,±15	38		
3	钢筋弯点位移	20,[50]	37		
4	构造筋间距	±20	16		
5	箍筋间距	±20	5		
6	保护层厚度	±5	8		

2. 试采用因果分析图法从人工、材料、机械、工艺、环境等方面，分析产生砖砌体砂浆饱满度不足的所有原因。

3. 某工程质量检查员对施工现场制作一批大模板拼板进行了边长尺寸检查，实测尺寸误差见表 8-8。

表 8-8 大模板拼板实测边长尺寸误差汇总表

序号	模板型号	各次实测的边长误差/mm							
		1	2	3	4	5	6	7	8
1	B_1	−2	−3	−3	−4	−3	0	+3	−2
2	B_2	−2	−2	−3	−1	+1	−2	−2	−1
3	B_3	−2	−1	0	−1	−3	−2	+2	−4
4	B_4	0	+1	+2	0	−1	−5	+1	−3
5	B_5	−2	−3	−1	−4	−2	0	−1	−2
6	B_6	−6	−1	−3	−1	0	−1	−2	+3
7	B_7	−2	−1	0	0	−3	−1	−3	−1
8	B_8	−3	−1	−3	−4	−1	0	−2	−4
9	B_9	−2	0	+4	−3	−2	−1	0	−2
10	B_{10}	+1	−3	0	−2	−2	−5	−3	−3

试求解下列问题:

① 确定大模板拼板误差分布范围（B），计算极差（R）、平均值（μ）和标准偏差（σ），若误差允许范围为 $T=\mu\pm3\sigma$，试分析实测边长尺寸误差是否均在允许范围内。

② 以 1mm 为组距，试确定组数和各组上下限，统计各组频数，绘制拼板边长尺寸误差分布直方图。

③ 判断现场制作大模板拼板工序质量是否稳定、正常。

第9章　工程项目安全与环境管理

9.1　工程项目安全管理

9.1.1　安全管理的概念与工作程序

9.1.1.1　安全管理的概念

安全管理（safety management）是管理科学的一个重要分支，它是为实现安全目标而进行的有关决策、计划、组织和控制等方面的系列活动，主要运用现代安全管理原理、方法和手段，分析和研究各种不安全因素，从技术上、组织上和管理上采取有力措施，解决和消除各种安全隐患，防止事故的发生。宏观的安全管理主要包括劳动保护、安全技术和工业卫生这三个相互联系又相互独立的方面。

① 劳动保护，侧重于政策、规程、条例、制度等形式，规范操作或管理行为，从而使劳动者的劳动安全与身体健康得到应有的法律保障。

② 安全技术，侧重于对“劳动手段和劳动对象”的管理。包括预防伤亡事故的工程技术和安全技术规范、技术规定、标准、条例等，以规范物的状态，减轻或消除对人的威胁。

③ 工业卫生，侧重于生产中高温、粉尘、振动、噪声、毒物的管理，通过防护、医疗保健等措施，防止劳动者的安全与健康受到危害。

工程项目安全管理，是指施工过程中组织安全生产的全部管理活动。通过对生产要素具体的状态控制，使不安全的行为和状态减少或消除，不引发为事故，尤其是不引发使人受到伤害的事故，使工程项目效益目标的实现得到充分的保证。

9.1.1.2　工程项目安全管理工作程序

① 确定项目的安全目标。按照“目标管理”的方法，在以项目经理为首的项目管理系统内进行分解，从而确定每个岗位的安全目标，实现全员安全管理。

② 编制项目安全技术措施计划。对生产过程中的不安全因素，用技术手段加以消除和控制，并用文件化的方式表示，这是落实“预防为主”方针的具体体现，是进行工程项目安全管理的指导性文件。

③ 安全技术措施计划的落实和实施。包括建立健全安全生产责任制、设置安全生产设施、进行安全教育和培训、沟通和交流信息、通过安全管理使生产作业的安全状况处于受控状态。

④ 安全技术措施计划的验证。包括安全检查、纠正不符合要求情况，并做好检查记录，根据实际情况补充和修改安全技术措施。

⑤ 持续改进，直至完成工程项目建设的全过程。

工程项目安全管理的工作程序如图 9-1 所示。

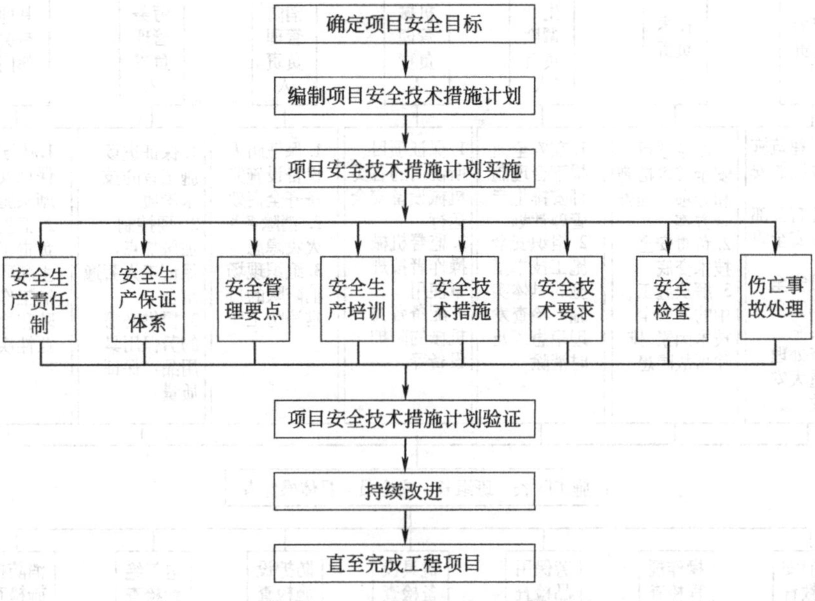

图 9-1　施工安全管理程序框图

9.1.2　工程项目施工现场的安全管理

9.1.2.1　施工现场安全管理的含义

从生产管理的角度，安全管理应概括为：在进行生产管理的同时，通过采用计划、组织、技术等手段，依据并适应生产中人、物、环境因素的运动规律，有效控制事故发生的一切管理活动。如在生产管理过程中实行作业标准化，安全、合理地进行施工现场布置，推行安全操作资格确认制度，建立与完善安全生产管理制度等。

施工现场中直接从事生产作业的人员密集，材料和机具设备集中，存在着多种危险因素，因此，施工现场属于事故多发的场所。控制人的不安全行为和物的不安全状态是施工现场安全管理的重点，也是预防和避免伤害事故、保证生产处于最佳安全状态的根本环节。

9.1.2.2　工程项目施工现场安全生产组织保证体系

由于项目施工多为露天作业，现场环境复杂，手工操作、高空作业和交叉施工多，劳动条件差，不安全和不卫生的因素多，极易出现安全事故，因此，建立安全生产的组织保证体系（图 9-2 为某施工项目安全生产责任保证体系）是安全管理的重要环节。一般应建立以施工项目经理为负责人的安全生产领导班子，并建立相应的安全生产责任制和安全生产奖惩制度，设立专职安全管理人员，从组织体系上保证安全生产。

9.1.2.3　安全教育与培训

进行安全教育与培训，能够增强人的安全生产意识，提高安全生产知识，有效防止人的不安全行为，减少人为失误。安全教育与培训是进行人的行为控制的重要方法和手段，因此，进行安全教育与培训要适时、宜人，内容合理，方式多样，形成制度。组织安全教育与

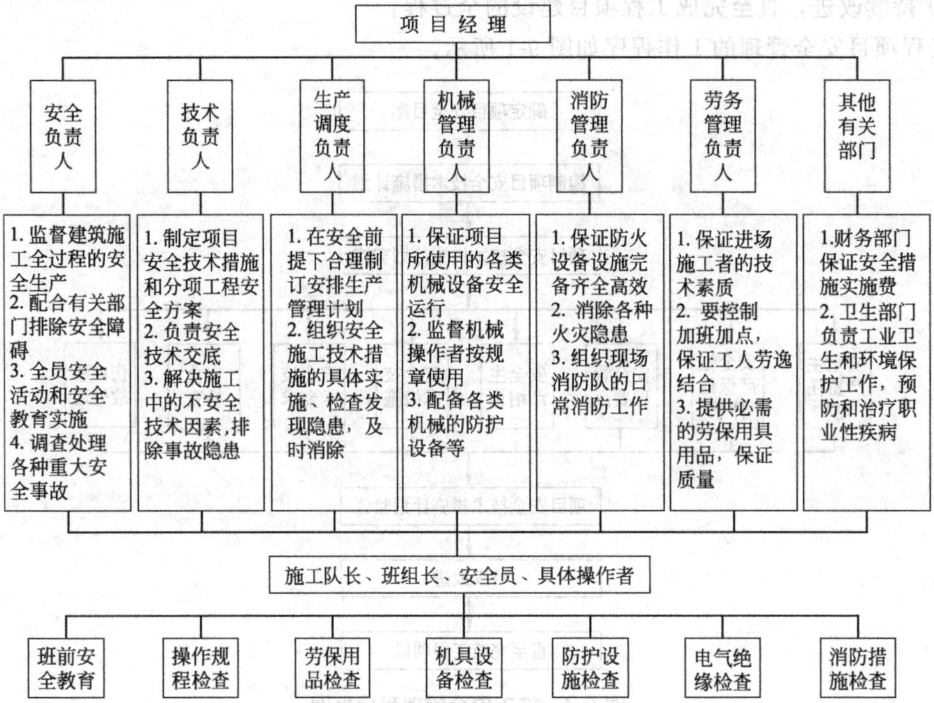

图 9-2 某施工项目安全生产责任保证体系图

培训要做到严肃、严格、严密、严谨，讲求实效。

（1）安全教育的内容

① 安全思想教育。对施工人员进行党和国家的安全生产和劳动保护方针、法令、法规、制度的教育，使他们树立安全生产意识，增强安全生产的自觉性。

② 安全技术知识教育。安全技术知识是劳动生产技术知识的重要组成部分，其教育内容一般包括：项目施工过程中的不安全因素；危险设备和区域的注意事项；有关职业危害的防护措施；电气设备安全技术知识；起重设备、压力容器的基本安全知识；现场内运输；危险物品管理、防火等基础安全知识；如何正确使用和保管个人劳保用品；如何报告和处理伤亡事故；各工种安全技术操作规程和安全技术交底。

通过安全技术知识教育，使操作者逐渐掌握安全生产技能，能够了解和掌握生产过程中潜在的危险因素及防范措施，减少操作中的失误现象。

③ 典型经验和事故教训教育。通过学习国内外安全生产先进经验，提高安全组织管理和技术水平；通过典型事故的介绍，使全体施工人员吸取教训，检查各自岗位上的隐患，及时采取措施，避免同类事故发生。

（2）安全教育制度　建立安全教育制度的目的在于使施工安全教育规范化、程序化。施工企业应该建立起公司、项目经理部、班组的三级教育制度体系，对施工生产人员实施三级安全教育。

对学徒工、实习生的入场进行三级安全教育，重点偏重一般安全知识、生产组织原则、生产环境、生产纪律等，强调操作的非独立性。对季节工、农民工进行三级安全教育，以生产组织原则、环境、纪律、操作标准为主。安全技能不能达到熟练的，应及时解除劳动合同。对具体操作岗位的操作人员进行有针对性的安全教育，安全教育不合格的，不允许其从事岗位操作。在工序操作之前，施工安全技术负责人应该负责对操作人员进行操作前的安全教育和技术交底，包括工种安全施工教育和新施工方法及新结构、新设备的安全操作教育。

安全教育制度主要包括以下几个方面：

① 新工人入场教育和岗位安全教育。

② 操作前的安全教育和技术交底。

③ 常年性安全教育和班前安全教育。

④ 暑季、冬季、雨季、夜间以及在某些突发情况发生时施工的安全教育。

9.1.2.4 安全事故的预防

建设工程质量事故的分类方法有多种，既可按造成损失的严重程度划分，又可按其产生的原因划分，还可按其造成的后果或事故责任区分。

国家现行对工程质量通常采用按造成损失的严重程度进行分类，其基本分类如下。

① 特别重大事故，是指造成30人以上死亡，或者100人以上重伤（包括急性工业中毒，下同)，或者1亿元以上直接经济损失的事故。

② 重大事故，是指造成10人以上、30人以下死亡，或者50人以上、100人以下重伤，或者5000万元以上、1亿元以下直接经济损失的事故。

③ 较大事故，是指造成3人以上、10人以下死亡，或者10人以上、50人以下重伤，或者1000万元以上、5000万元以下直接经济损失的事故。

④ 一般事故，是指造成3人以下死亡，或者10人以下重伤，或者1000万元以下直接经济损失的事故。

在建筑施工中，常见的安全事故主要有高空坠落、机械伤害、触电、烧伤、倾倒和突然崩塌等。安全管理应将防止这些常见的事故作为工作的重点，采取相应的技术管理措施，防患于未然。具体内容见表9-1。

表9-1 常见的安全事故种类及其预防内容

安全事故种类	重点预防项目	需要落实的内容
1. 坠落	脚手架	作业平台的结构 跳板、安全网的使用 吊脚手架的作业平台
	孔口部分	围栅、扶手、盖板、监护人
	架设通道	扶手、隧道栈桥
	安全网及其他措施	
2.机械伤害	挖土机等	禁止入内的措施 机械的通行路径、出入方法 指挥人员的配备 隧道中的通行路径、出入方法和配备指挥人员 机动车的信号装置、照明设备 提升装置 防滑动装置 轨道上的手压车驱动器
	打桩机 拔桩机	卷扬机的齿轮刹车 车有荷载时的止车装置 破损时的措施 作业方法、顺序

续表

安全事故种类	重点预防项目	需要落实的内容
3. 突然崩塌	防止土石崩塌	开挖地点的调查 人力挖掘面的坡度 砂丘挖掘措施 作业负责人的直接指挥 防止塌方的支撑、防护网、禁止入内 防止塌方支撑的安装图 防止塌方支撑杆件的安装等 挖补、横撑的措施
	防止掉落	安全网禁止人内的设施 模板的安装、拆除的措施 脚手架的安装和拆除的措施
4. 触电	电气机械器具	带电部分的包扎、绝缘套
	移动式、可搬型的电动机器	禁止使用绝缘效力和耐热性不合格的架座 狭窄的地方，高 2m 以上的刚架上应使用自动防止电击装置 潮湿场所、铁板、钢架平台上应接上防止触电的滑电遮断装置
	电动机械器具	确实接地后使用
	移动电线	防止绝缘被损伤及老化
	带电作业	穿着绝缘保护用具和防护用具 对露出的带电部分要穿着绝缘防护用具 绝缘管、罩等装置，危险标识
5. 倾倒	防止脚手架的倾倒	按脚手架结构规定最大荷载 脚手架与主体结构连接方法 吊脚手构造
	防止墙体倒塌	靠近墙体挖掘时的补强、搬迁等
	防止吊车、单臂吊倾倒	防止卷过头的措施 工作限制(吊重 50t 以上的吊车，移动式吊车、单臂吊车) 过负荷的限制 倾斜角的限制
	防止模板支撑倾倒	支撑的构造、组装图 应遵守的条件 分段组装场合的垫板、垫角 混凝土浇制时的检查
	防止栈桥倾倒	根据构造和应用的材料规定最大荷载 吊钩的装配方法
	防止打桩机、拔桩机的倾倒	安装方法 防止倾倒措施
	防止宿舍倒塌	对噪声大的地方及雪崩、崩溃、涌水、潮湿等危险的地方要回避
	靠近架空线路作业	防止脚手架接近架空线路 防止打桩机、拔桩机使用中触电 禁止使用不合格的钢丝绳、吊链、钩子、吊环与纤维绳索 限制钢丝绳脱扣、断裂 钢丝绳起吊装置的绑扎、固定

9.1.2.5　安全检查

安全检查是发现人的不安全行为、物的不安全状态和环境的不安全因素的重要途径，是消除事故隐患，落实整改措施，防止事故伤害，改善劳动条件的重要方法。安全检查包括定期安全检查、专业性安全检查、季节性安全检查等多种形式。

(1) 安全检查的形式和主要内容　工程项目的安全检查以自检形式为主，是对生产全过程、各个方位的全面安全状况的检查。检查的重点以劳动条件、生产设备、现场管理、安全卫生设施以及生产人员的行为为主。各级生产管理者，应在全面安全检查中，通过作业环境状态的分析，并对照安全生产方针、政策以及规范，及时发现安全隐患，并采取措施加以避免。

安全检查的主要内容包括以下 4 个方面。

① 安全管理制度和安全技术措施的制定与落实情况。

② 专业安全检查，并填写相应的安全验收记录。

③ 季节性安全检查，如防寒、防暑、防湿、防毒、防洪、防台风等检查。

④ 防火及安全生产检查，主要检查防火措施和要求的落实情况，如现场使用明火规定的执行情况，现场材料堆放是否满足防火要求等。及时发现火灾隐患，做好工地防火，保证安全生产。

安全检查的形式和主要内容见表 9-2。

表 9-2　安全检查的形式和主要内容

检查形式	检查内容及检查时间	参加部门或人员
定期安全检查	总公司每季度一次，普遍检查 工程公司每月一次，普遍检查 工程队每半月一次，普遍检查 班组日检 主要节日前后普遍检查	由各级主管施工的领导、工长、班组长、安全技术部门或安全员组织，有关职能部门人员参加
季节性安全检查	防传染病、防火检查(春季)；防暑降温、防火、防风、防雷、防触电等检查一般在夏季；防火、防冻等检查在冬季	基本同上
临时性安全检查	施工高峰期、机构和人员重大变动时、职工探亲前后、发生事故和危险后，上级临时安排的检查	基本同上，或由安全技术部门主持
专业性安全检查	压力容器、焊接作业、起重设备、电气设备、高空作业、吊装、深基坑、支模、拆除、爆破等危险作业，易燃易爆、尘毒、辐射、放射线等	由安全技术部门主持，安全管理人员及有关人员参加
群众性安全检查	安全技术操作、安全防护装置、安全防护用品检查，违章指挥、违章作业、安全隐患、安全纪律	由工长、班组长、安全员、班组安全管理员组成
安全管理检查	规划、制度、措施、责任制、原始记录、图表、资料、报表、总结、分析、档案及安全管理小组活动	由安全技术部门组织进行

(2) 安全检查的准备与组织　进行安全检查之前，应该确定安全检查的目的、步骤和方法。安全检查应做到有计划、有目的、有准备、有整改、有总结、有处理。确定检查内容时，可以通过分析以往的事故资料，并结合施工现场的实际情况来确定安全检查的重点，并把精力侧重于对事故多发部位和工种的检查。按照要求成立由第一责任人为首，业务部门、人员参加的安全检查组织，安排检查日程。安全检查应有规范记录，使安全检查逐步纳入科学化、规范化轨道。

(3) 安全检查方法　安全检查方法有一般检查方法和安全检查表法。

① 一般方法。常采用看、听、嗅、问、查、测、验、析等方法。

看：看现场环境和作业条件，看实物和实际操作，看记录和资料等。

听：听汇报、听介绍、听反映、听意见或批评、听机械设备的运转或承重物发出的响声等。

嗅：对挥发物、腐蚀物、有毒气体进行辨别。

问：对影响安全的问题详细询问，寻根究底。

查：查明问题、查对数据、查清原因、追查责任。

测：测量、测试、监测安全控制指标。

验：进行必要的危险性试验或化学成分检验。

析：分析安全事故的隐患、原因。

② 安全检查表法。是一种原始的、初步的定性分析方法。它通过事先拟定的检查明细表或清单，对安全生产进行初步的诊断和控制。安全检查表通常包括检查项目、内容、回答问题、存在问题、改进措施、检查措施、检查人等内容。表 9-3 为安全检查表格式示例。

表 9-3　公司、项目经理部安全检查表

项目	检查内容	检查方法或要求	检查结果
作业前和作业过程中检查	(1)班前安全生产会开了没有	查安排、看记录，了解未参加人员的主要原因	
	(2)每周一次的安全活动坚持了没有	同上，并有安全技术交底卡	
	(3)安全网点活动开展得怎样	有安排、有分工、有内容、有检查、有记录、有小结	
	(4)岗位安全生产责任制是否落实	知道责任制的主要内容，明确相互之间的配合关系，没有失职现象	
	(5)本工种安全技术操作规程掌握如何	人人熟悉本工种安全技术操作规程，理解内容实质	
	(6)作业环境和作业位置是否清楚，并符合安全要求	人人知道作业环境和作业地点，知道安全注意事项，环境和地点整洁符合文明施工要求	
	(7)机具、设备准备得如何	机具、设备齐全可靠，摆放合理，使用方便，安全装置符合要求	
	(8)个人防护用品穿戴怎样	齐全、可靠，符合要求	
	(9)主要安全设施是否可靠	进行了自检，没发现任何隐患，或发现个别隐患已处理	
	(10)有无其他特殊问题	参加作业人员身体、情绪正常，着装规范等	
	(11)有无违反安全纪律现象	密切配合，不互相出难题；不只顾自己、不顾他人；不互相打闹；不隐瞒隐患；无强行作业；有问题及时处理	
	(12)有无违章作业现象	不乱摸乱动机具、设备，不乱触乱碰电气开关，不乱挪乱拿消防器材，不乱触乱碰电器开关；不在易燃易爆物附近吸烟；不乱丢料具和物件；不任意脱去个人防护用品	
	(13)有无违章指挥现象	违章指挥出自何处何人，是执行了还是抵制了，抵制后又是怎样解决的等	
	(14)有无不懂、不会操作现象	查清作业人员和作业内容	
	(15)作业人员的反应如何	对作业内容有无不适应的现象；身体和精神状态是否失常，是怎样处理的	

续表

项目	检查内容	检查方法或要求	检查结果
作业后检查	(16)材料、物资是否整理	清理有用品、清除无用品，堆放整齐	
	(17)料具和设备是否整顿好	归位还原，保持整洁，若放在现场需加强保护	
	(18)清扫工作做得怎样	作业场地清扫干净，秩序井然，无零散物件，道路、路口畅通，照明良好，库上锁，门关严	
	(19)其他问题解决得如何	下班后人数清点了没有，事故处理得怎样，本班作业的主要问题是否报告和反映了等	

(4) 安全检查结果的处理　安全检查的目的是发现、消除、处理危险因素，避免事故伤害，实现安全生产。消除危险因素的关键环节在于认真整改，真正地、确确实实地把危险因素消除。对于一些暂时不能消除的危险因素，应逐项分析，寻求解决的办法，安排整改计划，尽快予以消除。

对查出的安全隐患要做到"五定"，即"定整改责任人、定整改措施、定整改完成时间、定整改完成人、定整改验收人"。出现问题时，相关责任人还必须做到"不推不拖"，即在解决具体的危险因素时，凡使用自己的力量能解决的，不推不拖、不等不靠，坚决组织整改。自己解决有困难的，应积极主动寻找解决的办法，争取外界支援，以尽快整改，不把责任推给上级，也不拖延整改时间，以最快的速度把危险的因素消除。

9.1.2.6　安全事故的处理

安全事故是违背人们意愿且又不希望发生的事件。一旦安全事故发生，就要坚持事故原因分析不清不放过，员工及事故责任人受不到教育不放过，事故隐患不整改不放过，事故责任人不处理不放过的原则，用严肃、认真、科学、积极的态度，处理好已经发生的事故，将事故造成的损失降至最低程度，同时应采取有效措施，避免同类事故重复发生。

① 发生事故后，应迅速按类别和等级向主管部门上报，并于24小时内写出书面报告。在报告时，应以严肃、科学的态度，实事求是地按照规定、要求去完成报告。做到不隐瞒、不虚报，不避重就轻。

② 积极抢救负伤人员的同时，应保护好事故现场及相关证据，以利于调查清楚事故原因。

③ 分析事故，弄清发生过程，找出造成事故的人、物、环境状态方面的原因。分清造成事故的安全责任，总结生产安全因素管理方面的教训，写出符合实际情况的调查报告。

9.2　施工现场环境管理

建筑工程施工造成环境污染和危害是比较普遍的现象，是一大通病。它不仅影响施工现场及其周围人们的生活、工作、学习和身体健康，而且影响施工的顺利进行。但通过加强施工现场环境管理，采取有效措施进行控制，完全能够消除或减轻施工现场对环境的污染和危害。

施工现场的环境污染主要包括空气污染、水污染、噪声污染和固体废物污染等。

9.2.1 空气污染的防治

9.2.1.1 空气污染物分类

空气污染物主要可以分为两类，即天然污染物和人为污染物，引起公害的往往是人为污染物，它们主要来源于燃料燃烧和大规模的工业化生产。按空气污染物的形成过程又可分为一次污染物及二次污染物。

大部分空气污染物是有机物质。空气污染物通常以气体状态和粒子状态存在于空气中。其中，气体状态污染物是指在常温常压下，以分子和蒸气状态存在的空气污染物，气体污染物具有运动速度较大、扩散较快、在周围空气中分布比较均匀的特点。常见的气体污染物如燃料燃烧过程中产生的二氧化硫（SO_2）、氮氧化物（NO_x）、一氧化碳（CO），机械使用时排出的尾气、沥青烟中含有的碳氢化合物、苯并［a］芘，有机溶剂挥发气体，挖掘作业时产生的有害气体等。粒子状态污染物又称固体颗粒污染物，是分散在空气中的微小液滴和固体颗粒，粒径在 0.01～100μm 之间，是一个复杂的非均匀体。通常根据粒子状态污染物在重力作用下的沉降特性分为降尘和飘尘。常见的粒子污染物如锅炉、熔化炉、厨房烧煤产生的烟尘，建材破碎、筛分、碾磨、加料过程、装卸、运输以及挖掘过程中产生的粉尘等。

9.2.1.2 空气污染的防治措施

空气污染的防治措施主要应做到以下几点。

① 施工现场主要道路及堆料场地进行硬化处理。施工现场采取覆盖、固化、绿化、洒水等有效措施，做到不泥泞、不扬尘。

② 建筑结构内的施工垃圾清运采用封闭式专用垃圾通道或封闭式容器吊运，严禁凌空抛撒。施工现场设密闭式垃圾站，施工垃圾、生活垃圾分类存放，所有垃圾及渣土必须在当天清除现场，以确保现场没有规程垃圾、渣土及废料，并按政府规定运送到指定的垃圾消纳场。施工垃圾清运时提前适量洒水，并按规定及时清运，减少粉尘对空气的污染。

③ 施工阶段对施工区域进行封闭隔离，建筑主体及装饰装修的施工，从底层外围开始搭设防尘密目网封闭，高度高于施工作业面 1.2m 以上。

④ 本工程现场均采用商品混凝土和商品砂浆，减少现场水泥和其他易飞扬细颗粒建筑材料对施工环境的影响，确保达到环境标准的要求。

⑤ 严禁在任何临时和永久性工程中使用政府明令禁止使用的对人体有害的材料（如放射性材料、石棉制品）和施工方法，同时不能使用政府虽未明令禁止但会给居住或使用人带来不适感觉或味觉的任何材料和添加剂，如含尿素的混凝土抗冻剂等。

⑥ 严禁在施工现场熔融沥青或者焚烧油毡、油漆以及其他产生有毒有害烟尘和恶臭气体的物质，防止有毒烟尘和恶臭气体产生。

⑦ 遇四级及以上大风天气不得进行土方回填、转运以及其他可能产生扬尘污染的施工。

⑧ 现场使用的施工机械、车辆尾气排放符合环保要求。

⑨ 施工现场设专人负责环保工作，配备相应的洒水喷淋设备，及时洒水喷淋以减少扬尘污染。

9.2.2　施工现场水污染的防治

9.2.2.1　水污染物的主要来源

施工现场水污染的主要来源包括生产污染源、生活污染源。生产污染源是指各种生产废水向自然水体的排放。生活污染源主要有食物废渣、食油、粪便、合成洗涤剂、病原微生物等。除以上两类污染源外，还包括施工现场废水和固体废物随水流流入水体的部分，如泥浆、水泥、油漆及各种油类，混凝土外加剂、重金属、酸碱盐、非金属无机毒物等。

9.2.2.2　施工现场防止水污染的措施

（1）搅拌机的废水排放控制　凡在施工现场进行搅拌作业的，必须在搅拌机前台及运输车清洗处设置沉淀池；排放的废水要排入沉淀池内，经二次沉淀后，方可排入市政污水管线或回收用于洒水降尘；经处理的泥浆水，严禁直接排入城市排水设施和河流。

（2）水磨石作业污水的排放控制　禁止随地排放施工现场现制水磨石作业产生的污水，作业时严格控制污水流向，在合理位置设置沉淀池，经沉淀后方可排入市政管线。

（3）乙炔发生罐污水排放控制　施工现场由于气焊使用乙炔发生罐产生的污水严禁随地倾倒，要求专用容器集中存放，倒入沉淀池处理，以免污染环境。

（4）食堂污水的排放控制　施工现场临时食堂，要设置简易有效的隔油池，产生的污水经下水管道排放要经过隔油池，平时加强管理，定期掏油，防止污染。

（5）油漆油料库的防渗漏控制　施工现场要设置专用设备的油漆油料库，油库内严禁放置其他物资，库房地面和墙面要做防渗漏的特殊处理，储存、使用和保管要专人负责，防止油料的跑、冒、滴、漏，污染水体。

（6）防止地下水污染控制　禁止将有毒有害物废弃物用作土方回填，以免污染下水和环境。

9.2.3　施工现场的噪声控制

9.2.3.1　噪声存在原因

在建筑施工现场，是随着工程的进度和施工工序的更替而采用不同的施工机械和施工方法的。例如在基础工程中，有土方爆破、挖掘沟道、平整和清理场地、打夯、打桩等作业；在主体工程中，有型钢骨架或钢筋混凝土骨架、吊装构件、搅拌和浇捣混凝土等作业；在施工现场，有自始至终频繁进行的材料和构件的运输活动；此外还有各种敲打、撞击、旧建筑的倒坍、人的呼喊等。因此噪声源是多种多样的，而且经常变换。现场操作人员所承受的噪声还要大 10～20dB。他们受的噪声危害，并不亚于在强烈噪声的车间中操作的工人。由于施工机械多是露天作业，四周无遮挡，部分机械需要经常移动。起吊和安装工作需要高空作业，所以建筑施工中的某些噪声具有突发性、冲击性、不连续性等特点，特别容易引起人们的烦恼。

9.2.3.2　施工现场噪声的控制措施

① 改进高噪声设备，研制低噪声的施工机械。如液压打桩机，在距离 15m 处实测噪声级仅为 50dB。空气动力机械在安装消声器和弹性支座后，也能有效地降低噪声。

② 改进或改变高噪声的施工方法。如采用噪声比较小的振动打桩法和钻孔灌桩法等。另外，可以采用柔爆法，以焊接代替铆接，用螺栓代替铆钉等。

③ 限制高噪声机械的使用和调整高噪声施工的时间，把噪声大的作业尽量安排在白天。

④ 采取临时的隔声围护结构或吸声的隔声屏障、隔声罩等。

9.2.3.3 施工现场噪声的限值

许多国家为了控制施工现场的噪声，制定了建筑施工机械的噪声标准（是对工厂生产的机械规定的噪声指标）和施工现场的噪声标准（对施工现场边界上的噪声最大值规定的标准）。根据国家标准《建筑施工场界环境噪声排放标准》（GB 12523—2011）的要求，不同施工作业的噪声限值见表 9-4。在工程施工中，要特别注意不得超过国家标准的限值。

表 9-4 建筑施工场界噪声限值

施工阶段	主要噪声源	噪声限值/[dB(A)]	
		昼间	夜间
土石方	推土机、挖掘机、装载机等	75	55
打桩	各种打桩机械等	85	禁止施工
结构	混凝土搅拌机、振捣棒、电锯等	70	55
装修	吊车、升降机等	65	55

9.2.4 施工现场固体废物的处理

9.2.4.1 施工现场常见的固体废物

固体废物是生产、生活和其他活动中产生的固态、半固态废弃物质。固体废物是一个极其复杂的废物体系，按照其化学组成可分为有机废物和无机废物；按照其对环境和人类健康的危害程度可以分为一般废物和危险废物。

施工现场常见的固体废物如建筑渣土（包括砖瓦、碎石、渣土、混凝土碎快、废钢铁、碎玻璃、废屑、废弃装饰材料等）、废弃的散装建筑材料（包括散装水泥、石灰等）、生活垃圾（包括炊厨废物、丢弃食品、废纸、生活用具、玻璃、陶瓷碎片、废电池、废旧日用品、废塑料制品、煤灰渣等）、设备材料等的废弃包装材料、粪便以及其他。

9.2.4.2 固体废物对环境的危害

固体废物对环境的危害是全方位的，主要表现在以下几个方面。

① 侵占土地。固体废物的堆放，可直接破坏土地和植被。

② 污染土壤。固体废物的堆放中，有害成分易污染土壤，并在土壤中发生积累，给作物生长带来危害；部分有害物质还能杀死土壤中的微生物，使土壤丧失腐解能力。

③ 污染水体。固体废物遇水浸泡、溶解后，其有害成分随地表径流或土壤渗流污染地下水和地表水；此外，固体废物还会随风飘迁进入水体造成污染。

④ 污染空气。以细颗粒状存在的废渣垃圾和建筑材料在堆放和运输过程中，会随风扩散，使空气中悬浮的灰尘废弃物提高；此外，固体废物在焚烧等处理过程中，可能产生有害气体造成空气污染。

⑤ 影响环境卫生。固体废物的大量堆放，会招致蚊蝇滋生，臭味四溢，严重影响工地以及周围环境卫生，对员工和工地附近居民的健康造成危害。

9.2.4.3 固体废物的处理和处置

固体废物处理的基本思想是采取资源化、减量化和无害化的处理，对固体废物产生的全过程进行控制。对固体废物的主要处理方法包括回收利用（固体废物资源化）、固体废物减量化处理、焚烧处理、废物的稳定和固化技术、填埋等。

9.2.5 施工现场“四节一环保”标准

“四节一环保”是指“节能、节地、节水、节材和环境保护”，是目前建设项目的最高标准之一。

(1) 建筑节能　所有新建建筑必须严格执行建筑节能标准，加强实施监管。实施既有建筑节能改造，推广应用新型和可再生能源。要合理安排城市各项功能，促进城市居住、就业等合理布局，减少交通负荷，降低城市交通的能源消耗。

(2) 建筑节地　通过合理布局，提高土地利用的集约和节约程度。统筹城乡空间布局，实现城乡建设用地总量的合理发展、基本稳定、有效控制。工业建筑要适当提高容积率，公共建筑要适当提高建筑密度，居住建筑要在符合健康卫生和节能及采光标准的前提下合理确定建筑密度和容积率；开发利用城市地下空间，实现城市的集约用地。

(3) 建筑节水　降低供水管网漏损率。强化节水器具的推广应用，提高污水再生利用率，积极推进污水再生利用、雨水利用。设计环节执行节水标准和节水措施。合理布局污水处理设施，为尽可能利用再生水创造条件。绿化用水推广利用再生水。

(4) 建筑节材　采用新型建筑体系，推广应用高性能、低材（能）耗、可再生循环利用的建筑材料，因地制宜，就地取材。提高建筑品质，延长建筑物使用寿命，努力降低对建筑材料的消耗。大力推广应用高强钢和高性能混凝土。研究和开展建筑垃圾与废品的回收和利用。

(5) 保护环境　推广绿色建筑、生态建筑等新理念，最大限度地减少工程项目建设过程对周边环境的破坏和污染。

9.3 职业健康安全管理体系标准

英国标准化协会（BSI）、爱尔兰国家标准局、南非标准局、挪威船级社（DNV）等13个组织联合在1999年和2000年分别发布了《职业健康安全管理体系规范》（OHSAS 18001:1999）和《职业健康安全管理体系指南》（OHSAS 18002:1999）。我国于2001年和2002年分别发布了《职业健康安全管理体系规范》（GB/T 28001—2001）和《职业健康安全管理体系指南》（GB/T 28002—2002），该体系标准涵盖了《职业健康安全管理体系规范》

（OHSAS 18001:1999）和《职业健康安全管理体系指南》（OHSAS 18002:1999）的所有技术内容，并考虑了国际上有关职业健康安全管理体系的现有文件的技术内容。

9.3.1 《职业健康安全管理体系》的总体结构

《职业健康安全管理体系规范》[GB/T 28001（OHSAS 18001:1999）] 的总体结构如图9-3所示。

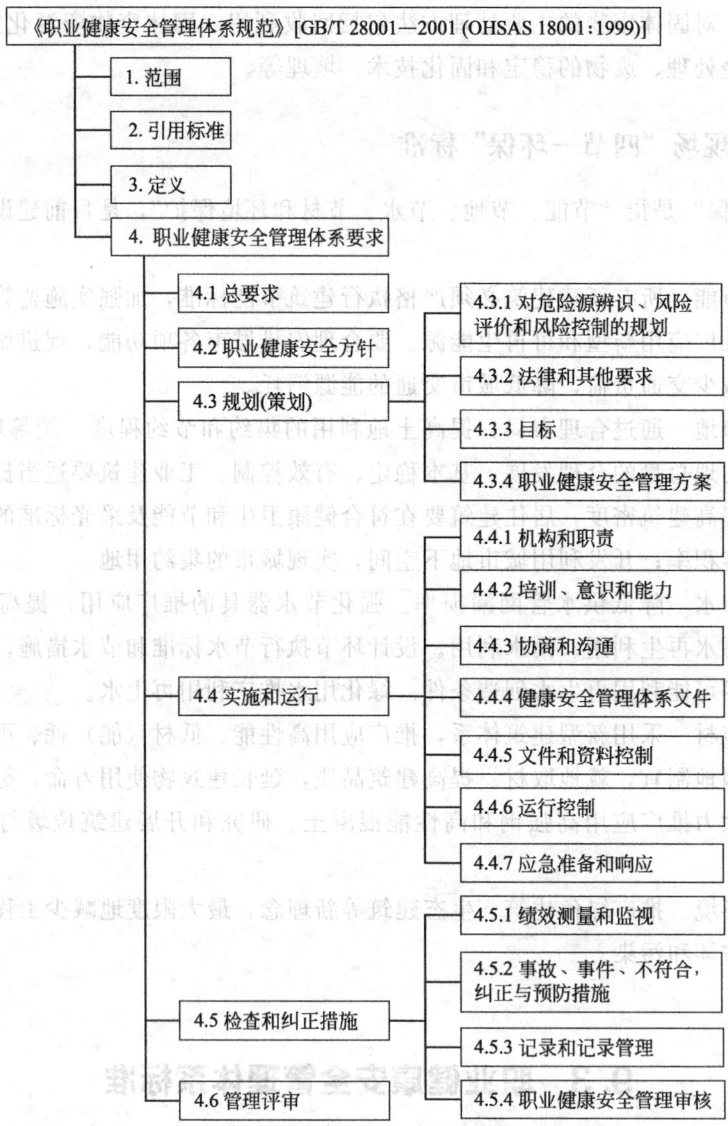

图 9-3 职业健康安全管理体系总体结构图

9.3.2 《职业健康安全管理体系》的基本要素

职业健康安全管理体系由5个一级要素和17个二级要素构成，见表9-5。

表 9-5　职业健康安全管理体系一、二级要素表

要素名称	一级要素	二级要素
要素名称	(一)职业健康安全方针	1.职业健康安全方针
	(二)计划(策划)	2.对危险源辨识、风险评价和风险控制的策划 3.法律和其他要求 4.目标 5.职业健康安全管理方案
	(三)实施和运行	6.结构和职责 7.培训、意识和能力 8.协商和沟通 9.职业健康安全管理体系 10.文件和资料控制 11.运行控制 12.应急准备和响应
	(四)检查和纠正措施	13.绩效测量和监测 14.事故、事件、不符合的纠正与预防措施 15.记录和记录管理 16.职业健康安全管理审核
	(五)管理评审	17.管理评审

职业健康安全管理体系中的要素相互联系、相互作用共同构成了管理体系的整体，这些要素之间的相互联系可见图 9-4。

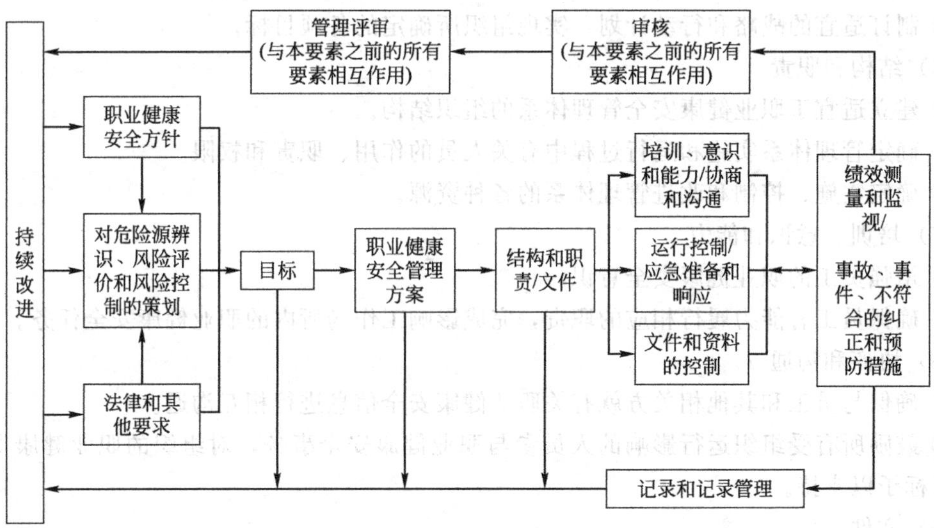

图 9-4　职业健康安全管理体系各要素关系图

职业健康安全管理体系要素之间的关系可以分为两类，一类是体现体系主体框架和基本功能的核心要素；另一类是支持体系主体框架和保证实现基本功能的辅助性要素。

核心要素包括健康安全方针，对危险源辨识、风险评价和风险控制的策划，法律和其他要求，目标，结构和职责，职业健康安全管理方案，运行控制，绩效测量和监视，审核和管理评审 10 个要素。

辅助性要素包括培训、意识和能力，协商和沟通，职业健康安全管理体系，文件和资料控制，应急准备和响应，事故、事件、不符合的纠正和预防措施，记录和记录管理 7 个要素。

各要素设置的目的与意图如下。

（1）职业健康安全方针

① 确定职业健康安全管理的总方向和总原则及职责和绩效目标。

② 表明组织对职业健康安全管理的承诺，特别是最高管理者的承诺。

（2）对危险源辨识、风险评价和风险控制的策划

① 对危险源辨识和风险评价，组织对其管理范围内的重大职业健康安全危险源获得一个清晰的认识和总的评价，并使组织明确应控制的职业健康安全风险。

② 建立危险源辨识、风险评价和风险控制与其他要素之间的联系，为组织的整个职业健康安全体系奠定基础。

③ 更好地履行组织的基本法律义务，持续地识别、评价和控制职业健康安全风险。

（3）法律和其他要求

① 促进组织认识和了解其所应履行的法律义务，对其影响有一个清醒的认识，并就此信息与员工进行沟通。

② 识别对职业健康安全法规和其他要求的需求和获取途径。

（4）目标

① 使组织的职业健康安全方针能够得到真正落实。

② 保证组织内部对职业健康安全方针的各方面建立可测量的目标。

（5）职业健康安全管理方案

① 寻求实现职业健康安全方针和目标的途径和方法。

② 制订适宜的战略和行动计划，实现组织所确定的各项目标。

（6）结构和职责

① 建立适宜于职业健康安全管理体系的组织结构。

② 确定管理体系实施和运行过程中有关人员的作用、职责和权限。

③ 确定实施、控制和改进管理体系的各种资源。

（7）培训、意识和能力

① 增强员工的职业健康安全意识。

② 确保员工有能力履行相应的职责，完成影响工作场所内的职业健康安全任务。

（8）协商和沟通

① 确保与员工和其他相关方就有关职业健康安全信息进行相互沟通。

② 鼓励所有受组织运行影响的人员参与职业健康安全事务，对组织的职业健康安全方针和目标予以支持。

（9）文件

① 确保组织的职业健康安全管理体系得到充分理解并有效运行。

② 按有效性和效率要求，尽量减少文件的数量。

（10）文件和资料控制

① 建立并保持文件和资料的控制程序。

② 识别和控制体系运行和职业健康安全活动绩效的关键文件和资料。

（11）运行控制

① 制订计划和安排，确定控制和预防措施有效实施。

② 根据实现职业健康安全的方针、目标、遵守法规和其他要求的需要，使与风险有关的运行和活动均处于受控状态。

(12) 应急准备和响应

① 主动评价潜在的事故或紧急情况，识别应急响应需求。

② 制订应急准备和响应计划，以减少和预防可能引发的病症和突发事件造成的伤害。

(13) 绩效测量和监视　持续不断地对组织的职业健康安全绩效进行监测和测量，以保证体系的有效运行。

(14) 事故、事件、不符合的纠正和预防措施

① 通过建立有效程序和报告制度，调查和评估事故、事件和不符合。

② 预防事故和事件及不符合情况的进一步发生。

③ 探测、分析和消除不符合的潜在根源，确认所采取纠正和预防措施的有效性。

(15) 记录和记录管理

① 证实体系处于有效运行状态。

② 将体系和要求的符合性形成文件。

(16) 审核

① 持续评估组织的职业健康安全管理体系的有效性。

② 组织通过内部审核方案，自我评审本组织建立的职业健康安全体系与 GB/T 28001 体系标准要求的符合性。

③ 确定对形成文件的程序的符合程度。

④ 评价管理体系是否有效满足组织的职业健康安全标准。

(17) 管理评审

① 评价管理体系是否完全实施和是否继续保持。

② 评价组织的职业健康安全方针是否继续合适。

③ 为了组织的未来发展要求，重新制定组织的职业健康安全目标或修改现有的职业健康目标，并考虑为此是否需要修改有关的职业健康安全管理体系的要素。

9.4　环境管理体系标准

科学技术的进步和生产效率的提高促使社会经济不断发展，社会化大生产在提高人类生活水平的同时，也给人类的生存环境带来了威胁，人类社会面临着越来越严重的环境污染和能源危机。为了保护人类赖以生存的环境，实现人类社会和自然环境的可持续发展，国际标准化组织（ISO）提出了“通过制定和实施一套环境管理的国际标准，规范企业和社会团体等所有组织的环境表现，使之与社会经济发展相适应，改善生态环境质量，减少人类各项活动所造成的环境污染，节约能源，促进经济的可持续发展”的宗旨，并于 1993 年 6 月正式成立环境管理技术委员会（ISO/TC 207），开始了对环境管理体系的国际通用标准的制定工作。该组织于 1996 年公布了《环境管理体系规范及使用指南》（ISO 14001），之后又公布了若干标准，初步形成了具备操作性的体系。ISO 14001 是一个系列的环境管理标准，包括环境管理体系、环境审核、环境标志、环境行为评价、生命周期评价等国际环境管理领域内的许多焦点问题，旨在指导各类组织提高环境绩效和证实自身的环境行为，它是实施工程项目

施工现场环境管理的最有效手段。

我国从1996年开始以与ISO标准等同的方式，颁布了《环境管理体系规范及使用指南》[GB/T 24001（ISO 14001)]，之后又陆续将ISO颁布的有关标准作为我国的推荐性标准。环境管理标准已成为我国普遍执行的标准。

9.4.1 《环境管理体系》的总体结构

《环境管理体系规范及使用指南》[GB/T 24001（ISO 14001)] 的总体结构如图9-5所示。

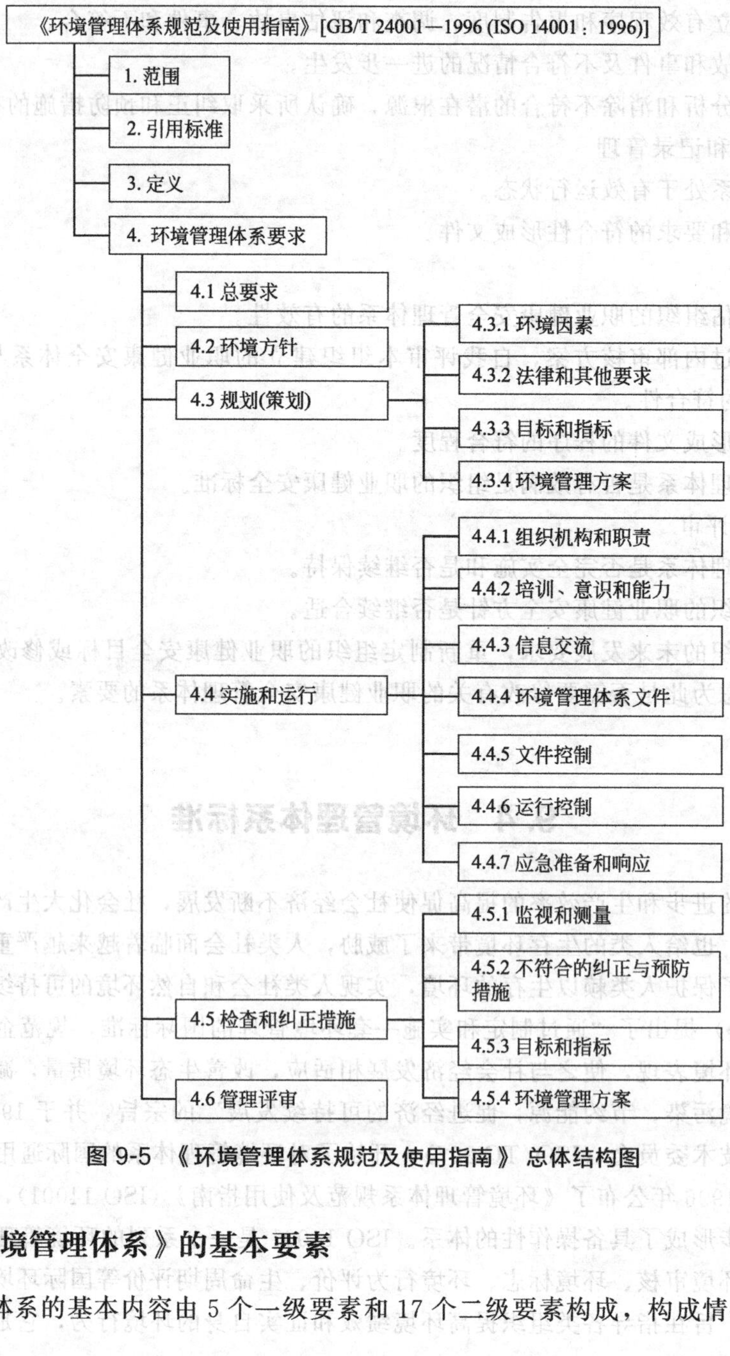

图9-5 《环境管理体系规范及使用指南》总体结构图

9.4.2 《环境管理体系》的基本要素

环境管理体系的基本内容由5个一级要素和17个二级要素构成，构成情况见表9-6。

表 9-6　环境管理体系一、二级要素表

	一级要素	二级要素
要素名称	(一)环境方针	1.环境方针
	(二)计划(策划)	2.环境因素 3.法律和其他要求 4.目标和指标 5.环境管理方案
	(三)实施和运行	6.组织结构和职责 7.培训、意识和能力 8.信息交流 9.环境管理体系文件 10.文件控制 11.运行控制 12.应急准备和响应
	(四)检查和纠正措施	13.监测和测量 14.不符合的纠正与预防措施 15.记录 16.环境管理体系审核
	(五)管理评审	17.管理评审

环境管理体系中的要素相互联系、相互作用共同构成了环境管理体系的整体，这些要素之间的相互联系可见图 9-6。

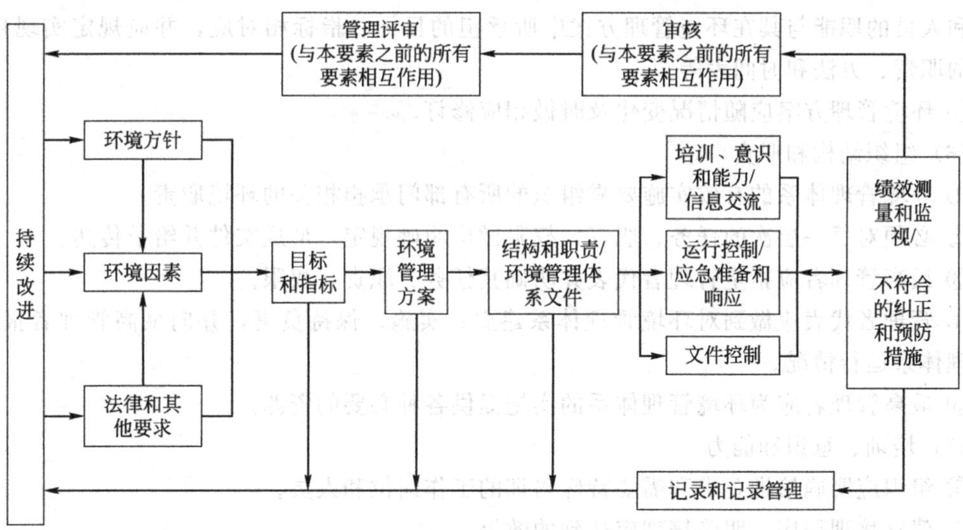

图 9-6　环境管理体系要素关系图

要素设置的目的和意图表述如下。

(1) 环境方针

① 制定环境方针是最高管理者的责任。

② 环境方针的内容必须包括对遵守法律及其他要求、持续改进和污染预防的承诺，并作为制定与评审环境目标和指标的框架。

③ 环境方针应适合组织的规模、行业特点，要有个性。

④ 环境方针在管理上要求形成文件，便于员工理解和相关方获取。

(2) 环境因素

① 识别和评价环境因素，以确定组织的环境因素和重要环境因素。

② 识别环境因素时要考虑到“三种状态”（正常、异常、紧急）、“三种时态”（过去、现在、将来）、向大气排放、向水体排放、废弃物处理、土地污染、原材料和自然资源的利用、其他当地环境问题。

③ 应及时更新环境方面的信息，以确保环境因素识别的充分性和重要环境因素评价的科学性。

(3) 法律和其他要求

① 组织应建立并保持程序以保证活动、产品或服务中的环境因素遵守法律和其他要求。

② 组织还应建立获得相关法律和其他要求的渠道，包括对变动信息的跟踪。

(4) 目标和指标

① 组织内部各管理层次、各有关部门和岗位在一定时期内均应有相应的目标和指标，并用文本表示。

② 组织在建立和评审目标时，应考虑的因素主要有环境影响因素、遵守法律法规和其他要求的承诺、相关方要求等。

③ 目标和指标应与环境方针中的承诺相呼应。

(5) 环境管理方案

① 组织应制定一个或多个环境管理方案，其作用是保证环境目标和指标的实现。

② 方案的内容一般可以有：组织的目标、指标的分解落实情况，使组织内各相关层次部门和人员的职能与其在环境管理方案中所承担的目标、指标相对应，并应规定实现目标、指标的职责、方法和时间表等。

③ 环境管理方案应随情况变化及时做相应修订。

(6) 组织结构和职责

① 环境管理体系的有效实施要靠组织的所有部门承担相关的环境职责。

② 必须对每一层次的任务、职责、权限做出明确规定，形成文件并给予传达。

③ 最高管理者应指定管理者代表并明确其任务、职责、权限。

④ 管理者代表应做到对环境管理体系建立、实施、保持负责，并向最高管理者报告环境管理体系运行情况。

⑤ 最高管理者应为环境管理体系的实施提供各种必要的资源。

(7) 培训、意识和能力

① 组织应明确培训要求和需要特殊培训的工作岗位和人员。

② 建立培训程序，明确培训应达到的效果。

③ 对可能产生重大影响的工作，要有必要的教育、培训、工作经验、能力方面的要求，以保证他们能胜任所负担的工作。

(8) 信息交流

① 组织应建立对内对外双向信息交流的程序，其功能是：能在组织的各层次和职能间交流有关环境因素和管理体系的信息，以及外部相关方信息的接收、成文、答复。

② 特别注意涉及重要环境因素的外部信息的处理并记录其决定。

(9) 环境管理体系文件

① 环境管理体系文件应充分描述环境管理体系的核心要素及其相互作用。

② 应给出查询相关文件的途径，明确查找的方法，使相关人员易于获取有效版本。

(10) 文件控制

① 组织应建立并保持有效的控制程序，保证所有文件的实施。

② 环境管理文件应注明日期（包括发布和修订日期）、字迹清楚、标志明确，妥善保管并在规定期间予以保留等；还应及时从发放和使用场所收回失效文件，防止误用。

③ 应建立并保持有关制定和修改各类文件的程序。

④ 环境管理体系重在运行和对环境因素的有效控制，应避免文件过于繁琐，以利于建立良好的控制系统。

(11) 运行控制

① 运行控制是对组织环境管理体系实施控制的过程，其目的是实现组织方针和目标指标，其对象是与环境因素有关的运行与活动；其手段是编制控制程序。

② 与组织的方针、目标和指标及重要环境因素有关的运行和活动，应确保它们在程序的控制下运行；当某些活动有关标准已有具体规定时，程序可予以引用。

③ 对缺乏程序指导可能偏离方针、目标、指标的运行应建立运行控制程序，但并不要求所有的活动和过程都建立相应的运行控制程序。

④ 应识别组织使用的产品或服务中的重要环境因素，并建立和保持相应的文件程序，将有关程序与要求通报供方和承包方，以促使他们提供的产品或服务符合组织的要求。

(12) 应急准备和响应

① 组织应建立并保持一套程序，使之能有效确定潜在的事故或紧急情况，并在其发生前予以预防，减少可能伴随的环境影响；一旦紧急情况发生时做出响应，尽可能地减少由此造成的环境影响。

② 组织应考虑可能会有的潜在事故和紧急情况（如组织在识别和评审重要环境因素时，就应包括这些方面的内容），采取预防和纠正的措施应针对潜在的和发生的原因。

③ 必要时特别是在事故或紧急情况发生后，应对程序予以评审和修订，确保其切实可行。

④ 可行时，按程序有关规定定期进行实验或演练。

(13) 绩效测量和监视

① 对环境管理体系进行例行测量和监视，既是对体系运行状况的监督手段，又是发现问题及时采取纠正措施，实施有效运行控制的首要环节。

② 组织应建立文件程序，其对象是：对可能具有重大环境影响的运行与活动的关键特性进行测量和监视，保证监测活动按规定进行。

③ 测量和监视的内容，通常包括：组织的环境绩效（如组织采取污染预防措施收到的效果，节省资源和能源的效果，对重大环境因素控制的结果等），有关的运行控制（对运行加以控制，监测其执行程序及其运行结果是否偏离目标和指标），目标、指标和环境管理方案的实现程度，为组织评价环境管理体系的有效性提供充分的客观依据。

④ 对监测活动，在程序中应明确规定：如何进行例行监测，如何使用、维护、保管监测设备，如何记录和如何保管记录，如何参照标准进行评价，什么时候向谁报告监测结果和发现的问题等。

⑤ 组织应建立评价程序，定期检查有关法律法规的持续遵循情况，以判断环境方针有

关承诺的符合性。

（14）不符合的纠正与预防措施

① 组织应建立并保持文件程序，用来规定有关的职责和权限，对不符合进行处理与调查，采取措施减少由此产生的影响，采取纠正与预防措施并予以完成。

② 对于旨在消除已存在和潜在不符合所采取的纠正或预防措施，应分析原因并与该问题的严重性和伴随的环境影响相适应。

③ 对于纠正与预防措施所引起对程序文件的任何更改，组织均应遵照实施并予以记录。

（15）记录和记录管理

① 组织应建立对记录进行管理的程序，明确对环境管理的标识、保存、处置的要求。

② 程序应规定记录的内容。

③ 对记录本身的质量要求是字迹清楚、标识清楚、可追溯。

（16）环境管理体系的审核

① 本条款所讲的“审核”是指环境管理内部审核。

② 组织应制定、保持定期开展环境管理体系内部审核的程序、方案。

③ 审核程序和方案的目的，是判定其是否满足符合性（即环境管理体系是否符合对环境管理工作的预定安排和规范要求）和有效性（即环境管理体系是否得到正确实施和保持），向管理者报告管理结果。

④ 对审核方案的编制依据和内容要求，应立足于所涉及活动的环境的重要性和以前审核的结果。

⑤ 审核的具体内容，应规定审核的范围、频次、方法，对审核组的要求，审核报告的要求等。

（17）管理评审

① 管理评审是组织最高管理者的职责。

② 应按规定的时间间隔进行，评审过程要记录，结果要形成文件。

③ 评审的对象是环境管理体系，目的是保证环境管理体系的持续适用性、充分性、有效性。

④ 评审前要收集充分必要信息，作为评审依据。

9.5 职业健康安全（环境）管理体系的建立与运行

9.5.1 职业健康安全（环境）管理体系的建立流程

职业健康安全和环境管理体系的建立流程如下。

① 策划与准备阶段，包括领导决策与准备；人员培训；初始评审；制定方针、目标及职业健康安全（环境）管理方案；体系文件策划。

② 职业健康安全（环境）管理体系文件编写阶段。

③ 职业健康安全（环境）管理体系文件试运行阶段，包括体系试运行；内审及管理评审；模拟审核。

④ 第三方审核认证阶段，包括认证审核准备；认证审核；颁发证书。

9.5.2 职业健康安全和环境管理体系的运行

为适应现代职业健康安全和创建文明施工环境的需要，《职业健康安全管理体系规范》（GB/T 28001）和《环境管理体系规范及使用指南》［GB/T 24001（ISO 14001）］在确定职业健康安全和环境管理体系模式时，强调按系统理论管理相关事务，以达到预期目的。其运行模式采用了系统化的戴明模型，即通过计划（Plan）、行动（Do）、检查（Check）和改进（Act）四个环节构成一个动态循环并螺旋上升的系统化管理模式。职业健康安全管理体系（和环境管理体系）运行模式如图 9-7 所示。

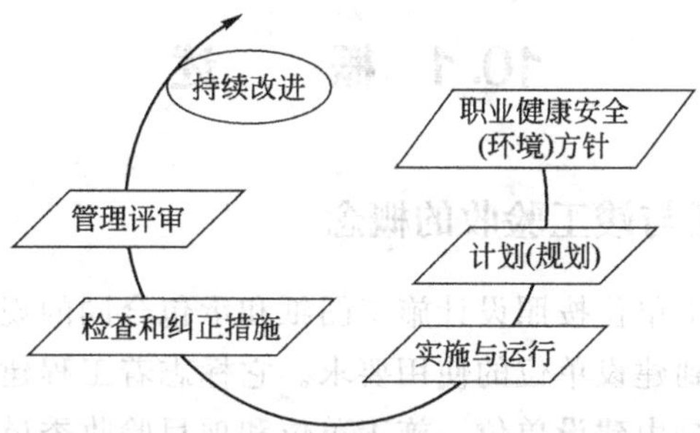

图 9-7 职业健康安全（环境）管理体系运行模式

思考题

1. 简述安全管理的概念与工作程序。
2. 简述工程项目安全管理的作用。
3. 如何在施工现场建立完整的安全生产组织保证体系？
4. 工程项目施工现场的安全管理规章制度包括哪些？
5. 简述工程项目施工现场常见安全事故的种类。
6. 简述工程项目施工现场安全检查的形式及主要内容。
7. 工程项目施工现场的大气污染如何防治？
8. 工程项目施工现场的水污染如何防治？
9. 工程项目施工现场的固体废物如何进行处理？
10. 工程项目施工现场进行噪声控制的主要方法有哪些？
11. 简述职业健康安全管理体系的构成要素及其相互关系。
12. 简述环境管理体系的构成要素及其相互关系。
13. 简述工程项目安全与环境管理体系的建立流程与运行模式。

第10章　工程项目竣工验收

10.1　概　　述

10.1.1　工程项目竣工与竣工验收的概念

工程项目竣工是指施工单位按照设计施工图纸和承包合同的规定，已经完成了工程项目建设的全部施工活动，达到建设单位的使用要求。它标志着工程建设任务的全面完成。

工程项目竣工验收就是由建设单位、施工单位和项目验收委员会，以批准项目的设计任务书和设计文件，以及国家（或部门）颁发的施工验收规范和质量检验标准为依据，按照一定的程序和手续，在项目建成并试生产合格后，对工程项目的总体进行检验和认证（综合评价、鉴定）的活动。

工程项目竣工验收是检验施工单位项目管理水平和目标实现程度的关键阶段，是建筑施工与管理的最后环节，也是工程项目从实施到投入运行使用的衔接转换阶段。此项工作结束，既表示施工单位工程项目管理工作的最后完成。

10.1.2　工程项目竣工验收的主要任务和意义

10.1.2.1　工程项目竣工验收的主要任务

建设项目通过竣工验收后，由承包人移交发包人使用，并办理各种移交手续，即建设资金转化为使用价值。建设项目竣工验收的主要任务如下。

① 建设单位、勘察和设计单位、施工单位（包括各主要的工程分包单位）要分别对工程项目的决策和论证、勘察和设计以及施工的全过程进行最后评价，客观总结经验教训。

② 办理建设工程的验收和交接手续，办理竣工结算和竣工决算，办理工程档案的移交，办理工程保险手续等。总之，要把整个工程的收尾工作、移交工作和善后清理工作全部办理完毕。

③ 对于工业生产项目的承包人，通过竣工验收应采取措施将工程项目的收尾工作和包括市场需求、“三废”治理、交通运输等问题在内的遗留问题处理好，确保建设项目尽快发挥效益。

10.1.2.2　工程项目竣工验收的意义

① 从宏观上看，工程项目竣工验收是国家全面考核项目建设成果、检验项目决策、设计、施工、设备制造、管理水平、总结工程项目建设经验的重要环节，标志着项目投资已转

化为能产生经济效益的固定资产。能否取得预想的宏观效益，还需经权威机构按照技术规范和技术标准组织验收确认。

② 从建设单位角度看，通过验收发现隐患，消除隐患，保证各项经济技术指标正常使用，同时也是全面检验项目目标实现程度，并就工程投资、工程进度和工程质量进行审查和认可的关键环节。它不仅关系到投资者在项目建设周期的经济利益，也关系到项目投产后的运营效果。

③ 从施工单位角度看，工程项目通过竣工验收标志着承包商已全面履行了合同义务。承包商应对所承担的工程项目接受投资者全面检查，积极主动配合投资者组织好试生产、将技术经济资料整理归档、办理工程移交手续，同时按完成的工程量收取工程价款。

④ 综合来看，工程项目竣工验收同时解决了工程项目遗留问题。建设项目在批准建设时，虽然会充分考虑各种状况，但是由于施工周期长，情况多变，因此，会产生许多由主客观因素带来的新问题。通过验收，可研究这些问题的解决办法和措施，从而使项目尽快投入使用，发挥效益，令甲、乙双方实现共赢。

10.1.3 工程项目竣工验收的范围和依据

10.1.3.1 工程项目竣工验收的范围

按照国家颁布的建设法规规定，凡新建、扩建、改建的建设项目和技术改造项目，按批准的设计文件所规定的内容建成，符合验收标准，即工业项目经过投料试车（带负荷运转）合格，形成生产能力的；非工业项目符合设计要求，能够正常使用的，都应及时组织验收，办理移交固定资产手续。对于因少数非主要设备或材料短期不能解决，但可以投入使用的项目、因受外部条件制约工程已建成而不能投入使用的项目等特殊情况，也应对已完成的工程内容组织竣工验收，移交固定资产。

10.1.3.2 工程项目竣工验收的依据

①《建筑工程施工质量验收统一标准》和相关专业工程施工质量验收规范的规定。

② 项目审批部门对该项目批准的各种文件，包括可行性研究报告、初步设计以及与项目有关的各种文件。

③ 工程勘察、设计文件（含设计图纸、图集和设计变更单等）的要求。

④ 建设单位与施工单位签订的工程施工承包合同。

⑤ 国家和地方的强制性标准和国家法律、法规、规章及规范性文件规定。

⑥ 建筑安装工程统计规定以及主管部门关于工程竣工的规定。

⑦ 凡属从国外引进的新技术或进口成套设备的工程项目，除上述文件外，还应按照双方签订的合同书和国外提供的设计文件进行验收。利用世界银行等国际金融机构贷款的建设项目，应按世界银行规定，按时编制项目完成报告。

10.2 工程项目竣工质量验收

质量验收是竣工验收的主要内容之一。它分为施工过程验收和竣工验收。前者是指检验批、分项工程、分部（子分部）工程的质量验收；后者是指单位（子单位）工程的质量验收。本书主要阐述单位（子单位）工程的竣工质量验收。

10.2.1 单位（子单位）工程竣工质量验收

单位（子单位）工程竣工质量验收是工程项目投入使用前的最后一次验收，也是最重要的一次验收，在施工单位自行质量检查与评定的基础上，参与建设活动的有关单位共同对工程质量进行抽样复查，根据相关标准以书面形式对工程质量达到合格与否做出确认。

10.2.1.1 单位（子单位）工程竣工质量验收合格规定

单位（子单位）工程竣工质量验收合格应符合下列规定：

(1) 单位（子单位）工程所含分部（子分部）工程的质量均应验收合格

① 各分部（子分部）工程均按规定通过了合格质量验收。

② 各分部（子分部）工程验收记录表内容完整，填写正确，收集齐全。

(2) 质量控制资料应完整　单位工程验收时，应对所有分部工程资料的系统性和完整性进行一次全面的核查，重点核查有无需要拾遗补缺的，从而达到完整无缺的要求。

质量控制资料核查的具体内容按表 10-1 的要求进行。

表 10-1　单位（子单位）工程质量控制资料核查记录

工程名称			施工单位		
序号	项目	资料名称	份数	核查意见	核查人
1	建筑与结构	图纸会审、设计变更、洽商记录			
2		工程定位测量、放线记录			
3		原材料出厂证书及进场检(试)验报告			
4		施工试验报告及见证检测报告			
5		隐蔽工程验收记录			
6		施工记录			
7		预制构件、预拌混凝土合格证			
8		地基基础、主体结构检验及抽样检测资料			
9		分项、分部工程质量验收记录			
10		工程质量事故及事故调查处理资料			
11		新材料、新工艺施工记录			
1	给排水与采暖	图纸会审、设计变更、洽商记录			
2		材料、配件出厂合格证书及进场检(试)验报告			
3		管道、设备强度试验、严密性试验记录			
4		隐蔽工程验收记录			
5		系统清洗、灌水、通水、通球试验记录			
6		施工记录			
7		分项、分部工程质量验收记录			

续表

工程名称			施工单位		
序号	项目	资料名称	份数	核查意见	核查人
1	建筑电气	图纸会审、设计变更、洽商记录			
2		材料、设备出厂合格证书及进场检(试)验报告			
3		设备调试记录			
4		接地、绝缘电阻测试记录			
5		隐蔽工程验收记录			
6		施工记录			
7		分项、分部工程质量验收记录			
1	通风与空调	图纸会审、设计变更、洽商记录			
2		材料、设备出厂合格证书及进场检(试)验报告			
3		制冷、空调、水管道强度试验、严密性试验记录			
4		隐蔽工程验收记录			
5		制冷设备运行调试记录			
6		通风、空调系统调试记录			
7		施工记录			
8		分项、分部工程质量验收记录			
9		隐蔽工程验收记录			
1	电梯	土建布置图纸会审、设计变更、洽商记录			
2		设备出厂合格证书及开箱检验记录			
3		隐蔽工程验收记录			
4		施工记录			
5		接地、绝缘电阻测试记录			
6		负荷试验、安全装置检查记录			
7		分项、分部工程质量验收记录			
1	建筑智能化	图纸会审、设计变更、洽商记录、竣工图及设计说明			
2		材料、设备出厂合格证、技术文件及进场检(试)验报告			
3		隐蔽工程验收记录			
4		系统功能测定及设备调试记录			
5		系统技术、操作和维护手册			
6		系统管理、操作人员培训记录			
7		系统检测报告			
8		分项、分部工程质量验收报告			

结论：

总监理工程师：

施工单位项目经理　　　年　月　日　　（建设单位项目负责人）　　年　月　日

(3) 单位（子单位）工程所含分部（子分部）工程有关安全和功能的检测资料应完整 检查的内容按表10-2的要求进行。其中大部分项目在施工过程中或分部（子分部）工程验收时已做了测试，但也有部分需单位工程完工后才能进行。在单位工程验收时对这部分检测资料进行检查是对原有检测资料所作的一次延续性的补充、修正和完善。

表 10-2 单位（子单位）工程安全和功能检验资料核查及主要功能抽查记录

工程名称				施工单位		
序号	项目	安全和功能检查项目	份数	核查意见	抽查结果	核查（抽查）人
1	建筑与结构	有防水要求的地面蓄水试验记录				
2		建筑物垂直度、标高、全高测量记录				
3		抽气(风)管道检查记录				
4		幕墙及外窗气密性、水密性、耐风压检测报告				
5		建筑物沉降观测测量记录				
6		节能、保温测试记录				
7		室内环境检测报告				
1	给排水与采暖	给水管道通水试验记录				
2		暖气管道、散热器压力试验记录				
3		卫生器具满水试验记录				
4		消防管道、燃气管道压力试验记录				
5		排水干管通球试验记录				
1	电气	照明全负荷试验记录				
2		大型灯具牢固性试验				
3		避雷接地电阻测试记录				
4		线路、插座、开关接地检验记录				
1	通风与空调	通风、空调系统试运行记录				
2		风量、温度测试记录				
3		洁净室洁净度测试记录				
4		制冷机组试运行调试记录				
1	电梯	电梯运行记录				
2		电梯安全装置检测报告				
1	智能建筑	系统运行记录				
2		系统电源及接地检测报告				

结论：

总监理工程师：

施工单位项目经理　　年　月　日　　（建设单位项目负责人）　　年　月　日

注：抽查项目由验收组协商确定。

（4）主要功能项目的抽查结果应符合相关专业质量验收规范的规定　这项检查可选择容易发生质量问题或施工单位质量控制比较薄弱的项目和部位进行抽查。

（5）观感质量应符合要求　单位（子单位）工程观感质量验收的检查内容见表 10-3。凡在工程上出现的项目，均应进行检查，并逐项填写“好”、“一般”或“差”的质量评价。

表 10-3　单位（子单位）工程观感质量检查记录

工程名称			施工单位			
序号		项目	抽查质量状况	质量评价		
				好	一般	差
1	建筑与结构	室外墙面				
2		变形缝				
3		水落管				
4		室内墙面				
5		室内顶面				
6		室内地面				
7		楼梯、踏步、护栏				
8		门窗				
1	给排水采暖	管道接口、坡度、支架				
2		卫生器具、支架、阀门				
3		检查口、扫除口、地漏				
4		散热器、支架				
1	电气	配电箱、盘、板、接线盒				
2		设备器具、开关、插座				
3		防雷、接地				
1	通风与空调	风管、支架				
2		风口、风阀				
3		风机、空调设备				
4		阀门、支架				
5		水泵、冷却塔				
6		绝热				
1	电梯	运行、平层、开关门				
2		层门、信号系统				
3		机房				
1	智能建筑	机房设备安装及布局				
2		现场设备安装				
观感质量综合评价						
检查结论		施工单位项目经理　　年　月　日	总监理工程师 （建设单位项目负责人）　　年　月　日			

观感质量验收不单纯是对工程外表质量进行检查，同时也是对部分使用功能和使用安全所作的一次宏观检查。

单位（子单位）工程质量验收完成后，按表10-4要求填写工程质量验收记录。其中验收记录由施工单位填写。综合验收结论由参加验收各方共同商定，建设单位填写，并对工程质量是否符合设计和规范要求及总体质量水平作出评价。

表10-4　单位（子单位）工程质量竣工验收记录

<table>
<tr><td colspan="2">工程名称</td><td></td><td>结构类型</td><td></td><td>层数/建筑面积</td><td colspan="2"></td></tr>
<tr><td colspan="2">施工单位</td><td></td><td>技术负责人</td><td></td><td>开工日期</td><td colspan="2"></td></tr>
<tr><td colspan="2">项目经理</td><td></td><td>项目技术负责人</td><td></td><td>竣工日期</td><td colspan="2"></td></tr>
<tr><td>序号</td><td>项目</td><td colspan="3">验收记录</td><td colspan="3">验收结论</td></tr>
<tr><td>1</td><td>分部工程</td><td colspan="3">共　　分部，经查　　分部
符合标准及设计要求　　分部</td><td colspan="3"></td></tr>
<tr><td>2</td><td>质量控制资料核查</td><td colspan="3">共　项，经审查符合要求　项，
经核定符合规范要求　　项</td><td colspan="3"></td></tr>
<tr><td>3</td><td>安全和主要使用功能核查及抽查结果</td><td colspan="3">共核查　　项，符合要求　项，
共抽查　　项，符合要求　项
经返工处理符合要求　　项</td><td colspan="3"></td></tr>
<tr><td>4</td><td>观感质量验收</td><td colspan="3">共抽查　　项，符合要求　项
不符合要求　　项</td><td colspan="3"></td></tr>
<tr><td>5</td><td>综合验收结论</td><td colspan="6"></td></tr>
<tr><td rowspan="2">参加验收单位</td><td>建设单位</td><td colspan="2">监理单位</td><td colspan="2">施工单位</td><td colspan="2">设计单位</td></tr>
<tr><td>（公章）
单位（项目）负责人
年　月　日</td><td colspan="2">（公章）
总监理工程师
年　月　日</td><td colspan="2">（公章）
单位负责人
年　月　日</td><td colspan="2">（公章）
单位（项目）负责人
年　月　日</td></tr>
</table>

注：质量评价为差的项目，应进行返修。

10.2.1.2　单位（子单位）工程质量竣工验收内容

① 对涉及安全和使用功能的分部工程进行检验资料的复查。不仅要全面检查其完整性（不得有漏检缺项），而且对分部工程验收时补充进行的见证抽样检查报告也要进行复核。

② 对主要使用功能进行抽查。在分项、分部工程验收合格的基础上，竣工验收时须再作全面检查。抽查项目是在检查资料文件的基础上由参加验收的各方人员确定，并用抽样方法确定检查部位。

③ 由参加验收的各方人员共同进行观感质量检查。

10.2.2　对工程项目质量不符合要求时的处理规定

① 经返工重做或更换器具、设备的检验批，应重新进行验收。其中，严重的缺陷应推倒重来；一般的缺陷通过返修或更换器具、设备予以解决，应允许施工单位在采取相应的措施后重新验收。

② 经有资质的检测单位检测鉴定能够达到设计要求的检验批，应予以验收。

③ 经有资质的检测单位检测鉴定达不到设计要求，但经原设计单位核算认可，能够满

足结构安全和使用功能的检验批，予以验收。

④ 经返修或加固处理的分项、分部工程，虽改变外形尺寸但仍能满足安全使用要求，可按技术处理方案和协商文件进行验收。

⑤ 通过返修或加固仍不能满足安全使用要求的单位（子单位）工程，严禁验收。

10.3 工程项目竣工验收要求

10.3.1 工程项目竣工验收的时间

① 工程项目有时因受投资限制，不能同时建设和完成，为了尽快发挥投资效益，在工程项目根据批准计划施工采取分段进行时，只要形成一定生产能力，竣工验收可以分段进行。

② 工程项目基本符合竣工验收标准，只是零星建设工程未按设计规定的内容全部建成，但不影响正常生产，经批准也应办理竣工验收手续。

③ 工程项目符合国家竣工验收规定的基本要求，只是少数非主要设备或特殊器材（包括备品、配件等）短期内不能解决，使工程未按设计规定内容建成，但对使用、生产功能影响不大，也应按规定（或合同）办理竣工验收。

④ 在签订工程项目承包合同时，有关竣工验收条款中不仅应对验收标准作出明确规定，而且对验收时间也应作出具体规定。按合同规定具备竣工验收条件的工程项目必须办理竣工验收和移交固定资产手续。

10.3.2 工程项目竣工验收应具备的条件

10.3.2.1 施工项目竣工验收应具备的条件

① 完成工程设计和合同约定的各项内容。

② 有完整的技术档案和施工管理资料。

③ 有工程使用的主要建筑材料、建筑构配件和设备的进场试验报告。

④ 有工程勘察、设计、监理等单位分别签署的质量合格文件。

⑤ 有施工单位签署的工程质量保修书。

⑥ 建设行政主管部门及其委托的建设工程质量监督机构等有关部门要求整改的质量问题全部整改完毕。

10.3.2.2 建设项目竣工验收应具备的条件

① 有完整的工程项目建设全过程竣工档案资料。

② 规划行政主管部门对工程是否符合规划要求进行了检查，并出具认可文件。

③ 有公安消防、环保等部门出具的认可文件或准许使用文件。

④ 建设单位已按合同约定支付了工程款，有工程款支付证明。

工程造价在150万元以下、建筑面积在1000m^2以内的建筑工程，竣工验收条件可根据工程实际情况简化。

10.3.3　工程项目竣工验收程序

为了保证工程项目竣工验收工作的顺利进行，通常按图 10-1 所示的程序来进行竣工验收。

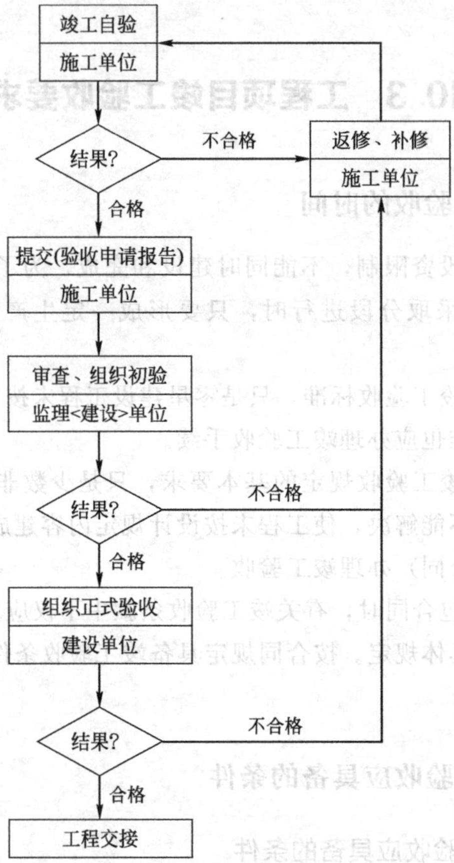

图 10-1　工程项目竣工验收工作流程图

10.3.3.1　竣工自验

① 当施工单位施工的工程项目完工并达到竣工验收条件后，首先逐项自查自验。

② 自验合格后向监理单位提交《验收申请报告》。同时提供施工工序合格文件、设备安装和调试合格记录、工程总结等文件资料。

10.3.3.2　竣工初验

① 总监理工程师应组织各专业监理工程师对竣工资料及各专业工程的质量情况进行初验，对竣工资料进行审查，对工程实体质量进行逐项检查，确认是否已完成工程设计和合同约定的各项内容，是否达到竣工标准，对存在的问题，应及时要求施工单位进行整改。当确认工程质量符合法律、法规和工程建设强制性标准规定，符合设计文件和合同要求后，监理单位应按有关规定在施工单位的质量验收记录和试验、检测资料上签字认可，并签署质量评估报告，提交建设单位。

② 监理单位签字确认后，由施工单位填写《工程竣工质量验收报告》（表 10-5），上报建设单位。

表 10-5　工程竣工质量验收报告

<table>
<tr><td>单位工程名称</td><td colspan="3"></td></tr>
<tr><td>建筑面积</td><td></td><td>结构类型、层数</td><td></td></tr>
<tr><td>施工单位名称</td><td colspan="3"></td></tr>
<tr><td>施工单位地址</td><td colspan="3"></td></tr>
<tr><td>施工单位邮编</td><td></td><td>联系电话</td><td></td></tr>
<tr><td colspan="4">质量验收意见(应包含下述参考内容)：
1.施工单位质量责任行为履行情况
2.本工程是否已按要求完成工程设计和合同约定的各项内容
3.在施工过程中，执行强制性标准和强制性条文的情况
4.施工过程中对监理提出的要求整改的质量问题是否确已改正，并得到监理单位认可
5.工程完工后，企业自查是否确认工程达到竣工标准，满足结构安全和使用功能要求
6.工程质量保证资料(包括检测报告的功能试验资料)基本齐全且已按要求装订成册
7.建筑物沉降观测结果和倾斜率情况
8.其他需说明的情况</td></tr>
<tr><td colspan="3">项目经理：　　年　月　日</td><td rowspan="4">施工单位公章：</td></tr>
<tr><td colspan="3">企业负责人：
(质量经理)　　年　月　日</td></tr>
<tr><td colspan="3">企业技术负责人：
(总工程师)　　年　月　日</td></tr>
<tr><td colspan="3">企业法定代表人：　　年　月　日</td></tr>
</table>

③ 组织验收。建设单位在接到竣工验收申请后，要及时组织监理工程师等有关人员，以设计文件和合同文本为依据，对施工单位提供的交工验收资料进行审查复核，并组织现场联合检查。

10.3.3.3　工程项目竣工正式验收

(1) 竣工验收组织　建设单位负责组织工程项目竣工验收，质量监督机构对工程项目竣工验收实施监督。

当建设单位收到勘察、设计、施工、监理等单位的质量合格证明，即《施工单位工程竣工质量验收报告》、《勘察、设计单位工程竣工质量检查报告》、《监理单位工程质量评估报告》，工程具备竣工验收条件后，组织成立竣工验收小组，制定验收方案，向质量监督机构提交《建设单位竣工验收通知单》，质量监督机构审查验收组成员资质、验收内容、竣工验收条件，合格后建设单位向质量监督机构申领《建设工程竣工验收备案表》及《建设工程竣工验收报告》，确定竣工验收时间。

(2) 竣工验收人员　由建设单位负责组织竣工验收小组。竣工验收组组长由建设单位法人代表或其委托的负责人担任。成员由建设单位该项目负责人、现场管理人员及勘察、设计、施工、监理单位成员组成，也可邀请有关专家参加验收小组。验收组中土建及水电安装专业人员应配备齐全。

(3) 竣工验收的实施

① 由竣工验收组组长主持竣工验收。

② 建设、施工、监理、勘察、设计单位分别书面汇报工程项目建设质量状况、合同履

行及执行国家法律、法规和工程建设强制性标准情况。

③ 验收内容分为：a. 实地查验工程实体质量情况；b. 检查施工单位提供的竣工验收档案资料；c. 对建筑的使用功能进行抽查、试验。如水池盛水试验，通水、通电试验，接地电阻、漏电、跳闸测试等。

④ 对竣工验收情况进行汇总讨论，并听取质量监督机构对该工程质量的监督情况。

⑤ 形成竣工验收意见，填写《单位（子单位）工程质量竣工验收记录》中的综合验收结论，填写《建设工程竣工验收报告》和《工程竣工验收备案表》，验收小组人员分别签字，建设单位盖章。

⑥ 当竣工验收过程中发现严重问题，达不到竣工验收标准时，验收小组应责成责任单位立即整改，并宣布本次竣工无效，重新确定时间组织竣工验收。

⑦ 当竣工验收过程中发现一般需整改的质量问题，验收小组可形成初步意见，填写有关表格，有关人员签字，但需整改完毕并经建设单位复查合格后，加盖建设单位公章。

⑧ 在竣工验收时，对某些剩余工程和缺欠工程，在不影响交付使用的前提下，经建设单位、设计单位、施工单位和监理单位协商，施工单位应在竣工验收后的限定时间内完成。

⑨ 建设单位竣工验收结论必须明确是否符合国家质量标准，能否同意使用。

参加验收各方对工程质量验收意见不一致时，可请当地建设行政主管部门或工程质量监督机构协商处理。

(4) 建设工程竣工验收报告与备案　建设工程竣工验收报告由建设单位负责填写，其内容包括：工程概况，建设单位执行基本建设程序情况，对工程勘察、设计、施工、监理等方面的评价，工程竣工验收时间、程序、内容和组织形式，验收小组人员签署的竣工验收意见等。建设单位、施工单位、城建档案管理部门、建设行政主管部门等各存一份。

建设单位应当自建设工程竣工验收合格之日起 15 日内，将建设工程竣工验收报告和规划，公安消防、环保等部门出具的认可文件或者准许使用文件报建设行政主管部门或者其他有关部门备案。

10.4　工程项目竣工文档资料管理

10.4.1　工程文档资料的主要内容

工程技术档案的内容包括建设项目报建及前期资料、施工指导性文件、施工过程中形成的资料、竣工文件、工程保修回访资料五个方面。

10.4.1.1　建设项目报建及施工前期资料

① 立项、行政主管部门批准文件。

② 可行性研究、方案论证材料。

③ 征用土地、拆迁、补偿等文件。

④ 初步设计及规划、消防、环保、劳动等部门审批文件。

⑤ 地质勘探资料。

⑥ 承发包合同、协议书、招投标文件。

⑦ 地下管线埋设的实际坐标、标高资料。

10.4.1.2　施工指导性文件

① 施工组织设计和施工方案。

② 施工准备工作计划。

③ 施工作业计划。

④ 技术交底。

10.4.1.3　施工过程中形成的资料

① 开工报告。

② 工程测量及定位记录。

③ 洽商记录，包括图纸会审记录，施工中的设计变更通知单、技术核定通知单、材料代用通知单、工程变更洽商单等。

④ 建筑材料质量证明、试验记录，施工试验记录，包括各种成品，半成品的试验记录，各种半成品、构件的出厂合格证书。

⑤ 地基处理、基础工程施工文件资料。

⑥ 水、电、气、暖等设备安装施工记录。

⑦ 隐蔽工程检查验收记录、预检复核记录、结构检查验收证明。

⑧ 工程质量事故处理报告及处理记录。

⑨ 沉降观测记录、垂直度观测记录。

⑩ 单位工程施工日志。

⑪ 分部分项工程质量评定记录及单位工程质量综合评定表。

⑫ 竣工报告。

10.4.1.4　质量竣工验收资料

① 建设工程竣工验收报告，建设工程竣工验收备案表，工程竣工质量验收记录。

② 竣工决算及审核文件。

③ 竣工验收会议文件、会议决定。

④ 工程竣工质量验收记录，功能检验资料核查及主要功能抽查记录。

⑤ 工程建设总结。

⑥ 有关照片、录音、录像等。

⑦ 竣工图等。

10.4.2　竣工图

竣工图是真实记录建筑产品详细情况的技术文件，也是使用单位长期保存的技术资料，是工程项目竣工验收、投产交付使用以及维修、改建、扩建的依据。为确保竣工图质量，必须在施工过程中及时做好隐蔽工程检查记录，整理好设计变更文件。按照现行规定绘制好竣工图是竣工验收的条件之一，在竣工验收前不能完成的，应在验收时明确商定补交竣工图的期限。

竣工图应具有明显的“竣工图”字样标志，并包括名称、制图人、审核人和编制日期等基本内容，必须做到准确、完整、真实，符合长期保存的归档要求。

竣工图的绘制要求如下。

① 当完全按照施工图纸施工，未发生设计变更时，由施工单位在原施工图上加盖“竣

工图”标志后，即作为竣工图。

② 若在施工中有一般性设计变更，但没有较大的结构性或重要管线等方面的设计变更，而且可以在原施工图纸上加以修改、补充的，也可以不重新绘制，由施工单位负责在原施工图（必须是蓝图）上注明修改部分，并附以设计变更通知单和施工说明，加盖“竣工图”标志后，亦可作为竣工图。

③ 凡结构形式改变、工艺改变、平面布置改变及有其他重大改变，不宜在原施工图上修改补充者，应重新绘制改变后的竣工图。因设计原因造成的，由设计单位负责重新绘图；因施工原因造成的，由施工单位负责重新绘图；由其他原因造成的由建设单位自行绘图或委托设计单位绘图，施工单位负责在新图上加盖“竣工图”标志，并附以有关记录和说明，作为竣工图。

④ 各项基本建设工程，特别是基础、地下建筑物、管线及设备安装等隐蔽部位都要绘制竣工图。同时要在现场做好隐蔽工程的标志和检验记录，整理好设计变更文件，确保竣工图质量。

⑤ 改建或扩建工程，使工程原有的某些部分发生工程变更，应把与原工程有关的竣工图资料加以整理，并补增变更情况和必要说明。

⑥ 若图纸上改动部分过多，或图面混乱，分辨不清，则不能作为竣工图，需重新绘制。

⑦ 竣工图一定要与实际情况相符，并经过承担施工的技术负责人审核签认。竣工图的数量视其工程的重要程度而定。

10.4.3 工程文档资料的验收与移交

工程文档资料是在项目建设中逐步积累起来的大量的文字、图纸资料，经过整理、编目形成的反映项目建设过程的全套资料。它是建设工程的永久性技术文件，是对施工项目进行质量复查，进行维修、改建、扩建的重要依据。因此必须充分重视并搞好工程文档资料的收集、整理和归档工作。凡列入工程项目档案的技术文件、资料必须经有关技术负责人正式审定。所有的资料文件都必须如实反映情况，不得擅自修改、伪造或事后补作。

10.4.3.1 工程文档资料的验收

① 建设单位在组织竣工验收前，应提请城建档案管理部门对工程档案进行预验收。

② 城建档案管理部门在进行工程档案预验收时，应重点验收以下内容：

a. 工程档案分类齐全，系统完整。

b. 工程档案内容真实、准确地反映工程建设活动和工程实际状况。

c. 工程档案已整理立卷，立卷符合现行《建设工程文件归档整理规范》的规定。

d. 竣工图绘制方法、图示及规格等符合专业技术要求，图面整洁，盖有竣工图章。

e. 文件的形成、来源符合实际，要求单位或个人签章的文件，签章手续完备。

f. 文件材质、幅面、书写、绘图、用墨、托裱等符合要求。

③ 国家、省市重点工程项目或一些特大型、大型工程项目的预验收和验收，必须有地方城建档案管理部门参加。

④ 对于报送的工程档案，如验收不合格，将其退回建设单位，由建设单位责成责任者重新编制。

⑤ 地方城建档案管理部门负责文档资料的最后验收，并对编制报送工程档案进行业务

指导、督促和检查。

10.4.3.2 工程文档资料的移交

① 建设单位在工程竣工验收后 3 个月内向城建档案管理部门移交一套符合规定的工程档案。

② 停建、缓建工程的工程档案，暂由建设单位保管。

③ 建设单位向城建档案管理部门移交工程档案时，应办理移交手续，填写移交目录，双方签字、盖章后交接。

④ 施工单位、监理单位等有关单位应在工程竣工验收前将工程档案按合同或协议规定的时间、套数移交给建设单位，办理移交手续。

10.4.4 工程保修与回访

为使工程项目在竣工验收后达到最佳使用条件和最长使用寿命，施工单位在工程移交时必须向建设单位提出建筑物使用要求，并在用户使用后，实行回访和保修制度。

工程质量保修和回访属于项目竣工后的管理工作。这时，项目经理部已经解体，一般由承包企业建立施工项目交工后的回访与保修制度，并责成企业的工程管理部门具体负责。

10.4.4.1 工程保修

工程质量保修是指施工单位对房屋建筑工程竣工验收后，在保修期限内出现的质量不符合工程建设强制性标准以及合同的约定等质量缺陷，予以修复。

按照《建设工程质量管理条例》规定，施工单位在向建设单位提交工程竣工验收报告时，应当向建设单位出具质量保修书。施工单位在保修期内，应当履行与建设单位在质量保修书中约定的关于保修期限、保修范围和保修责任等义务。

(1) 保修期限　根据《建设工程质量管理条例》【国务院令 2000 (279) 号】的规定，在正常使用条件下，房屋建筑工程的保修期应从工程竣工验收合格之日起计算，其最低保修期限如下。

① 基础设施工程、房屋建筑的地基基础工程和主体结构工程，为设计文件规定的该工程的合理使用年限。

② 屋面防水工程、有防水要求的卫生间、房间和外墙面的防渗漏为 5 年。

③ 建筑物的供热及供冷系统为 2 个采暖期及供冷期。

④ 电气管线、给排水管道、设备安装和装修工程为 2 年。

⑤ 住宅小区内的给排水设施、道路等配套工程及其他项目的保修期由建设单位和施工单位约定。

(2) 保修范围与保修经济责任　工程保修的范围和内容，建设单位与施工单位应经过协商后写入合同条款内，还可以按照国家有关法规规定的各种建筑物、构筑物和设备安装工程的保修范围实施。此外，具体工程项目还应根据行业特点，按照颁布的验收标准规范细则制定出保修范围。

对各种类型的建筑工程及其各个部位，施工单位应按照有关规定履行保修义务，注意区别保修责任的承担问题。对于维修的经济责任的确定，应当由有关责任方承担，具体如下。

① 施工单位未按国家有关规范、标准和设计要求施工造成的质量缺陷，由施工单位负责返修并承担经济责任。

② 由于设计方面的原因造成的质量缺陷，由设计单位承担经济责任，可由施工单位负责维修，其费用按有关规定通过建设单位向设计单位索赔，不足部分由建设单位负责解决。

③ 因建筑材料、构配件和设备质量不合格引起的缺陷，属于施工单位采购的或经其验收同意的，由施工单位承担经济责任；属于建设单位采购的，由建设单位承担经济责任。

④ 因使用单位使用不当造成的损坏问题，由使用单位自行负责。

⑤ 因地震、洪水、台风等不可抗拒因素造成的损坏问题，施工单位、设计单位不承担经济责任。

(3) 质量保证金与缺陷责任期　质量保证金是指建设单位与施工单位在建设工程承包合同中约定，从应付的工程款中预留，用以保证施工单位在缺陷责任期内对建设工程出现的缺陷进行维修的资金。缺陷责任期的实质是质量保证金的预留期限。

根据《建设工程质量保证金管理暂行办法》【建质（2005）7号】的规定，缺陷责任期一般为6个月、12个月或24个月，具体可有建设单位和施工单位双方在合同中约定。缺陷责任期从工程通过竣（交）工验收之日起计。由施工单位原因导致工程无法按规定期限进行竣（交）工验收的，缺陷责任期从实际通过竣（交）工验收之日起计。由建设单位原因导致工程无法按规定期限进行竣（交）工验收的，在施工单位提交竣（交）工验收报告后90天后，工程自动进入缺陷责任期。

缺陷责任期满后，施工单位向建设单位提交返还保证金申请。建设单位在接到申请后，应于14日内会同施工单位按照合同约定的内容进行核实。如无异议，应当在核实后14日内将保证金返还给施工单位，逾期支付的，从逾期之日起，按照同期银行贷款利率计付利息，并承担违约责任。建设单位在接到返还保证金申请后14日内不予答复，经催告后14日内仍不予答复，视同认可施工单位的返还保证金申请。

工程质量保证金返还后，施工单位仍应按照《建设工程质量管理条例》的规定，在质量保修期内承担质量责任和义务。

10.4.4.2 工程回访

工程回访一般由施工单位的领导组织生产、技术、质量等有关方面的人员参加。回访时，察看建筑物和设备的运转情况，并应作出回访记录。

回访的方式一般有三种。一是季节性回访。大多是雨季回访屋面、墙面的防水情况，冬期回访锅炉房及采暖系统运行情况，发现问题及时解决和返修。二是技术性回访。主要了解在工程施工过程中所采用的新材料、新技术、新工艺、新设备等的技术性能和使用后的效果，发现问题及时加以补救和解决；同时也便于总结经验，获取科学依据，并为不断改进、完善与进一步推广创造条件。三是保修期结束前的回访。这种回访一般是在保修期即将结束前进行回访。

对于回访的具体实施，应由施工单位的领导组织生产、技术、质量、水电等有关方面人员进行回访。回访时，由建设单位组织座谈会或意见听取会，察看建筑物和设备运转情况。在每次回访结束后，回访负责人应填写回访记录表，并编写“回访服务报告”。在回访结束一周内，要编写完成回访总结及汇报。

对所有回访和保修都必须予以记录，并提交书面报告，作为技术资料归档。

10.5 工程项目总结与综合评价

一个工程项目完成，通过竣工验收后，施工单位要认真做好总结。就承包合同执行情况，工程技术、经济方面的经验、教训进行分析总结，以利于不断提高技术水平和管理水平。

10.5.1 工程项目经验总结

工程项目经验总结的主要内容如下。

(1) 工程技术经验总结 主要总结工程项目所采用的新技术、新材料、新工艺等方面的情况，以及为保证施工项目质量和降低施工项目成本所采取的技术组织措施情况。

(2) 工程经济经验总结 通过计算工程项目各项经济指标，与同类工程进行比较，从而总结其经验教训。此项经验总结的内容主要包括：工程项目承包合同履行情况；工程报价；成本降低率；全员劳动生产率；设备完好率和利用率；工程质量和施工安全状况。

(3) 管理经验总结 主要总结工程项目在管理方面所采取的措施和不足。其中包括项目的目标管理、施工管理、内业管理等方面，为今后的工程项目实施总结经验。

工程项目要在认真总结的基础上，写出文字材料。总结应该实事求是，简明扼要，用数据、事实说话，力求系统地、概括地全面总结出本工程项目实施过程中较有价值的成功经验和失败的教训，以利于在后续工程项目中加以借鉴。

10.5.2 工程项目综合评价

随着改革、开放的深入发展，社会需求的不断变化，过去对工程项目以质量为主要目标的单一评价方法往往不能适应形势的要求，也不符合实际情况。这就要求对工程项目进行全面考核、综合评价。

一般工程项目可用十个指标对其进行综合评价。

(1) 工期 工程工期是从工程开工到竣工验收的全部时间。工期的考核评价应以国家规定的工期定额为标准，以合同工期为依据。随着建设投资主体的多元化，合理地缩短建设工期的意义更为重要。虽然缩短工期要耗用赶工费，但是由于合理地缩短工期，使工程项目早日建成投产所产生的效益更大。具体指标可用工期提前率来表示。它反映了工程项目实际工期与国家统一制定的定额工期或与确定的计划工期的偏离程度。其计算公式为

$$\text{工程项目定额工期率}=\frac{\text{工程项目实际工期}-\text{定额工期}}{\text{工程项目定额(计划)工期}}\times 100\% \tag{10-1}$$

(2) 质量 工程项目质量是指建筑安装工程产品的优劣程度，是衡量工程项目生产、技术和管理水平高低的重要标志。提高工程项目质量，不但可以降低工程的返修率，延长其使用寿命，而且还可以为企业节省资金。因此，不断提高产品质量，保证生产出优良的建筑产品是至关重要的。具体可用实际工程合格品率来表示。计算公式为

$$\text{实际工程合格品率}=\frac{\text{实际单位工程(一次)合格品数量}}{\text{竣工验收的单位工程总数}}\times 100\% \tag{10-2}$$

(3) 利润水平　利润是施工企业在某工程项目上，收入大于支出的差额部分，也是工程项目管理质量的一项综合性经济指标。所以，利润可以从资金价值上很好地反映工程项目的效果。可用产值利润率、实际建设成本变化率、实际投资利润反映被评价对象的利润水平。其计算公式为

$$产值利润率=\frac{工程项目实现的利润总额}{工程项目完成的总产值}\times 100\% \tag{10-3}$$

(4) 施工均衡度　施工均衡度是衡量建筑安装工程施工是否连续、均衡、紧凑的指标。工程项目在实施过程中，应合理地安排施工进度计划，以避免或尽量减少施工过程中的人员窝工和机械闲置。施工均衡度的计算方式为

$$施工均衡度=\frac{建设期内施工高峰人数}{建设期内施工平均人数} \tag{10-4}$$

(5) 机械效率　机械效率是反映机械利用率和完好率的指标。机械化施工可以使人们从繁重的体力劳动中解放出来，加快工程进度，提高质量，降低成本。机械效率的计算公式为

$$机械效率=\frac{建设期机械实际作业台班数}{建设期机械定额台班数} \tag{10-5}$$

(6) 劳动生产率　劳动生产率是指投入工程项目的每名员工，在一定时期内完成的产值，即工作量。它反映了劳动者劳动的熟练程度、企业的科学和技术发展水平及其在工艺上的应用程度、生产组织和劳动组织、生产资料的规模效能及自然条件等。劳动生产率的计算公式为

$$劳动生产率[元/(人\cdot年)]=\frac{建设期自行完成建筑安装总工作量(元)}{年平均人数} \tag{10-6}$$

(7) 实物消耗节约率　实物消耗节约率即为实物消耗量的节约程度，一般主要考虑主要材料的节约率。其计算公式为

$$实际消耗节约率=\frac{预算定额物耗费-实际物耗费}{预算定额物耗费}\times 100\% \tag{10-7}$$

(8) 能源消耗　一个工程项目的能源消耗主要有电、燃油、煤、水等。在保证能源供应的条件下，采取一系列技术措施，节约能耗。

(9) 管理现代化水平　管理现代化水平反映了员工和领导者的自身素质和水平，企业和项目管理方法、手段和工作效率等。管理现代化水平的定量计算可采用专家打分与权重乘积后求和的方法。

(10) 伤亡强度　伤亡强度表示每单位劳动量因伤亡事故而损失的劳动量。反映了施工期间内发生伤亡事故而造成损失的程度。伤亡强度的计算公式为

$$伤亡强度=\frac{建设期内因伤亡事故而损失的劳动量}{建设期内总劳动量}\times 100\% \tag{10-8}$$

工程项目以施工效果为总目标，以工期、质量、利润水平为重要指标，以其余的七项指标为基本指标进行综合评价，全面提高施工企业适应市场的能力，提高企业技术、管理水平。

工程项目的综合评价涉及的因素很多，随着工程项目的各异，也可能评价的指标略有不同，但都是以各种指标进行综合评价的，其每类指标的权重可由专家结合实际情况给出。

思考题

1. 简述单位工程质量验收合格应符合哪些规定。
2. 简述当工程项目质量不符合要求时应如何处理。
3. 简述工程项目竣工验收应具备哪些条件。
4. 简述单位工程质量验收依据。
5. 简述国家对工程项目保修期的规定。
6. 简述工程项目竣工验收程序。
7. 简述分析项目概算超支原因时的注意事项。
8. 简述工程项目竣工结算与决算的区别。

参考文献 Reference

[1] 齐宝库．工程项目管理．第四版．大连：大连理工大学出版社，2012.
[2] 肖凯成，郭晓东，李灵．建筑工程项目管理．北京：北京理工大学出版社，2012.
[3] 丛培经．工程项目管理．第四版．北京：中国建筑工业出版社，2012.
[4] 齐宝库．城市基础设施建设工程管理．大连：大连理工大学出版社，2012.
[5] 齐宝库．工程施工质量管理技术与方法．北京：化学工业出版社，2012.
[6] 全国一级建造师职业资格考试用书编写委员会．建设工程项目管理．北京：中国建筑工业出版社，2012.
[7] 梁世连．工程项目管理．第二版．北京：清华大学出版社，2011.
[8] 中国建筑业协会工程项目管理委员会．中国工程项目管理知识体系．第二版．北京：中国建筑工业出版社，2011.
[9] 哈佛商学院出版公司．项目管理．王春颖译．北京：商务印书馆，2010.
[10] 杨晓庄．工程项目管理．武汉：华中科技大学出版社，2010.
[11] （美）科兹纳．项目管理：计划、进度和控制的系统方法．第十版．杨爱华等译．北京：电子工业出版社，2010.
[12] 王卓甫，杨高升．工程项目管理/原理与案例．第二版．北京：中国水利水电出版社，2009.
[13] 成虎，陈群．工程项目管理．第三版．北京：中国建筑工业出版社，2009.
[14] 中国建设监理协会．建设工程信息管理．北京：中国建筑工业出版社，2009.
[15] 李世蓉，杨莉琼等．承包商工程项目管理实用手册．北京：中国建筑工业出版社，2009.
[16] 邓铁军．工程建设项目管理．武汉：武汉理工大学出版社，2009.
[17] 顾慰慈．工程项目质量管理．北京：机械工业出版社，2009.
[18] 梁世连，惠恩才．工程项目管理学．大连：东北财经大学出版社，2008.
[19] 建设工程项目管理规范编委会．建设工程项目管理规范实施手册．第二版．北京：中国建筑工业出版社，2006.
[20] 泛华建设集团．建设工程项目管理服务指南．北京：中国建筑工业出版社，2006.
[21] 张毅．建设工程项目管理导读．北京：中国建筑工业出版社，2006.
[22] （英）格里菲思（Griffith，A.）等．工程建设项目管理体系．李世蓉编译．重庆：重庆大学出版社，2006.
[23] 任宏，张巍．工程项目管理．北京：高等教育出版社，2005.
[24] 石振武，宋建民等．建设项目管理．北京：科学出版社，2005.
[25] 郭汉丁．业主建设工程项目管理指南．北京：机械工业出版社，2005.
[26] 刘伊生．建设项目管理．第二版．北京：清华大学出版社，2004.
[27] 李忠富．建筑施工组织与管理．北京：机械工业出版社，2004.
[28] 陈光健，徐荣初等．建设项目现代管理．北京：机械工业出版社，2004.
[29] 丁晓欣，聂凤德．建设项目规范高效操作规程．北京：中国时代经济出版社，2004.